지은이 옥한흠

제자훈련에 인생을 건 광인(狂人) 옥한흠. 그는 선교 단체의 전유물이던 제자훈련을 개혁주의 교회론에 입각하여 창의적으로 재해석하고 지역 교회에 적용한 교회 중심 제자훈련의 선구자다.

1978년 사랑의교회를 개척한 후, 줄곧 '한 사람' 목회철학으로 예수 그리스도를 닮은 평신도 지도자를 양성하는 데 사력을 다했다. 사랑의교회는 지역 교회에 제자훈련을 접목해 풍성한 열매를 거둔 첫 사례가 되었으며, 국내외 수많은 교회가 본받는 모델 교회로 자리매김했다. 1986년에 시작한 〈평신도를 깨운다 제자훈련 지도자 세미나〉(Called to Awaken the Laity, CAL세미나)는 제자훈련을 목회의 본질로 끌어안고 씨름하는 수많은 목회자에게 이론과 현장을 동시에 제공하는 탁월한 세미나로 인정받고 있다.

철저한 자기 절제가 빚어낸 그의 설교는 듣는 이의 영혼에 강한 울림을 주는 육화된 하나님의 말씀으로 나타났다. 50대 초반에 발병하여 72세의 일기로 생을 마감할 때까지 그를 괴롭힌 육체의 질병은 그로 하여금 더욱더 하나님 말씀에 천착하도록 이끌었다. 삶의 현장을 파고드는 다양한 이슈의 주제 설교와 더불어 성경 말씀을 심도 있게 다룬 강해 설교 시리즈를 통해 성도들에게 하나님 말씀을 이해하는 지평을 넓혀준 그는, 실로 우리 시대의 탁월한 성경 해석자요 강해 설교가였다.

설교 강단에서뿐만 아니라 삶의 자리에서도 신실하고자 애썼던 그는 한목협(한국기독교목회자협의회)과 교갱협(교회갱신을위한목회자협의회)을 통해 한국교회의 일치와 갱신에도 앞장섰다. 그리하여 보수 복음주의 진영은 물론 진보 진영으로부터도 존경받는, 보기 드문 목회자였다.

1938년 경남 거제에서 태어났으며 성균관대학교와 총신대학원을 졸업했다. 미국의 캘빈신학교(Th. M.)와 웨스트민스터신학교에서 공부했으며, 동(同) 신학교에서 평신도 지도자 훈련에 관한 논문으로 학위(D. Min.)를 취득했다. 제자훈련 사역으로 한국교회에 끼친 공로를 인정받아 웨스트민스터신학교에서 수여하는 명예신학박사 학위(D. D.)를 받았다. 2010년 9월 2일, 주님과 동행한 72년간의 은혜의 발걸음을 뒤로하고 하나님의 너른 품에 안겼다.

교회 중심의 제자훈련 교과서인 《평신도를 깨운다》를 비롯해 《길》, 《안아주심》, 《고통에는 뜻이 있다》, 성경 강해 시리즈인 《로마서 1, 2, 3》, 《요한이 전한 복음 1, 2, 3》 등 수많은 스테디셀러를 남겼으며, 그의 인생을 다룬 책으로는 《열정 40년》, 《광인》 등이 있다.

옥한흠 전집 주제 01
제자훈련 열정 40년

| 일러두기 |

본문의 성경은 《성경전서 개역개정판》을 주로 사용하였습니다.

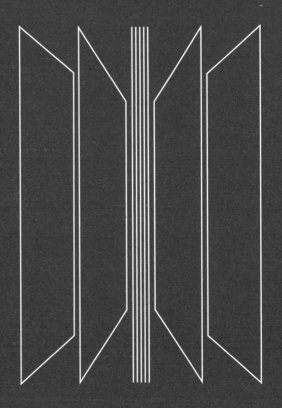

제자훈련 열정 40년

옥한흠 지음

국제제자훈련원

들어가며

옛날 우리 선조들은 "십 년이면 강산도 변한다"라는 말을 입버릇처럼 해 왔고 나도 어릴 적부터 그 말을 자주 들어왔습니다. 그때는 그게 무슨 말인지 잘 몰랐습니다. 어린 나이에 그 속뜻을 실감하지 못했기 때문입니다. 그러나 이제는 우리 선조들이 왜 그렇게 이 속담을 입에 올렸는지 조금은 알고 있습니다.

사랑의교회를 시작한 지 꽤 오랜 세월이 흘렀습니다. 교우들과 만나 서로 마주보며 이야기할 때면 겉으로는 표를 내지 않지만 속으로는 서로가 많이 변한 것에 놀라곤 합니다. 무엇보다 그동안 사랑의교회 안에서 일어난 변화는 한 권의 책으로는 다 이야기하기가 어려울 정도입니다.

그동안 자비와 긍휼이 풍성하신 하나님 아버지께서 사랑의교회에 부어 주신 은혜와 복은 '후히 되어 누르고 흔들어 넘치도록 하여 안겨 주신 것'(눅 6:38 참조)이나 다름없습니다. 우리가 겨우 한 번 드린 기도에도 마치 엘리야가 일곱 번이나 드린 기도에 응답하시듯 은혜의 소낙비를 넘치도록 부어 주시는가 하면, 신음 소리를 내듯 아뢴 작은 기도 소리에도 마치 적군 앞에서 다윗과 그의 군대가 부르짖던 기도에 응답하시듯 여러 가지 위기를 극복하게 해 주셨습니다.

그러나 그중에는 흘러가는 세월과 함께 잊혀져 가는 것도, 묻혀 버리는 것도 많은 것 같습니다. 특히 갑자기 커 버린 숲처럼 눈앞 가득히 다가오는 새로운 세대는 우리가 누린 소중한 은혜를 잘 모르고 있을 뿐 아니라 우리가 느끼는 감정일랑은 하나도 못 느끼는 것 같습니다.

그래서 처음에는 교회 안에서 우리끼리 뭔가 나누고 싶은 이야기를 남겨 놓고 싶었습니다. 그런데 이야기를 쓰다 보니 '우리끼리'의 울타리를 넘어 더 많은 동역자들과 교우들에게 전하고 싶은 충동이 일게 되었습니다. 그러나 이런 이유로 사랑의교회의 역사를 기술하듯 연대기에 따라 일련의 사건들을 나열하는 식의 글은 쓰지 않기로 했습니다. 그 대신 내가 목회하면서 잊어버리고 싶지 않았던 일들과 개인적인 이야기들 속에 담긴 나의 감정을 진술하게 열어 보임으로 주님의 교회를 섬기는 일에 함께 부름 받은 형제자매들에게 작은 도움이 되고 싶었습니다.

따라서 이 글을 읽다 보면 감동을 받을 수도 있고 공감하는 기쁨을 느낄 수도 있습니다. 그러나 어떤 말은 자랑처럼 들리기도 할 것이고 '그런 일도 있었구나' 하며 동정을 느끼게도 될 것입니다. 혹은 일말의 거부감도 생길지 모르겠습니다. 그럼에도 감히 이 글을 내놓는 것은 자기 감정을 솔직히 열어 보이는 한 목회자의 이야기가 독자들에게 뭔가 주는 것이 있으리라는 확신 때문입니다.

나에게는 소박한 자전적인 책이라고 할 수 있는 이 책이 나온 지도 벌써 십 년이 되었습니다. 그동안 나를 아껴 주는 많은 분들이 보내 준 뜨거운 관심과 격려를 잊지 못합니다. 부끄럽지만 감사할 따름입니다.

그 기간 동안에 나에게는 굵직굵직한 몇 가지 사건들이 이어졌습니다. 사랑의교회는 규모로 보아 대형 교회라고 해도 손색이 없을 만큼 수만 명이 모이는 공동체가 되었고, 나는 25년의 목회를 마무리하고 약속한 대로 5년을 앞당겨 은퇴하였습니다. 국제제자훈련원의 사역이 이름 그대로 세계화되는 장이 열렸고, 나는 예기치 못한 병으로 고비를 넘겨야 하는 큰 고통을 맛보기도 했습니다. 그리고 어느덧 "우리의 연수가 칠십이요"(시 90:10)라고 한 말씀이 실감나는 인생의 고지에 올라서게 되었습니다. 이런 이유로 다시 한번 손질을 해서 이 책을 내어 놓기로 했습니다.

내 주변에는 말없이 주님을 섬기는 신실한 형제자매들이 많습니다. 그들의 도움이 없었더라면 이 책이 나오지 못했을지도 모릅니다. 특별히 오랫동안 내 곁에서 열심히 일해 온 박정은 자매에게 감사를 드리고, 동시에 국제제자훈련원 출판부에서 수고하는 모든 형제자매들에게 마음을 담아 사랑을 보냅니다.

2008. 3
옥한흠

차례

I

나의 나 된
은혜

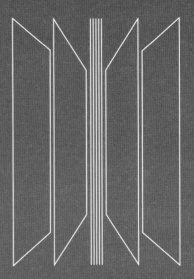

목사란 창살 없는 감옥에 갇힌 사람일 거라는 생각까지 했으니
내가 얼마나 목사 되기를 꺼렸는지 짐작이 갈 일입니다.

주님, 왜
저였습니까?

　　　　　　　　　　거제도 백사장에 누워서 올려다보
는 밤하늘은 장관이었습니다. 밤하늘 가득 빛나는 별들이 교역자 수
련회의 마지막 밤을 장식해 주었습니다. 그날 낮에 내 모교인 일운초
등학교에 가서 나의 생활기록부를 샅샅이 뒤져 보고 온 30여 명의 남
녀 부교역자들은 "목사님, 정말 음악에 특별한 소질이 있으셨어요?
지금 실력으로 봐서는 믿어지지 않는데요?"라며 깔깔거리는 여름 해
변의 악동들이었습니다. 벌써 수십 년 전 이야기입니다.

　내 믿음직한 동역자들, 그들과 함께 장엄한 우주를 품고 어린 시절
의 꿈과 하늘나라 갈 때까지 내가 해야 할 일에 대해 이야기 나누는 시
간은 정말 행복했습니다. 그 당시 사랑의교회에는 전통적으로 여름과
겨울에 걸쳐서 일 년에 두 번 교역자 수련회가 있었는데, 그중에서도
내가 거제도 수련회를 인상적으로 기억하는 까닭은 그곳이 내가 태어
나고 자란 곳이기 때문입니다.

　내가 태어나서 다섯 살 때까지 살았던 산골 마을 삼거리라는 곳에
는 초가집 교회가 한 채 있었습니다. 그 마을에서 처음 복음을 받아들

인 내 증조부(옥주래 영수)께서 당신이 전도한 다른 몇 가정과 함께 초가집 한 채를 마련해 시작한 교회였습니다.

증조부님은 선교사에게서 복음을 들은 후 바로 상투를 자르고 제사를 폐하여 마을에서 상당한 핍박을 받았다고 합니다. 너나없이 가난했지만 고려 왕(王)씨의 후손들이 '옥'(玉)씨로 성을 바꾸고 이조 5백 년간 숨어 살았다는 전설을 믿고 있던 씨족 마을이라 나름대로 그 완고함이 대단한 곳이었는데 참 용기 있는 어른이었던 것 같습니다. 초가집 교회에서 예배드리던 일은 내 기억 속에 선명하게 남은 가장 오래된 추억입니다.

초등학교 3학년에 접어들 무렵 내게는 한 사건이 일어났습니다. 어머니를 따라 당시에 유행하던 사경회란 사경회는 다 쫓아다니던 어느 날, 예수님이 나를 위해 죽으셨다는 사실이 뜨겁고 강력하게 어린 나의 가슴으로 부딪혀 온 것입니다. 소위 구원의 감격을 맛본 사건이었습니다. 그 일은 마치 바닷가에 오래 서 있다 보면 때가 되어 밀물이 밀려오고 그 물에 온몸이 잠기는 것 같은 신비스러운 은혜였습니다.

그때부터 시작해서 한 7년, 중학교 3학년 무렵까지 나는 뭐라 형언할 수 없는 행복 속에 젖어 지냈습니다. 예수님이 내 마음을 온통 소유하고 계신 것 같았습니다. 그리고 어린 나이에 어울리지 않게 열심히 성경을 읽으며 신앙의 터를 한 켜 한 켜 닦을 수 있었던 것 역시 나만이 누린 특별한 은총이었습니다.

중생을 체험한 지 얼마 안 되어 내 평생 처음으로 신구약성경을 가지게 되었는데 표지도 없고 창세기 2장까지는 반쯤 찢겨 나간 퍽 낡은 것이었습니다. 외삼촌을 졸라 선반 위에 얹혀 있던 그 책을 얻었을 때의 감격을 지금도 나는 잊지 못합니다. 얼마나 읽고 또 읽었는지 모릅니다.

하나님께서 나를 향해 부어 주시는 은혜를 가장 가까이서 오래 지켜보신 분은 어머니셨습니다. 내 증조부의 전도를 받은 몇 가정 중 하나였던 외갓집은 동네에서도 소문난 독실한 기독교 집안이었습니다. 그런 집안에서 자란 어머니의 믿음은 퍽 단아했는데, 많이 못 배웠기 때문에 오히려 의심하는 법 없이 겸손하게 주님을 섬기셨던 것 같습니다. 나는 무조건 주님을 믿고 따르며 목사님이 설교하시는 그대로 항상 순종하려 하는 소박한 마음의 어머님을 둔 것이 자랑스럽고 감사합니다.

제2차 세계대전이 한창 진행되는 동안 우리 가족이 잠시 일본에 살던 때였습니다. 소학교 1학년 때, 주변의 강압에 못 이겨 신사참배를 한 후 집에 돌아와 분해서 우는 나를 붙들고 예배를 드리시던 어머니의 모습이 아직도 잊혀지지 않습니다. 어머니는 그렇게 나의 신앙생활을 처음부터 지금까지 지켜보시며 60여 년 동안 새벽마다 나를 위해 기도해 주셨습니다.

○ ○ ○ ○ ○ ○ ○
목사는 되기 싫어

말씀에 은혜를 받고 매일 교회에서 살다시피 생활하는 내게 교회의 어른들은 자주 목회자가 되라고 말씀하셨습니다. 내가 자라난 교회는 답답하다 싶을 정도로 경건생활을 강조하는 교단이었는데, 신앙이 좀 뜨거운 학생에게는 으레 "애, 너는 신학교 가라. 주님의 일을 해야지 왜 세상일을 하려고 하니?"라며 권하는 일이 많았습니다. 내게도 마찬가지였습니다.

나는 그런 말을 듣는 것이 싫었습니다. 백여 명 정도 모이는 시골 교회에서 지내다 보면 목사가 어떻게 생활하는지 뻔히 눈에 들어오게 마련입니다. 나는 교인들이 성미(誠米)를 가져다주어야 끼니를 이을 수 있고, 식량이 떨어져서 가족들이 굶어도 누구에게 말도 못하는 목회자의 가난한 삶을 살고 싶지 않아 몸을 사리곤 했습니다.

학교에서 돌아오면 소를 먹이고 꼴을 베야 하는 가난한 농가의 아들이던 나는 굳이 목사가 되어 여러 식구 고생 시키기 싫었을 뿐 아니라, 낮이면 별로 하는 일 없이 집 안에서만 지내는 것으로 보이던 목사의 생활도 좋아 보이지 않았습니다. 가족들을 위해 그 시간에 밖에 나가 노동이라도 하면 좋으련만 목사는 그래서는 안 된다고 하니 그 답답한 틀이 내 마음에 들지 않았습니다. 목사란 창살 없는 감옥에 갇힌 사람일 거라는 생각까지 했으니 내가 얼마나 목사 되기를 꺼렸는지 짐작이 갈 일입니다. 한편 그 당시 나는 신학적인 지식이라곤 하나도 없으면서 제법 그럴듯한 생각을 하기도 했습니다.

'믿음 좋은 젊은이들이 다 신학교에 가면 누가 세상을 변화시키나? 잘 믿는 사람이 공무원도 되고 장군도 되어야 사회 구석구석에 전도가 되고 하나님께서 영광 받으실 게 아닌가?'

요즘에 정리된 말로 한다면 '평신도 지도자'를 꿈꾸는 제법 선견자적인 발상이기도 했고, 남자라면 열심히 공부하고 열심히 일해서 가족들을 잘 부양해야 한다는 생활인으로서의 내 기질에 꼭 맞는 생각이기도 했습니다. 그러나 고등학교를 졸업할 무렵 나는 영락없이 신학교로 끌려갈 처지에 놓여 있었습니다. 노골적인 강요는 하지 않으셨으나 내심 내가 목사가 되기를 바라며 기도하시던 어머니는 나에게 적지 않은 부담을 주었습니다. 그러나 이런 주변의 은근한 기대를 뿌리치고 내가 지원한 곳은 집에서 그리 멀지 않은 진해 해군사관학교였습니다.

6 · 25 전쟁 후인 1950년대 중반은 가난한 것이 당연하게 여겨질

정도로 모두들 궁핍하게 지내던 시절이라 농촌에서는 어느 집이건 예외 없이 새벽부터 밤까지 뼈가 으스러지게 일을 해도 보리밥이나마 세 끼 먹기가 수월치 않았습니다. 자연히 돈 안 내고 대학을 다닐 수 있는 데다 졸업 후 취업이 보장되는 사관학교는 경쟁률이 70대 1을 넘을 정도로 인기 있는 학교였습니다. 가난한 시골 교회 젊은이가 사관학교를 지원하며 품은 각오는 자못 비장하기까지 했습니다.

'꼭 해군 장교가 되어 선상에서 사병들과 예배도 드리고 복음도 전하며 살아야지. 어떤 상황에서도 그리스도인으로서 승리하는 삶을 보여 주며 살 거야.'

어찌 보면 상당한 신앙심의 표현 같았지만 사실은 목사가 되지 않기 위한 탈출구를 마련하고 그것을 정당화하려는 심정이 더 강했다고 할 수 있습니다. 성적이 좋기 때문에 당연히 합격하리라고 예상했던 것도 나의 착각이었습니다. 신체검사에서 '고혈압'이라는 판정을 받아 시험도 보기 전에 자격이 박탈되고 만 것입니다. 그 막막한 심정이라니! 어떻게 이런 일이 일어날 수 있는지 혈압 때문에 불편을 느껴 본 적이 없던 나로서는 이 뜻밖의 결과를 받아들이기 어려웠습니다. 사관학교에 응시하겠다는 말씀을 드렸을 때 어머니께서 대뜸 하시던 말씀이 낙망하여 돌아오는 내 귓전을 맴돌았습니다.

"응시하는 거야 니 맘이다마는 잘 안될 끼다."

그러나 그것을 하나님이 주시는 경고라고 받아들이기에는 자존심이 허락지 않았고 그럴수록 목사가 되기 싫은 마음은 더욱 커져만 갔습니다. 그래서 다시 도전해 보기로 했습니다. 물론 내 형편으로 보아 재수를 한다는 것이 쉬운 일은 아니었습니다. 가난한 농사꾼 집안에서 재수생 뒷바라지란 어불성설이라 어떻게든 스스로 길을 찾으려던 차에 하루는 뜻밖의 제안을 받게 되었습니다. 내가 태어나 4년 가까이 자랐던 삼거리라는 벽촌 마을에 있는 교회에서, 주일 설교와 주일학교 지도를 해 주면 방 하나를 주고 재수 생활 뒷바라지도 해 주겠다는 제안이었습니다. 이 제의에 내가 더없이 기뻐한 이유는 이 교회를 나의 증조부가 처음 세웠기 때문입니다.

워낙 교인 수가 적고 재정 상태도 어렵다 보니 교역자를 청빙할 수 없는 지경이라 시골에서 성경 말씀을 잘 아는 학생으로 소문나 있던 나를 부르게 된 것이었습니다. '이런 걸 두고 궁즉통(窮則通)이라고 하는구나' 싶은 생각에 신이 나서 앞뒤 가릴 것도 없이 허락하고 신학도 안 한 주제에 목회자 행세를 하기 시작했습니다. 돌아보면 참 어처구니 없는 일이었지만 그때에는 미처 그런 생각이 들지 않았던 것 같습니다.

오, 주여! 나 같은 것을

이렇게까지 하면서 열심히 공부했건만 일 년 후의 두 번째 도전에서도 실패하고 나자 스물한 살의 나는 그제야 "사람이 마음으로 자기의 길을 계획할지라도 그의 걸음을 인도하시는 이는 여호와시니라"(잠 16:9)는 말씀을 내 삶에 받아들이기 시작했습니다. 실패의 쓴맛 때문에 한동안 정신없이 고민하며 돌아다니다가 죽고 싶은 충동을 느끼기도 했지만, 어느 날부터인가 백기를 들고 시골 교회 마룻바닥에 엎드려 하루종일 몸부림치며 하나님께 매달렸습니다. 그때 내 모습은 다시스로 도망가다 물고기 뱃속에서 부르짖던 요나의 꼴이었습니다.

며칠 후 나는 하나님께서 내게 목회의 길을 가도록 허락하셨다는 사실을 받아들이게 되었습니다. 작은 질그릇이 자기를 만드신 분에게 항복하는 순간이었습니다. 즉시 내 마음에는 형언할 수 없는 평안이

깃들기 시작했습니다. 그렇게 두려웠던 목회자의 길이 아름답게 보였습니다. 그렇게 싫었던 가난도 기쁜 마음으로 품을 수 있을 것 같았습니다. 이처럼 복음을 위해 살기로 결단한 이후 지금까지 나는 단 한 번도 후회하거나 곁눈질하는 일 없이 외길을 달려왔습니다.

그러나 마음 한구석에는 항상 송구함과 쑥스러움이 남아 있습니다. '왜 나는 자원해서 내 생을 주님께 드리지 못했을까?' 하는 자책감 때문입니다. 하나님의 은혜가 진실로 고마워 일찍부터 세상 유혹 다 뿌리치고 목사 되기를 소원했다는 주변 동역자들의 간증을 들을 때면 나는 기가 죽어 버립니다. 나 같은 것이 감히 목사가 되었다는 사실, 이것은 무슨 소명하고는 거리가 먼 일종의 강제 차출로 끌려온 것이나 다름이 없지 않은가 싶어서 말입니다. 이것을 은혜라 부른다면 정말 별난 은혜임에 틀림없습니다. 그래서 나는 바울이 목멘 소리로 중얼거리던 독백을 사랑합니다.

"나의(내가) 나 된 것은 하나님의 은혜로 된 것이니"(고전 15:10).

ο ο ο ο ο
기적과 연단

5·16 군사정변이 나던 해 12월에 논산 훈련소로 향하는 내 마음은 참으로 참담하기만 했습니다. 사관학교 낙방 후 전액 장학금을 받으면서 부산 모 신학교의 부속 기관 대학부를 2년간 다니다가 다시 집에 내려와 대학 입시를 준비하던 차에 영장을 받았습니다. 그때 나는 변화하는 시대에 적극적으로 대처하는 목회를 하려면 보리죽을 먹으며 고학을 해서라도 일반 대학을 거쳐야겠다는 생각을 했고, 기왕 마음 먹은 이상 잘 준비된 목회자가 되기 위해 최선을 다하겠다는 결의에 차 있었습니다. 나는 논산 훈련소로 가면서도 입시 준비를 하던 책들

과 성경책, 사전을 싸 들고 갔습니다. 입소하면 입었던 옷가지와 함께 들고 갔던 것들이 전부 다 집으로 되돌려 보내질 것을 뻔히 알면서도 한번 오기를 부려 본 것입니다.

그런데 거기서 한 가지 이상한 일이 일어났습니다. 들고 간 책들이 통과된 것입니다. 지금도 설명하기 어려운 작은 기적이었습니다. 어쨌거나 나는 훈련 중에 화장실에 가서도 공부하는 괴벽을 지니게 되었습니다. 이렇게 시작된 군대 생활은 "저를 목사로 사용하시려면 먼저 대학에 가도록 인도하여 주옵소서"라는 억지 쓰는 기도로 이어졌고, 동시에 응답의 기적이 연속되는 놀라운 과정이었습니다.

훈련을 마치고는 빽이 좋아야 갈 수 있다고 해서 '빽관구'로 통하던 서울 6관구로 지원해서 올 수 있었습니다. 서울 구경이 평생 처음인 것은 말할 것도 없습니다. 이 모든 일이 나 같은 가난한 촌놈에게는 홍해가 갈라지는 기적과도 같은 일이었습니다. 어디 그뿐입니까? 그곳에서 목사 아들인 직속 상관을 만난 것이나 그의 배려로 낮에만 근무하고 밤이면 밖에 나가 입시 준비를 할 수 있었던 일, 3개월 동안 준비해서 국가고시에 붙은 것이나 당시 야간 대학으로는 가장 인기가 높아 수십 대 일이라는 기형적인 경쟁에도 불구하고 12명의 합격자 중에 한 명으로 성균관대학교 영문학과에 들어갈 수 있었던 일 등은 나의 기도에 응답하신 하나님의 너무나도 놀랍고 기이한 은혜입니다.

그렇게 소원하던 대학을, 그것도 빈손으로 서울에 와서 남보다 3, 4년 늦게 단기복무하는 졸병의 신분으로 들어갈 수 있게 되었으니 그 감격과 흥분이 오죽했겠습니까? 그러나 그런 들뜬 기분도 잠깐, 내 앞에는 호된 시련이 기다리고 있었습니다.

첫 1년간은 부대 일과 학업을 동시에 하느라 너무 힘들어 파김치가 될 지경이었습니다. 몸이 점점 여위어 갔고 얼마 지나지 않아 각혈을 하게 되었습니다. 폐결핵이었습니다. 지금도 대학 시절 하면 두 가지만 유달리 기억에 떠오릅니다. 2년간의 처절한 투병 생활, 그리고 그 사망의 골짜기 끝자락에서 아내를 만난 일입니다. 무엇보다 비록 완치되었다는 판정은 받았지만 내가 결핵을 앓은 병력이 있는 줄 알면서도 나와의 결혼을 포기하지 않은 아내는 하나님이 나를 위해 준비하신 또 하나의 기적이었습니다.

결혼을 하자 아내의 내조 덕분에 가난하나마 생활이 안정되었습니다. 남은 대학 과정을 마치고 총회신학대학원에 입학했습니다. 그러나 서울에 단칸방이라도 마련해 살림을 일굴 경제적인 여유가 없었던 나는 처가에 머물던 아내와 결혼 후 5년 가까이 헤어져 지내야만 했습니다. 그래서 우리 부부의 앨범에서는 남들과 같은 달콤한 신혼 생활의 추억을 찾아볼 수가 없습니다.

○ ○ ○ ○ ○ ○
신학교의 추억

나는 신학교 시절에 남다른 정력을 쏟아서 열심히 공부하였습니다. 내가 신대원에 들어갈 무렵의 총신 강의실은 신학과 목회에 뜻을 둔 동료들의 눈빛으로 반짝반짝했고, 교수진 역시 박형용, 박윤선, 하비 콘(Harvie Conn, 1933-1999), 김의환, 명신홍, 최의원 박사 등이 포진하고 있었습니다. 그분들의 강의는 이론이 아니라 육화된 학문이었고 인격과 삶이 배어 있는 신학이었습니다.

이런 이상적인 분위기에서 공부에 전념할 수 있었던 것은 행운이었습니다. 교수들 가운데 김의환 박사는 제자들에 대한 관심이 남달라 우리 모두의 우상이었습니다. 그가 얼마나 선생의 양심과 아름다운 자세를 가지고 우리를 대하였는가는 내가 지금도 잊지 못하는 에피소

드를 보아도 짐작할 수 있습니다.

내가 2학년 때 김 박사님은 박형용, 박윤선 박사의 신학 세계를 비교해 오라는 숙제를 내주었습니다. 그 숙제를 나에게만 특별히 내준 것인지 아니면 다른 학생들에게도 내준 것인지는 잘 기억나지 않지만 나중에 내 숙제를 보고 칭찬해 주었고, 그 후로 나는 이 일을 까맣게 잊어버리고 있었습니다.

신학교를 졸업하고 15년이 흐른 어느 날, 김 박사님은 나를 만난 자리에서 그때의 내 숙제를 아직도 보관하고 있는데 때가 되면 신학 잡지에 싣고 싶다는 의사를 내비쳤습니다. 나는 그때까지도 그 숙제를 가지고 있다는 말이 믿기지 않아서 한번 보고 싶다고 말했습니다. 내 손에 건네진 원고 뭉치는 노랗게 변색되어 있었습니다. 스승에 대한 진한 감동이 밀려오는 것을 감출 수가 없었습니다. 참 죄송한 것은 그 원고를 받아 오기는 했는데 이후 원고를 어디에다 두었는지 아직 찾지 못하고 있다는 것입니다. 어쩌면 영원히 못 찾을지도 모릅니다. 대단한 내용이 아님에도 제자의 글을 높이 평가하여 소중히 간직해 준 스승의 마음을 대접하지 못한 것 같아 송구스러운 마음 금치 못하고 있습니다.

공부에 열을 올리던 한때는 총신대학교 뒷산 언덕에 작은 토굴을 만들어 놓고 거기서 히브리어와 헬라어를 익혔습니다. 그곳에서 기도도 하고 도서관에서 공부가 안될 때는 그곳으로 가 촛불을 켜 놓고 밤새도록 공부했는데, 히브리어와 헬라어를 익히며 혼자 즐겼던 희열을 지금도 생생하게 기억합니다.

나중에 산책 나온 동네 사람에게 간첩으로 오인받아 경찰이 출동하는 소동이 벌어지는 바람에 결국 그 토굴을 포기했지만 되돌아보면 잊을 수 없는 즐거운 추억입니다. 지금은 수십 년 넘도록 훌쩍 커 버린 나무들이 산을 덮고 있어 그 토굴은 흔적조차 찾을 수 없을 것입니다.

이렇게 해서 내가 신학교를 나오고 목사 안수를 받은 지가 어언간 수십 년이 흘렀습니다. 하나님께서 나같이 자격 없는 사람을 불러 주신 사실을 생각할 때마다 목이 메입니다. 그와 동시에 나는 목회를 하면 할수록 목회란 나 같은 사람이 해서는 안 될 너무나 영광스러운 사역이라는 생각을 떨쳐 버리지 못하고 있습니다.

나는 얼마 전 빌리 그레이엄(Billy Graham, 1918-2018)의 책을 읽으면서 그가 평생 마음에 담고 있던 질문 하나를 알게 되었습니다. 자기가 천국에 들어가면 제일 먼저 주님께 여쭙고 싶은 질문이라고 합니다. "주님, 왜 저였습니까? 왜 노스캐롤라이나(North Carolina) 출신의 농군 아들을 택하여 그렇게 많은 사람들에게 복음을 전하게 하셨습니까?" 나 역시 이와 비슷한 질문을 자주 하게 됩니다. 아무튼 나 같은 사람이 목사로 부름 받았다는 것은 불가사의의 수수께끼임에 틀림없습니다. 하나님이 실수하신 게 아닌지 모르겠습니다.

2

또 하나의
교회를
더하지 말게
하옵소서

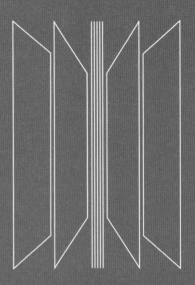

"사람을 위한 직함들만 줄줄이 만들고 정작 그리스도의 제자로 사람을 키우지 못하는
무기력하고 무책임한 교회를 만들지 말게 하소서."

제자훈련에
눈뜨다

주일학교에서 전도사로 봉사하던 교회를 사임한 것은 신학교 3학년 무렵이었습니다. 부당하게 행동하는 장로와 부딪쳤지만 계란으로 바위를 치는 격이었고, 나를 퍽 아껴주시던 목사님도 더는 도울 수 없는 상황이었습니다. '내가 쫓겨나더라도 저런 사람 버릇은 고쳐 주고 나가겠다'는 젊은 정의감으로 충돌했다가 갑자기 쫓겨나게 되니 막막한 심정을 떨칠 수 없었습니다. 유학 가서 공부를 더 하고 싶은 마음도 있었지만 처자식이 딸린 처지라 무리할 수는 없었습니다. 차라리 개척하는 편이 낫겠다 싶어 여기저기 장소를 물색하며 다녔습니다. 며칠 간의 방황이었습니다.

그때 마침 총신대학교에서 소선지서를 강의하던 성도교회의 김희보 목사님이 내 소식을 듣고 불러 주어서 그 주간부터 성도교회 주일학교를 섬기기 시작했습니다. 결국 한 주간도 쉬지 못한 채 사역을 다시 시작한 셈입니다. 당시 성도교회는 6, 7백 명 가량 모이는, 합동측에서는 중진급에 속하는 교회로 한동안 지나친 열심 탓에 싸움이 잦고 상처의 골이 깊다고 알려졌지만 김희보 목사님이 부임해 9년여

동안 안정적으로 목회를 이끌어 오히려 분위기 좋은 교회로 변화되면서 유명세를 탄 곳이었습니다.

첫 사역지에서 백여 명 나오던 주일학교를 5백여 명 나오는 주일학교로 부흥시킬 만큼 열심히 사역했음에도 힘없이 쫓겨난 신세가 되어 그 서운하고 억울한 마음의 상처가 쉽게 가시지 않는 때였지만 지금 돌아보면 그로 인해 성도교회로 가게 된 것은 실로 하나님의 놀라운 인도하심이었습니다. 성도교회 사역은 오늘날 사랑의교회 사역의 시발점이 되었고, 그곳에서 나는 비로소 '제자훈련'에 눈뜨기 시작했으니 하나님의 섭리는 생각할수록 묘하고 놀랍기만 합니다.

훌륭한 은사(恩師)들

뿐만 아니라 내가 성도교회에서 만난 두 분의 담임목사님이야말로 나의 목회적 토양을 다져 주신 분들입니다. 김희보 목사님을 모시고 배울 수 있었던 건 하나님의 크신 은혜였습니다. 김 목사님은 총신대 학장이 되기 전 2년 동안 나를 데리고 심방을 다니면서 얼마나 따뜻하고 자상하게 가르쳐 주었는지 모릅니다.

그 당시는 손님에게 커피 한 잔 내는 것을 일류 대접으로 쳤습니다. 지금처럼 커피가 많이 보급되지 않았기 때문입니다. 그러다 보니 판자촌 동네를 심방하는 날은 하루 종일 커피가 나왔는데, 목사님이 오셨다고 집집마다 얼마나 정성스럽게들 타 오는지 목사님과 나는 연거푸 커피를 마셔야 했습니다. 나중에는 화장실 드나드느라 정신이 없었고 카페인 과다로 머리가 멍하고 혼미해질 정도였습니다. 그러던 어느 날, 나는 마지막으로 방문한 집에서 그만 못 마시겠다고 거절하고 말았습니다. 그날 심방을 마친 후 목사님께서는 내게 한마디 충고를 해 주셨습니다.

"교인들이 대접한다고 내놓은 커피를 먹기 싫다고 거절하면 어떻게 하나? 목회자는 배가 터져도 먹어야지. 그 정성을 봐서라도 앞으로는 절대 안 먹는다거나 못 먹겠다고 하지 말게. 그들의 정성을 알아주는 게 그들을 사랑한다는 표현 아니겠나?"

김희보 목사님이 총신대 학장으로 떠나신 후 새로 부임한 분이 김성환 목사님이었습니다. 김희보 목사님이 어머니처럼 자상하게 가르쳐 준 분이라면 김성환 목사님은 내가 힘껏 일할 수 있는 분위기를 만들어 준 아버지 같은 분이었습니다. 장로들은 내가 부목사로 임명될 때도 이북출신 교인들이 중심이 된 교회에서 남쪽 사람(?)을 채용할 수 없다고 하며 거세게 반대하고 나섰지만 그 어려움을 다 가라앉히고 부목사로 세워 주었습니다.

한번은 김 목사님이 인천 지역 감리교회 연합 집회를 3일 동안 인도하는 중이었는데 마지막 날 심한 독감으로 드러눕게 되자 내게 전화를 해서 "옥 목사, 옥 목사가 나 대신 설교 좀 해야겠어"라고 하는 것이 아닙니까? 웬만큼 신뢰하지 않으면 자신이 맡은 집회를 대신 부탁하지 않는 법이기 때문에 나는 황송한 마음에 가겠다고 대답하긴 했지만 마지막 날 은혜받겠다고 잔뜩 벼르고 나온 교인들은 갑자기 앞에 나온 새파란 부목사님을 보고 얼마나 기가 막혔겠습니까? 나는 나대로 부들부들 떨며 머리카락이 다 설 정도로 긴장했습니다. 너무 긴장해서 무슨 말씀을 전하고 왔는지 기억도 못할 정도였던 때가 문득 새롭게 다가옵니다.

김 목사님은 당회를 하고 난 다음 날에는 이불을 뒤집어쓰고 종일 일어나지 않을 때도 자주 있었습니다. 가끔은 "옥 목사, 내가 시집을 잘못 왔나 봐. 그러나 3년만 참고 말씀 전하면 모두 다 내 손에 잡히게 될 거야. 그때부터 내 마음에 있는 뜻을 조금씩 펴 볼 수 있을 거야'라고 말씀하시곤 했습니다. 나는 이런 말을 들으면서 부임한 후 전임자가 만든 예배 순서 하나 바꾸지 못하고 2년 가까이 인내하던 목사님의 속마음을 어슴푸레 이해할 수 있었습니다.

그때 목사님의 나이가 40대 초반이었음에도 부흥회 인도를 400회가 넘도록 했을 만큼 탁월한 설교자였고, 일어와 영어가 능통했던 학구파로 알려져 있었습니다. 목사님이 쓴 《평신도를 위한 칼빈주의 해설》은 당시 큰 관심을 불러일으킨 저서였습니다. 정의감에 불타고 만능 스포츠맨인 데다가 통이 크고 정직한 인품 때문에 우리 젊은 후배들의 우상이던 지도자였습니다. 가끔 머리가 아프면 우리는 함께 탁구를 친 다음 명동 길거리에서 산딸기를 사 들고 어린애들처럼 입에 집어넣으면서 걸어다녔습니다. 나는 이러한 김 목사님의 후광을 입고 대학부를 소신껏 인도할 수 있었습니다.

그런데 하나님께서는 무슨 뜻이 있었던지 그분을 일찍 당신 곁으로 불러가셨습니다. 미국에서 유학 생활을 거의 마쳐갈 무렵, 나는 김 목사님의 소천 소식을 들었습니다. 서둘러 귀국하려고 LA로 갔는데 몇 가지 사정이 생겨 장례식에 참석하지 못하고 말았습니다. 목사님을 생각하면 지금도 마음이 참 아픕니다. 세상을 떠나기 전에 입버릇처럼 "옥 목사 언제 돌아오지?" 하시며 그렇게 기다리셨다는데 그분이 살아 계시다면 얼마나 좋을까요?

ㅇ ㅇ ㅇ ㅇ ㅇ ㅇ ㅇ ㅇ
제자훈련의 첫 열매

성도교회에 부임하여 처음 6개월간 주일학교를 섬기고 있었는데, 어느 날 김희보 목사님이 조용히 부르더니 "내가 보니 옥 전도사는 젊은이 사역에 은사가 많은 것 같네. 주일학교 그만두고 대학부를 맡아 주게"라고 하였습니다. 목사님의 이 제안이 내 인생을 바꾸어 놓을 일생일대의 분수령이 될 줄은 아무도 몰랐습니다. 실제 출석 인원이 한 명뿐인 대학부를 맡는 순간 아찔해지는 느낌을 지울 수가 없었습니다.

신학교 졸업을 코앞에 둔 목사 지망생으로서 처음 맡은 정식 사역인데 죽 쑤고 나서 형편없는 목사라는 꼬리표를 달고 다닐 수는 없었습니다. '위기는 기회'라는 그 흔한 말이 내게 딱 맞아떨어지고 있는 줄을 당시에는 짐작도 못했습니다. 하나님께서는 대학부를 맡아 인생의 결정적인 전환점을 막 돌아서 뛰기 시작하는 나에게 은혜를 베풀어 주셨습니다. 주변을 더듬으며 헤매지 않고 문제의 핵심을 찾아갈수 있는 눈을 허락하신 것입니다. 먼저 나는 나와 함께 손잡고 일할 수 있는 학생이 누구인지 찾아보기로 했습니다. 그때 만난 동역자가 이제 막 서울 공대 1학년에 입학한 방선기 군(현 일터개발원 이사장. 목사)이었습니다. 단도직입적으로 대학부 사역을 도와 달라고 부탁하는 내게 방 군은 선선하게 협조를 약속해 주었습니다.

우리는 먼저 예배 시간을 주일 오전 10시에서 12시 30분으로 늦추었습니다. 대예배 시간에 쫓기지 말고 아예 예배가 끝난 후에 모여 충분한 시간을 확보하자는 복안이었습니다. 새파란 전도사가 뭘 모르고 하는 짓이라는 비난이 교회 안에 일었지만 내게는 왠지 모를 확신이 섰습니다. 누구든지 모임에 은혜가 있으면 시간에 구애받지 않고 모일 수 있다고 확신했습니다. 특히 젊은이들은 더욱 그렇다고 생각했습니다. 문제는 그 모임이 얼마나 은혜로운가에 달려 있었습니다. 맛있다고 소문이 나면 음식점은 북적대기 마련인 것입니다.

당시 서울 공대에는 네비게이토(Navigators)의 활동이 활발했는데, 방 군이 어느 날 "네비게이토에 들어가서 좀 배워 와도 되겠습니까?"

하고 물어왔습니다. 나는 흔쾌히 허락하면서 대신 거기서 어떤 프로그램으로 어떻게 젊은이들을 훈련하는지 알아보고 자료가 있으면 좀 가져다 달라고 부탁했습니다. 당시 내가 고민하던 문제, 즉 선교단체(para church)는 부흥하는데 왜 기성 교회의 대학부 사역은 사양길을 걷고 있는지 분석해야 했기 때문입니다. 교회 밖 선교단체에 좋은 점이 있다면 당연히 배워서 교회 젊은이들을 살려야 한다는 절박함을 갖고 방 군을 파견한 셈입니다.

방 군이 가져 온 자료와 프로그램들은 언뜻 보기에 조금 실망스러웠습니다. 십자가, 기도, 영생, 전도, 교제 등 기성 교회에서 귀 아프게 듣는 뻔한 내용들이었습니다. 그러나 교재를 집중적으로 분석하면서 매우 값진 사실을 알게 되었습니다. 네비게이토에는 기성 교회가 가지지 못한 세 가지 강점이 있었습니다. 바로 복음과 양육과 비전이었습니다. 당시 기성 교회에는 복음 대신 교리가 더 큰 비중을 차지하고 있었습니다. 그리고 사람을 키우는 양육이나 훈련 대신 사무적으로 모이는 회의가 더 큰 중요 관심사가 되어 있었습니다. 선교단체에 가 보면 젊은이들에게 기독교인으로서의 비전을 제시해 주고 꿈을 펼쳐 주는데, 교회에서는 축구 대회다 등산 대회다 하며 속이 빈 행사 일변도로 나가고 있었습니다. 이런 형편이니 학생들이 빠져나갈 수밖에 없었던 것입니다. '바로 이거였구나! 이래서 애들이 빠져나갔구나.' 그 사실을 발견하고 나자 나는 무릎을 치며 일어섰습니다.

처음으로 해야 할 일은 당연히 허술한 부분을 보완하는 것이었습니다. 소위 'para church의 in church화(化)'(선교단체의 장점을 교회에 접목한다는 뜻으로 만들었던 슬로건)를 위해 밤낮없이 매달렸습니다. 이를 위해 방선기 군과 그가 데려온 5명의 친구들을 데리고 제자훈련에 돌입했습니다. "내가 잘 못하는 것은 너희들이 도와주어야 해"라고 부탁하며 시작한 제자훈련은 그 후 1년 반 동안 집중적으로 지속되었습니다.

비전을 먹고살던 학생들

나중에 12명으로 늘어난 학생들은 자발적으로 학교 가는 날 외에는 모든 사생활을 중단하다시피 했습니다. 툭하면 기도원에 올라가 기도하고 성경을 읽으며 시간을 보냈습니다. 방학이면 일주일씩 합숙을 하곤 했습니다. 그들이 얼마나 제자훈련 하는 데 진지하고 열심을 냈는지, 지금도 그 열기와 진지함이 손에 잡힐 듯 떠오릅니다. 전과목 B학점 이상이 아니면 가만히 두지 않겠다는 나의 엄포에 그들은 공부도 잘하고 제자훈련도 확실히 잘 받았습니다.

김병재(법무법인 광장 대표), 박성수(현 이랜드 그룹 회장), 박성남(현 라이브교회 담임목사), 방선기(현 일터개발원 이사장, 목사), 한인권(내분비전문의), 한정국(현 한국위기관리재단 이사장, 전세계한인선교기구연대[KAMSA] 대표) 등의 선착 멤버들이 먼저 구원의 기쁨을 맛보고 말씀의 능력을 체험하고 나자 대학부 인원은 계속 늘어갔습니다. 먼저 들어온 학생들이 캠퍼스에 가서 확신에 차 전도하게 되었고, 전도 대상자들도 일단 초대되고 나면 모임 가운데서 변화 받는 역사가 속출하였습니다.

우리의 비전은 세 가지였습니다. 이른바 '3M'이라고 해서 캠퍼스 선교(Campus Ministry), 직장 선교(Business Ministry), 세계 선교(World Ministry)였습니다. 내가 그렇게 3M을 강조한 이유는 믿음 좋은 대학생들을 신학교로 보내기보다는 이 사회 속에 파고들어가 영향을 끼치는 사람들로 키워 내고 싶었기 때문입니다.

그런데도 어쩌다 말썽을 일으키는 학생이 있게 마련인지 하루는 서울대 의예과 2학년이던 한인권 군이 찾아와서 "목사님, 학교 집어치우고 신학교 가겠습니다" 하는 것이었습니다. 깜짝 놀란 나는 다그쳐 물었습니다.

"야, 너 나랑 얘기 좀 하자. 그게 무슨 소리냐?"

"짧은 인생에 의사 되면 뭐 하겠습니까? 신학교 가겠습니다."

제법 진지하게 이야기했지만 찬찬히 살펴보니 나를 똑바로 쳐다보지도 못하고 고개를 푹 숙인 품이 소명 받은 목회 후보생의 모습은 아니었습니다. 나는 아주 호통을 쳤습니다.

"솔직히 말해 봐. 혹시 공부하기가 겁나는 건 아니니? 의학 공부는 아득하고 교회에서 재미있게 신앙생활 하니까 여기가 천국 같지? 인권아, 그런 사고 가지고 신학교 가면 하나님 앞에 죄짓는 거다. 잔소리 말고 돌아가서 공부 열심히 해! 성적 나쁘면 내가 가만히 안 둘 거야."

그랬던 그를 내가 교회를 개척할 때 다시 만났습니다. 새벽 일찍 경희대 병원에 입원한 교인을 찾아갔는데 복도 저편에서 철야 당직을 섰는지 부시시한 의사 한 명이 어기적어기적 걸어왔습니다. 몰라보고 지나치는 나를 반갑게 쳐다보고 인사해 오길래 다시 살펴보니 바로 한인권 군이었습니다. 그는 청진기를 꺼내 흔들면서 "제가 누구 때문에 이렇게 고생하는 줄 아십니까?" 하고 웃었습니다. 그런 그가 지금은 사랑의교회 장로가 되었습니다.

대학부에서 배운 바를 삶에 그대로 적용하여 실천해 온 사람을 꼭 한 명만 뽑으라면 역시 사랑의교회 장로가 된 이랜드의 박성수 회장을 들 수 있을 것입니다. 그는 우리들이 지향했던 3M 정신을 그대로 실천하는 사람이기 때문입니다. 내가 유학 떠나기 전에 학생들에게 장래 희망에 대한 앙케이트를 받았었는데 그때도 박 군은 "비즈니스를 통해서 세계 선교에 기여하고 싶다"는 글을 써 냈는데 자신이 희망하던 바대로 살아가는 그를 볼 때 감사한 마음을 금할 길이 없습니다.

또 다른 초기 멤버인 박성남, 한정국, 방선기 세 사람은 내가 유학 중일 때 편지를 보내왔는데 "하나님의 부르시는 음성을 더 이상 거절하지 못하겠습니다. 신학교에 가야겠습니다"라는 내용이었습니다. 세 사람 모두 소위 말하는 일류대를 졸업하고 안정적인 직장 생활을 하는 중이었지만, 모든 걸 팽개치고 부르심에 응하겠다는 모습을 보며 부디 좋은 목자가 되기를 간절히 기도했던 기억이 납니다.

C = B + E + V 공식

그들과 함께했던 성도교회 대학부 사역에 나는 미친 사람처럼 몰입했습니다. 주일 집회는 다섯 시간 내내 리더를 중심으로 복음송 부르기, 모르는 사람 찾아서 짝지어 이야기하고 기도하기, 도시락 먹기, 그룹 성경공부, 간증, 캠퍼스별 전도전략 모임, 새 형제 소개, 찬양, 그리고 내가 맡은 5분 메시지와 마무리 기도로 진행되었습니다. 대예배가 끝나는 12시 30분부터 오후 5시 30분까지 당시 유례가 없는 집회로 대학부를 이끌어 갔지만, 이렇게 긴 집회 시간을 아무도 불평하지 않은 것은 제자훈련의 결실이었습니다. 5년 동안 나는 토요일이면 제자훈련을 인도함과 동시에 공휴일의 모임이나 여름방학과 겨울방학 중에 있었던 두 번의 수련회 인도까지 혼자서 해냈습니다.

교회 마당에 사택이 있는데도 시간이 아까워서 도시락을 싸 들고 학생들과 함께 먹곤 해서 아내의 "적당히 하라"는 충고를 여러 번 들었지만, 나와 학생들은 제자훈련에 더 미쳐가는 것만 같았습니다. 그러나 이 사역은 지도자가 미치지 않으면 도저히 감당할 수 없는 일이었습니다. 나는 지금도 사랑의교회에 제자훈련을 배우러 오는 사람들에게 확신을 가지고 권합니다.

"미치세요! 이 훈련을 주도하는 사람, 즉 목회자가 안 미치면 절대로 제자훈련에 성공하지 못합니다. 미치지 않았으면 제자훈련은 시작도 하지 마세요."

이때 이후 정립된 제자훈련 공식을 나는 지금도 제자훈련 세미나에서 첫 시간에 꼭 소개하곤 합니다. 나는 이것을 광인 공식(A Crazy Man's Formula)이라고 부릅니다.

$$광인\ 공식 : C = B + E + V$$

B는 '신념 혹은 확신'(Belief)의 첫 글자입니다. 생각해 보십시오. 기업들은 빨랫비누 한 장을 팔아도, 우유 한 병을 팔아도 자신들이 파는 상품에 대해 엄청난 자부심을 가지고 광고를 합니다. 하물며 한 사람의 삶을 죄와 어둠의 종노릇하던 데서 그리스도의 제자로 바꾸는 일을 하면서 신념 없이 되겠습니까? 내가 만나 본 제자훈련 실패자들은 다 신념이 결여된 사람들이었습니다. 성도 한 사람을 그리스도 안에서 온전한 제자로 세우는 일은 목회의 본질이라는 확신, 다시 말해 목회철학이 없으면 제자훈련은 백전백패라는 것이 나의 소신이었고 지금도 그 생각에는 변함이 없습니다.

E는 '열정'(Enthusiasm)을 말합니다. 아무도 흔들 수 없는 확신을 가진 자의 가슴에는 열정이 타오릅니다. 제자훈련은 영적 전투요, 피 튀기는 전쟁입니다. 이 전쟁을 "제자훈련? 그거 좋지요" 식의 점잖은 선의만으로 시작하려거든 역시 그만두는 편이 낫습니다. 이 열정의 불꽃 가운데서 지도자는 기꺼이 불쏘시개가 되어야 합니다. 제자훈련이라면 자다가도 벌떡 일어나는 열정이 지도자에게 있어야 합니다.

V는 '비전'(Vision)입니다. 나는 "제자훈련을 해 보려고 해도 잘 안 되

던데요"라고 말하는 사람들에게 늘 되묻습니다. "비전을 보셨습니까? 제자훈련의 미래를 어떻게 보십니까?" 나의 경우에는 제자훈련의 미래를 생각만 해도 즐거운 소름이 오싹오싹 돋습니다. 그리스도의 제자들이 온 세상을 은혜와 진리, 사랑과 찬송, 하나님을 아는 지식과 거룩한 삶으로 정복해 가는 광경을 떠올려 보십시오. 약간의 양심과 정의감을 붙들고 살아가는 사람들도 진실과 정의의 승리를 믿는데, 그리스도의 제자들이 "가서 제자 삼으라"는 명령의 필연적 성취를 믿지 못한다면 어찌 면목이 서겠습니까?

B+E+V의 합은 C입니다. C는 그리스도에 미친 인간, 'Crazy for Christ'를 말합니다. 나는 목회의 대가도 아니고 제자훈련의 원조도 아닙니다. 사랑의교회가 제자훈련의 모든 것을 보여 주는 유일한 모델도 아닙니다. 다만 분명히 말할 수 있는 것은 나는 지난 40여 년간 예수님의 제자 삼는 일에 미친 사람이었고, 나와 뜻을 같이하고 이 광기를 사랑하는 사람들과 함께 그리스도의 교회를 일구어 왔다는 것입니다. 이 광기의 태동이 바로 성도교회 대학부에서 시작되었고, 그로 인해 성도교회 대학부는 새 역사의 장을 쓰기 시작했습니다.

대학부 부흥의 비밀은 뭐니 뭐니 해도 대학부에 모인 몇몇 학생들의 영적 거듭남이었습니다. 그들이 변화되자 모든 게 달라졌습니다. 전도니 뭐니 외치지 않아도 스스로 전략을 짜고 밤새워 기도하며 전도에 열을 올리더니 나중에는 재적 인원이 350명 정도로 늘었습니다. 장소가 좁은 관계로 예배 시간 출석률은 150-200명 정도였지만 당시 한국에서 가장 큰 대학부로 부상하는 건 시간 문제였을 뿐입니다. 이런 소문이 돌기 시작하자 영락교회를 비롯해 120여 교회에서 2년 가까이 매주 교역자와 학생들이 우리 모임을 방문해 마치 연구 수업처럼 보고 가기도 했습니다.

중요한 발견을 향한
여정

　　　　대학생을 지도하면서 제자훈련의 중요성과 가치를 알면 알수록 나는 스스로의 한계에 자꾸 부딪히게 되었습니다. 선교단체의 훈련 내용과 방법들을 조합하는 가운데 제자훈련에 대한 확신과 경험의 반경은 넓어져 갔지만, 신학적 체계의 뒷받침 없이 공부하고 습득한 것이라 마치 뿌리 없는 나무를 기대고 있는 것 같은 불안감을 떨쳐 버릴 수가 없었습니다.

　　나는 제자훈련이 성경적이라는 신학적 근거를 찾고 싶었습니다. 또한 대학생이라는 특수 목회 대상에게 훌륭하게 먹혀 들어간 제자훈련이 일반 목회의 복합적인 대상들에게도 과연 생산적으로 적용될 것인가에 대한 확신을 얻고 싶었습니다. 결국 이 두 가지 과제를 해결하기 위해 나는 미국 유학을 결심했습니다.

○ ○ ○ ○ ○ ○ ○
칼빈 신학교에서

처자식이 딸린 몸으로 유학을 준비한다는 건 쉬운 결단이 아니었습니다. 그래서 나는 하나님 앞에 주사위를 던졌습니다. 만약 유학생 국가 고시와 토플 시험을 단번에 패스하고 미국 신학교에서 주는 장학금을 받게 되면 가고, 아니면 개척하라는 뜻으로 알고 준비를 시작하겠다는 기도를 드렸습니다. 다행히 시험에 합격하고 웨스트민스터에서는 장학금 절반을, 칼빈 신학교에서는 전액을 지급하겠다는 소식을 받고 나는 주저없이 칼빈을 택해 유학을 떠났습니다. 전액 장학금이라고 해도 학비 면제에 혼자 겨우 지낼 정도의 액수였습니다. 가난한 목사가 처자식까지 데려갈 수는 없어서 아내와 아이들을 다시 처가로 보내지 않으면 안 되었습니다.

1975년 8월, 드디어 칼빈에 도착한 나는 그곳 분위기 때문에 크게 실망하고 말았습니다. 가족들과 헤어지면서까지 유학 온 동기는 단순히 학위를 따겠다는 게 아니라 오직 제자훈련에 대해 성경적이고 신학적인 준비를 하겠다는 뜻이었는데, 그곳 분위기는 내 예상과는 전혀 달랐습니다. 화란계 사람들의 교단 소속 신학교라 그런지 유달리 자존심이 강하고 제자훈련 따위는 학문에 끼일 주제가 못 된다고 여기는 인상이었습니다. 나의 지도교수마저도 제자훈련에 대한 나의 별난 관심을 잘 이해하지 못하는 것 같았습니다. 그 역시 제자훈련이 무엇인지 잘 모르는 처지라 그럴 수밖에 없었을 것입니다.

기왕 이렇게 된 거 어찌하랴 싶어서 일단 석사 과정은 마치고 보자는 심정으로 학교에서 요구하는 과목을 공부했지만 그 공부는 형식적인 것이 되어 버렸고, 나는 틈틈이 시간이 날 때마다 도서관에 가서 제자훈련에 관계되는 자료들을 모조리 뒤지기 시작했습니다. 이렇게 해서 자료들을 조금씩 모을 수는 있었으나 나의 의문에 답할 수 있는 본질적인 해답이 나오지 않아 갈수록 갈증만 심해져 갔습니다.

칼빈 신학교에 다니면서 뜻밖에 한인 교회 목회를 잠시 했던 일은 잊을 수 없는 추억입니다. 내가 미시간 주에 도착해서 짐을 푼 곳은 몇 나라에서 유학 온 신학생 10여 명이 합숙하는 이층집이었습니다. 그런데 도착하자마자 한국인들이 교회를 시작하자고 찾아왔습니다. 학교로부터 한국에서 목사가 온다는 소식을 듣고 손꼽아 기다렸다는 것입니다. 기도했다는데 어떻게 하겠습니까.

"그러면 제가 토요일과 주일만 봉사하겠습니다" 하고 시작한 교회가 그랜드래피즈(Grand Rapids) 한인 교회였습니다. 한인 교회 사역은 나에게 많은 걸 안겨 주었습니다. 주중에는 공부에 전념하고 토요일과 주일은 사역을 하며 어느 정도 신학과 목회의 균형을 맞출 수 있었을 뿐만 아니라 생활에도 조금의 여유가 생겼습니다. 그곳은 또한 장년 제자훈련의 작은 실험장이 되어 주었습니다. 네 쌍의 부부에게 제자훈련을 시켰는데 이들에게도 역시 대학생들한테서 볼 수 있었던 동일한 영적 변화가 나타났습니다. 나는 교포 교회에서도 역시 제자훈련만이 대안이라는 사실을 확인하고 내심 흥분하게 되었습니다.

목회를 겸한 덕분에 생활에 여유가 조금 생기게 되자 나는 아내에게 아이들을 데리고 미국으로 오라는 편지를 써 보냈습니다. 그러나 아내는 내가 학교와 약속한 3년을 채우면 어차피 한국으로 다시 올 텐데 애들 셋 데리고 뭐하러 왔다 갔다 하느냐며 그저 공부에만 전념하라는 소식을 보내왔습니다. 보고 싶어도 참고 가족을 희생시키더라도 참아야 한다는 우리 세대의 한 단면이었던 것 같습니다.

미국 사람들은 그런 우리 부부를 보면서 조금은 의아해했습니다. 친하게 지내던 제리 브리만 목사도 나에게 "부부 사이에 무슨 문제가 있느냐?"고 물을 정도였습니다. 아무튼 아내의 고집으로 내내 떨어져 지냈지만 그때 만일 아내가 미국에 왔더라면 우리의 목회 방향도 많이 달라졌을 것입니다. 미국에서는 '꼭 한국에서만 목회해야 하느냐'

고 붙드는 사람이 많았고, 한국에서는 오라는 곳도 없었기 때문에 아이들과 아내가 미국에 와서 적응해 가는 상황이었다면 귀국을 결심하기 어려웠을 것입니다.

지금 와서 돌이켜볼 때 누구나 한 번쯤은 가 보고 싶어 하는 미국에 오라고 하는데도 거절한, 어떻게 보면 '앞뒤로 꽉 막힌 여자' 같기도 한 아내의 고집이 오늘의 사랑의교회를 있게 만든 숨은 원인이 아닌가 생각합니다.

아, 이것이구나!

칼빈에서 공부를 마친 나는 본래 계획했던 3년 중 남은 1년 동안은 필라델피아에 있는 웨스트민스터 신학교로 자리를 옮겨 공부하기로 했습니다. 나는 그곳에서 목회학 박사 과정을 밟기로 허락되어 있었습니다.

웨스트민스터에 가서도 나의 관심사는 변함없이 제자훈련에 대한 신학적인 기초를 다지는 것이었습니다. 아무래도 도시에 있는 신학교라 제자훈련에 관해 연구할 무엇이 좀 있으리라는 기대를 잔뜩 하고 갔습니다. 그러나 그곳 역시 실천신학 분야에서는 생각보다 취약했습니다. 할 수 없이 도서관에 들어앉아 칼빈에서 하던 식의 공부를 해야 했는데, 그때 내게 결정적인 전기를 가져다 준 사건이 발생했습니다. 구내 서점에서 한스 큉(Hans Küng, 1928-2021)의 《교회론》(*The Church*)을 발견한 일입니다. 그 책을 뽑아 몇 페이지 읽는 중에 "아, 이것이구나!" 하는 탄성과 함께 내 마음에 한 줄기의 밝은 빛이 들어오는 느낌을 받았습니다.

사실 한스 큉은 약간의 문제가 있는 사람이었습니다. 그는 가톨릭

출신이었을 뿐 아니라, 신학 사상 또한 몇 번의 변천 과정을 거치면서 말년에는 다원주의에 빠져 버렸기 때문입니다. 그러나 교회론에 관한 한 그의 책은 놀라운 역작이었습니다. '선지자 발람을 하나님이 일시적으로 사용하신 것 같은 경우인가?' 하는 생각이 들 정도로 내용이 복음적이고 성경적이었습니다. 그 가운데서도 특별히 제자훈련의 당위성을 신학적으로 뒷받침해 주는 근거들을 발견하게 된 것은 나에게는 정말 큰 소득이 아닐 수 없었습니다.

한스 큉은 나에게 교회론의 본질 중 사도성이 무엇인가를 명료하게 가르쳐 주었습니다. 그에 의하면 모든 평신도는 사도의 계승자로서 예외없이 세상으로 보냄을 받은 예수의 제자요, 소명자라는 것입니다. 나는 소위 유명하다는 신학자들의 교회론을 꽤 읽어 보았습니다. 그러나 모든 평신도가 소명자라는 사실을 교회 본질에 비추어 속시원하게 풀어 준 책을 찾지 못했습니다. 한스 큉 덕분에 내가 왜 평신도를 그리스도의 제자로 깨워야 하며, 이것을 나의 목회철학으로 삼아야 하는가에 대해 확고한 신학적 답을 얻게 되었으니 그때의 환희를 어떻게 다 표현할 수 있겠습니까!

한스 큉의 《교회론》을 접하고 난 후로 나는 연구 과정을 어렵지 않게 풀어 나갈 수 있을 것 같다는 생각이 들었습니다. 처음에는 6개월이나 1년쯤 학교에 눌러앉아 아예 졸업 논문까지 다 써서 학위를 받아 귀국하자는 계획을 잡았습니다. 그런데 예상과 달리 그곳에서는 졸업 논문 과정이 대단히 까다로웠습니다. 논문 자체만으로는 안 되고, 현장에 가서 3년 동안 사역하면서 프로젝트를 만들어 와야 한다는 원칙이 있었습니다. 그러니 한국에 돌아와 3년 동안 따로 준비해야 했습니다.

이것은 나에게 새로운 갈등을 일으켰습니다. 그때 내 나이 40이라

한 가지 일에 매달려도 제대로 할 수 있을지 장담하기 어려운 형편인데, 만일 개척교회를 한다면 개척과 프로젝트라는 두 마리 토끼를 다 잡을 자신이 없었습니다. 무엇이나 한 가지에 몰입하는 편인 내 성격에도 맞지 않을 뿐 아니라 잘못하면 둘 다 놓치는 꼴이 될 게 뻔했습니다.

그리고 제자훈련이라는 묘목을 가꾸는 데 있어 한국 교회의 토양이 얼마나 메마르고 거친지 나 자신이 너무도 잘 알고 있는 터에 두 가지 일을 어떻게 하겠습니까? 그래서 주임 교수에게 3년 후 프로젝트를 내지 않겠다는 말을 남기고 귀국길에 올랐습니다.

○ ○ ○ ○ ○
리서치 여행

한국에 돌아오기 전에 내게는 해야 할 일이 한 가지 더 남아 있었습니다. 미국 전역을 여행하면서 제자훈련의 산실인 네비게이토 선교회 본부를 방문하고 또한 미국에서 제자훈련이 나름대로 적용되고 있는 여러 교회를 탐방하는 일이었습니다. 이 3개월 동안의 여행은 내 유학 생활의 마무리이자 내 제자훈련 목회의 시작이었습니다.

그 여행 중에서 가장 잊을 수 없는 일은 콜로라도스프링스(Colorado Springs)에 있는 네비게이토 본부에서 보낸 한 달여 동안의 일정입니다. 그곳에서 네비게이토의 모든 역사를 살펴보고 제자훈련에 관한 여러 자료를 읽을 수 있었습니다. 네비게이토의 창시자였던 도슨 트로트맨 (Dawson Trotman, 1906-1956)은 이미 세상을 떠나고 없었지만 그의 부인이 쓴 도슨 트로트맨의 전기가 처음 나올 때라 그 전기도 읽을 수 있었고, 얼마 뒤에는 당시 총재였던 새니(Lorne C. Sanny, 1920-2005) 박사를 만나 여러 좋은 이야기들을 들을 수 있었습니다. 특히 한국 네비게이토에서 받았던 좋지 못한 인상들, 즉 교회를 함부로 비판하는 듯했던 모습들에 대해 이야기하면서 많은 오해를 풀 수 있었습니다.

캔자스 주의 위치토(Wichita)에서 미국 남침례교가 연합하여 주최한 제자훈련 세미나에 참석해 유명한 빌리 행크스(Billie Hanks)의 강의를 경청했던 일도 인상적이었습니다. 빌리 행크스는 내가 돌아가면 개척교회를 하겠다는 말을 듣고 "한 사람을 위해 생명을 거시오"라는 의미 있는 말을 해 주었습니다. 이곳저곳 참 부지런히 뛰어다니다가 LA에서는 잭 헤이포드(Jack Hayford) 목사의 노방교회(The Church on the Way)에서 하는 세미나에도 참석했습니다.

당시는 그 교회가 그렇게 크지 않을 때였는데, 4, 5백 명 정도 모인 목회자들이 모두 오순절계 미국인 목사들이었고 동양인은 나 혼자였습니다. 교회가 좁아서 그랬는지 주일날 교회 예배는 순번에 따라 한두 교구가 출석하고 나머지는 평신도 지도자들이 인도하는 일종의 가정 교회 스타일로 예배를 드리고 있었습니다. 예배만 아니라 세례와 성찬까지 평신도가 주관하도록 하는 나름대로의 독특한 목회관을 가진 사역 현장이었습니다.

그레이스교회(Grace Community Church)에서 존 맥아더(John MacArthur) 목사님을 만나 이야기 나누는 가운데 그곳은 평신도 제자훈련이라는 개념이 있지만 설교 강단 중심의 교회라는 것을 알게 되었습니다. 평신도 사역이 활발하긴 했어도 내가 지향하는 스타일의 평신도 훈련은 아니었습니다. 다음에 들른 곳이 로버트 슐러(Robert Schuller, 1926-2015) 목사가 시무하는 가든그로브교회였습니다. 그곳에서도 일주일간 세미나에 참석하면서 그 교회의 바탕인 평신도 사역에 대해 배웠습니다. 사역은 아름다웠으나 교회론에서 내가 가진 생각과는 상당히 거리가 있었습니다.

그런 식으로 여행하면서 중요한 데는 두루 둘러보며 개척교회를 위한 준비를 해 나갔습니다. 그러나 어디에도 내가 모델로 삼을 만한 현장은 눈에 들어오지 않았습니다. 그러나 한 가지만은 분명히 배웠습니다. 평신도의 중요성을 인식하고 그들을 깨우는 목회를 하는 현장은 무척 건강할뿐더러 부흥이 되고 힘이 있다는 사실입니다. 이제 유학을 떠나기 전에 가졌던 의문이 풀린 이상 나의 거취는 분명해질 수밖에 없었습니다. 귀국해서 제자훈련 목회를 실험해 보는 것이었습니다.

이런 교회
되게 하소서

리서치 여행을 시작하면서 귀국하면 개척하게 될지 모르겠다고 아내에게 편지했는데, 그 의견에 자기는 동의할 수 없다는 답장이 왔습니다. 무척이나 당황하고 불안한 모양이었습니다. 그동안 시골에서 고생하면서 남편이 귀국하면 안정된 교회를 맡아 제대로 생활할 수 있으리라 내심 기대했을 텐데 돈 한 푼 없이 개척을 하겠다니 불안해하는 게 어쩌면 당연했습니다.

아내의 반대에 부딪히고 보니 내 마음에도 갈등이 오래 지속되었습니다. 기성 교회로 갈 것인가, 아니면 개척을 할 것인가 하는 갈등이었습니다. 가족들이 고생할 것을 생각하면 너무 미안해서 기성 교회로 가서 일해야 할 것 같았고, 기성 교회가 제자훈련을 하기에 얼마나 어려운 토양인가를 생각하면 그럴 수가 없었습니다. 가족들이 고생을 하더라도 개척이 지름길이라는 것은 자명했지만 실제로 결정을 내리기는 어려웠습니다.

그 무렵, 7년 동안 소식이 끊겼던 은평교회의 배기주 목사님이 느닷없이 편지를 보내왔습니다. 은평교회는 내가 주일학교를 2년 가까이 섬기다 밀려난 교회였습니다. 배 목사님은 내가 귀국하면 개척교회를 할 의향이 있는지 궁금해서 먼저 아내에게 타진했는데, 마음이 불안한 아내가 개척은 안 할 거라고 대답한 모양이었습니다. 그런데도 배 목사님은 콜로라도스프링스에서 개척 문제를 놓고 기도하고 있는 내게 개척을 권유하는 편지를 보내 준 것입니다. 나는 이 편지를 내 기도에 대한 하나님의 응답으로 주저없이 받아들였습니다.

배 목사님은 편지에서 은평교회 교인 중 몇 명이 한창 개발 중인 강남으로 이사했는데 거리가 멀어서 은평교회 출석이 어려우니 옥 목사가 강남에 개척을 한다면 안심하고 맡기고 싶다는 이야기를 하였습니다. 1978년 3월 중순경이었습니다.

내 기도에 대한 하나님의 응답과 명령이 동시에 내려졌다고 판단한 나는 더 이상 지체할 필요가 없었습니다. 6월에 귀국하고 7월 23일에 창립 예배를 드렸으니 얼마나 서둘렀는지 알 만한 일입니다. 그렇게 서두른 이유는 기성 교회로 가고 싶은 마음의 유혹을 가급적 피하려는 나름대로의 자기 관리였습니다.

○ ○ ○ ○ ○ ○
고마운 사람들

개척할 의사를 밝히는 내 편지를 받자마자 배 목사님은 바로 장소를 물색하러 다닌 것 같습니다. 먼저 강남으로 이사 온 교인들을 찾아가 자신의 뜻을 전했습니다. 그러자 몇 가정은 개척교회에 동참할 것을 흔쾌히 승낙하였습니다. 그들이 내놓은 헌금에다 목사님 자신이 모아 둔 저금을 합해 들고 배 목사님 부부는 강남 일대를 둘러보다가 반도유스호스텔 앞에 있는 3층짜리 건물의 2층 40평 정도를 계약하였습니다. 오늘의 사랑의교회를 위해 믿음의 씨앗 하나를 묻어 준 그분들에게 뭐라고 감사해야 할지 아직도 빚진 심정을 씻지 못하고 있습니다.

귀국해서 바로 교회 장소로 가 보니 강대상과 의자를 제외하고는 모두 갖춰져 있었습니다. 나는 효율적인 공간 활용을 위해 장의자 대신 강의실에서 쓰는 받침대 달린 1인용 의자 50개와 접의자 50개를 구입했습니다. 그 장소는 이미 어느 큰 교회의 지원을 받은 젊은 목사가 교회를 한다고 문을 열었다가 한 달도 안 되어 포기한 곳이었습니다. 서울대학교를 나왔다는 그 목사에게 왜 떠나느냐고 물었더니, "여기에 교회를 하면 아무도 안 와요. 저 아래 있는 필리핀 대사관에 가서 선교나 하면 모를까"라고 대답했습니다.

그 말을 듣고 살펴보니 아닌 게 아니라 교회를 하기에는 너무나 부적당한 입지였습니다. 교통도 매우 불편해서 버스가 20분에 한 대 꼴로 지나다녔고, 한창 신축 중인 아파트 단지는 너무 멀리 떨어져 있어서 그곳 주민을 바라기는 그림의 떡이었습니다. 게다가 주변 일대는 몇 채 안 되는 주택과 지저분한 여관들로 둘러싸여 있었습니다. 돈이 부족하니까 좋은 자리는 잡을 수가 없어서 할 수 없이 싼 곳을 찾다 보니 그렇게 된 모양이었습니다. 그러나 이미 계약이 끝난 후라 어쩔 도리도 없었거니와, 당시의 나는 한 사람이라도 제자훈련을 해서 투철한 소명자로 만들면 기적이 일어나겠거니 하는 단순한 믿음에 사로잡혀 있었기 때문에 장소에 대해서는 별 걱정을 하지 않았습니다.

그런데 막상 교회 간판을 달려고 하니까 이름이 없었습니다. 배 목사님이 "옥 목사, 교회 이름을 무엇이라고 지었소?" 하고 물었을 때에야 비로소 사전에 준비하지 못했다는 것을 알게 되었습니다. 얼떨결에 배 목사님 내외분의 수고에 감사를 표하자는 생각으로 '강남은평교회'로 하면 어떻겠느냐고 제의했더니 쾌히 동의해 주어 그 이름이 처음 3년간 사랑의교회의 전신이 되었습니다.

배 목사님 내외분을 포함한 몇 분들은 나름대로 정성껏 힘을 모았습니다. 그분들 중에 지금 사랑의교회에 남아 있는 분들은 오태영 장로님 부부뿐입니다. 세상을 떠났거나 이민을 떠난 분들, 남편이 아내 몰래 헌금을 한 것이 탄로나 부부 싸움을 심하게 한 후 떠난 분 등 모두 보고 싶은 사람들입니다. 사랑의교회 초석 위에 잠깐 동안이나마 사랑과 기도를 부어 주었던 그들이 지금은 어떻게들 지내고 있는지 궁금합니다. 어디에 있든 주님을 섬기는 삶을 살고 있으리라 믿습니다.

○ ○ ○ ○ ○

왜 이 교회를?

교회 개척을 위한 외형적인 준비가 이렇게 되어 가고 있는 동안, 나의 마음은 지금까지 붙들고 씨름해 온 목회철학을 포괄하여 건강한 교회를 세우고자 하는 거룩한 열망으로 타오르고 있었습니다. 나는 혼자 앉아 이런 기도를 드렸습니다.

"주님, 여러 교회들 가운데 또 하나의 교회를 더하지 말게 하옵소서. 종교적 허세만 가득하고 정작 생명을 잉태하지 못하는 불임의 교회를 또 하나 세우지 말게 하소서. 사람을 위한 직함들만 줄줄이 만들고 정작 그리스도의 제자로 사람을 키우지 못하는 무기력하고 무책임한 교회를 만들지 말게 하소서. 내가 그리스도의 군사라는 명쾌한 자기 인식 없이 행사에 바쁜 사교 클럽으로 전락하지 않게 하소서. 그리스도의 왕국을 전략적으로 이 땅에 구축하는 야전 벙커가 되게 하시고, 행정에 분주한 동사무소가 되지 않게 하소서."

1978년 7월 23일 주일 오후 3시, 드디어 창립 예배를 드렸습니다. 허름한 건물이었지만 교회 안에 펼쳐 놓은 100여 개의 의자에는 축복하러 온 은평교회 성도들로 가득 찼고 강대상에는 오유순 집사가 꽃

꽂이해 놓은 꽃이 환한 자태로 향기를 발했습니다.

배기주 목사님의 사회로 시작된 이날 예배는 김희보 학장님의 축사, 그리고 내수동교회 대학부 학생들의 찬양 등으로 이어진 흔히 볼 수 있는 개척 예배의 조촐한 풍경이었습니다. 남다른 점이 있었다면 담임목사가 설교를 맡았다는 점일 것입니다.

예배가 진행되면서 여기저기에서 손수건으로 눈물을 훔치는 부인들이 여럿 있었습니다. 앞으로 고생할 목사가 측은해 흘리는 눈물과 주님의 교회가 세워진다는 감격이 어우러져서 흐르는 눈물이었으리라 생각합니다. 눈물을 흘리는 사람들 중에는 아내도 끼어 있었는데, 아마 앞일을 생각하니 더욱 막막해서 울었을 것입니다.

그러나 내 마음에는 놀라운 평안함과 기쁨이 자리잡고 있었습니다. 눈에 보이는 것은 아무것도 없었지만 모든 것을 소유한 듯한 흡족한 심정이랄까, 배불리 젖을 먹고 난 어린아이의 평안함이랄까 그런 신비한 감정에 사로잡혀 있었습니다.

이날 내가 설교를 맡은 것은 의도적이었습니다. 이것은 일반적인 관례를 깨는 일이나 다름이 없었습니다. 대개는 교단 내의 유명 인사를 초빙하여 설교를 부탁하는 것이 자연스럽게 생각되던 때였기 때문입니다. 그러나 나는 새로 시작하는 교회의 강단에서 선포하는 첫 메시지는 그 교회의 목표와 방향성을 제시하는 설교이므로 남에게 맡길 수 없다는 약간은 고집스러운 생각을 하였기 때문에 그 관례를 깨기로 했습니다.

설교 제목은 "왜 이 교회를?"로 본문은 마태복음 9장 35-38절이었습니다. 나는 이 설교에서 사랑의교회의 모델은 바로 예수 그리스도의 지상 사역에서 찾아야 한다는 것을 분명히 하였습니다.

"예수님이 모든 성과 촌을 두루 다니며 사역하신 것처럼 개척되는 교회도 어느 지역에 묶여서 일하기보다는 주님이 가라는 곳이면 어디나 갈 수 있는 교회, 즉 경계선 없는 목회를 할 수 있어야 합니다. 예수님의 사역이 보여 준 가르치고 전파하고 치료하는 기능은 바로 우리 교회가 꾸준히 추구해야 할 기능입니다. 예수님이 세상 사람을 목자 잃은 양으로 보시고 가슴 아파하시며 그들을 위해 일할 일꾼을 찾으신 것처럼 우리 교회는 세상으로 보냄 받은 소명자로서 평신도를 깨우는 일에 목회의 비전을 두어야 합니다."

예배를 마치며 우리는 한목소리로 이런 기도문을 하나님께 올려 드렸습니다.

"하늘에 계신 우리 아버지여, 이름이 거룩히 여김을 받으시오며 나라이 임하옵시며 뜻이 하늘에서 이룬 것같이 땅에서도 이루어지이다. 주님! 우리는 여기 모였습니다. 주의 몸 된 교회를 시작합니다. 우리의 유일한 소원은 이 기도가 이루어지는 것입니다. 성삼위 하나님의 축복을 믿으면서 감사를 드립니다."

○ ○ ○ ○ ○ ○ ○

열두 명이 둘러앉아

감격스러웠던 창립 예배가 지나고 일주일 후 처음 주일을 맞았을 때 교회는 실로 썰렁했습니다. 창립 예배 때 성황을 이루었던 것과는 사뭇 대조적인 분위기였습니다.

40평 공간의 100개 의자 가운데 겨우 12개에만 사람이 앉았으니 그 허전함과 어색함이란 말로 표현하기 어려웠습니다. 중학생들과 우리 내외를 빼면 일곱 명의 장년 교인이 모였으니, 이미 짐작은 했지만 심정이 약간 묘했던 것도 사실입니다. 미국에서 교포 교회를 섬길 때에는 아무리 적게 모여도 교인 수가 40은 넘었는데, 이곳을 터전으로 하나님의 큰일을 이루어 나가리라는 기대가 없으면 조금은 기운이 빠질 일이었습니다.

시간이 되어 예배를 인도하려고 강단에 올라서서 내려다보니, 수도 많지 않은데 옹기종기 앉은 열두 명이 우뚝하게 선 나를 보는 분위기가 너무 어색했습니다. 그래서 강단 아래로 다시 내려와 의자를 원형으로 둘러앉게 만들고 지금의 다락방에서 모이는 식으로 오순도순 첫 예배를 드렸습니다.

내가 첫 예배부터 신경 쓴 것이 하나 있습니다. 예배의 본질이 손상되지 않는 한 목사와 평신도가 같은 눈높이에서 은혜를 함께 나누기 위해 둘 사이의 거리감을 최대한 줄여 보려는 노력이었습니다. 이 노력의 하나로 나는 첫 시간부터 강단에 서면서 가운을 입지 않았습니다. 가운이 양 떼를 맡은 목자로서의 소명을 표하는 데 좋은 이미지를 주는 것은 사실입니다. 하지만 내게는 어릴 때부터 그 가운 속에 갇힌 목사님을 볼 때마다 별세계를 사는 사람처럼 느끼던 감정이 그때까지도 남아 있었고, 지금도 만의 하나 교인들이 비슷한 인상을 받을 소지가 있다면 입지 않는 것이 더 좋다고 생각하고 있습니다.

20년이 지난 지금 돌이켜 보면 그때의 첫 예배가 오늘날 사랑의교회의 특성과 모습을 결정짓는 유전자 구실을 한 것이나 다름없었다고 할 수 있습니다.

사랑의교회라는 이름

앞에서 이야기한 바와 같이, 강남은평교회라는 이름은 그동안 수고해 준 분의 은혜를 기념하는 의미에서 얼떨결에 지은 임시 명칭이었습니다. 약 3년 후 배 목사님이 미국으로 이민을 가게 되자 교회 이름을 바꾸기로 했습니다. 그러나 주변에 너무 많은 교회들이 난립하고 있어서 마음에 드는 이름은 이미 다 고갈이 되어 버린 상태였습니다.

고심 끝에 다소 추상적이고 모호하긴 하지만 성경에 나오는 용어 가운데 우리 마음에 가장 뜨겁게 와 닿는 것들 중에서 하나를 택하기로 마음먹었습니다. 금방 떠오르는 이름들이 몇 가지 있었습니다. 은혜, 소망, 복음, 믿음 등입니다. 이런 이름을 가진 교회들은 이미 여러 곳 있었습니다. 그러나 이상하게 '사랑'이라는 말을 이름으로 내건 교회는 거의 없었습니다. 아마 이것은 일본 교회에서 사랑이라는 용어를 교회 이름으로 쓰기 꺼리는 것과 비슷한 감정이 깔려 있기 때문이 아닌가 합니다. '사랑교회'라 하면 뭔가 좀 이상한 느낌이 드는 것이 사실입니다. 사랑이라는 말이 좋기는 하지만 그 말을 듣는 대부분의 사람들은 고귀한 하나님의 사랑을 느끼기보다 속되고 저질적인 사랑을 먼저 떠올리는 일이 많아서 그런 것 같습니다.

그럼에도 나는 이 단어를 이름으로 쓰고 싶었습니다. '사랑교회'가 어색하면 '사랑의교회'라고 하는 것이 어떨까 생각하니 어감이 조금 좋아 보였습니다. 소유격 '의'를 집어 넣어서 지은 교회 이름은 한 번도 본 일이 없지만 말입니다. 사랑의교회, 그 이름을 뒷받침하는 하나님의 말씀은 요한일서 4장 8절입니다. "하나님은 사랑이심이라." 이 말씀 안에는 십자가가 있습니다. 세상을 구원하신 하나님의 무궁한 사랑이 흐르고 있습니다. 그리고 성도가 어떻게 사랑하며 살아야 하는가를 교훈하는 말씀이 들어있습니다. 어떻게 보면 그 이름 자체가 퍽 부담스러운 것이지만 하나님을 사랑하고 이웃을 사랑하는 일에 최선을 다한다는 노력의 하나로 그 부담을 기꺼이 짊어져 보기로 한 것입니다.

3백 명 남짓한 교인들에게 이 이름을 내놓고 의견을 물었더니 놀랍게도 한 사람의 반대도 없이 전원 찬성해 주었습니다. 이렇게 해서 강남은평교회가 사랑의교회로 다시 태어나게 되었습니다.

그 후 어느 목사님이 나를 만나자마자 인상을 쓰면서 "교회 이름을 뭐 그따위로 만들었습니까? '사랑의집'은 내가 들어 본 일이 있지만 '사랑의교회'라는 것은 들어 본 일이 없어요. 성경에 보면 교회 이름은 다 지역 이름을 붙였어요!"라고 하기에 웃으면서 듣고 넘어갔지만 비판하는 그의 모습이 썩 좋아 보이지는 않았습니다.

그때로부터 수십 년이 지난 오늘날, 우리 주변에서 그리 어렵지 않게 '사랑의교회'를 찾아볼 수 있을 만큼 세상은 많이 변했습니다. 요즈음 내가 갖고 있는 소박한 소원은 교회마다 모든 평신도가 예수님의 제자로 깨어나서 마음을 다해 하나님을 사랑하고 이웃을 자기 몸처럼 사랑하는 사랑의 공동체가 되었으면 하는 것입니다.

3

제자훈련
목회의
도전과 시련

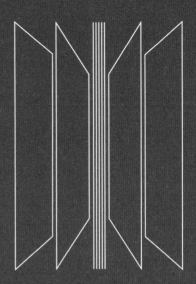

"목사 기죽이는 사람들." 그들을 보면서 나 혼자 중얼거리는 말입니다.
어쩌면 그들은 목회자인 나를 길들이기 위해
하나님께서 내 가까이 두신 천사들인지도 모릅니다.

시작·실패·도전·성공
: 벼랑을 걷는 마음으로

헌 옷을 고치기보다는 새 옷 한 벌 짓는 게 낫고, 헌 집 고치기보다 새 집 한 채 짓는 게 낫다는 말이 있습니다. 일리가 있는 말입니다. 제자훈련도 어떤 면에서는 기성 교인보다는 새로 믿은 사람에게 접근하기가 더 수월합니다. 왜곡된 고정관념이나 아집이 생기기 전이므로 가르치는 대로 받아들이기 때문입니다. 그리고 기성 교인을 상대하는 경우에도 개척교회의 분위기에서는 그들을 다루기가 훨씬 용이하다고 할 수 있습니다. 이런 의미에서 개척교회를 선택한 나의 입장이 제자훈련을 시작하는 데 다소 유리했다고 생각합니다. 그러면 지금부터 나의 제자훈련 목회의 도전과 시련 이야기를 좀 해 보려고 합니다.

남자 제자반의 시작

남자 제자반을 처음 시작한 것은 개척하고 1년 가까이 지나서부터였습니다. 그동안 여자 제자반을 여러 개 지도하느라 여유가 없었던 것도 사실이지만 마땅히 훈련시킬 만한 남자 대상자들을 확보하지 못한 이유 때문이기도 했습니다. 그리고 남편들이 훈련 중인 아내들의 영향을 받아 제자훈련에 대해 좋은 감정을 가지기까지 서두르지 않는 것이 현명하다는 생각을 한 것도 사실입니다.

열두 명이 처음 모였습니다. 주일 아침 8시부터 시작하여 예배 직전까지 교회 가까이 살고 있는 훈련생들의 집을 돌아가면서 모였습니다. 대개가 신앙 경력이 오래되었고, 그중에 몇은 이전 교회에서 안수집사로 임명받은 사람도 있었습니다. 그러나 몇 사람을 빼고는 대개가 아내의 성화에 못 이겨 억지로 나와 앉아 있는 사람들이어서 한동안 결석하지 않는 것만으로도 감사해야 할 형편이었습니다. 당시 제일 값이 쌌던 차 한 대를 구입해 얼마 동안은 이런 미지근한 훈련생들을 실어 날라야 했습니다.

두서너 달의 어려운 고비를 잘 넘기자 분위기가 바뀌기 시작했습니다. 소위 말하는 건강한 소그룹의 증상들이 보이기 시작한 것입니다. "오시오, 가시오" 하지 않아도 미리 와서 기다리고 있었고, 예습이나 숙제를 즐겁게 해 왔고, 자기들끼리 서로 믿고 사랑하는 화기애애한 분위기가 살아났으며, 말씀의 맛을 알기 시작하고, 자기 개방을 자연스럽게 하는 이런 좋은 점들이 나타나고 있었습니다.

입을 크게 벌리고 몸을 흔들며 찬송 부르는 나를 보고 처음에는 충격받은 표정을 짓기도 했지만, 전통적이고 권위적인 목회자상에 짓눌려 있었던 사람들이라 얼마 가지 않아 호감을 가지고 대해 주었습니다. 그런 내 모습이 솔직하고 소탈하게 보여서 성경공부에 대해서까지 좋은 마음을 갖게 되었다고 귀띔해 주는 형제도 있었습니다.

"신자가 하는 일은 다 거룩하다"는 만인제사장직을 배운 후 사회생활에 의욕과 보람을 가지게 되었던 것도 당시의 남자 교우들이 성경공부반에서 얻은 큰 수확이었습니다.

앞에서 일방적으로 가르치고 교인들은 듣기만 하는 강의 스타일에 익숙해 있던 이들에게, 구체적인 질문과 적용이 있는 이러한 성경공부는 퍽 새로운 것이었습니다. 잘 이해할 수 있는 질문을 적절하게 던져 주는 공부 방식은 진하고 강한 흡인력이 있어서, 다같이 '야, 재미있을 것 같다'고 느끼는 공감대가 무르익어 갔습니다.

그렇게 되니 공부하는 분위기가 아주 진지하고 밝았습니다. 언젠가 어느 장로는 그때가 아기자기한 때였고 만나고 싶은 마음이 몹시도 많았던 때라고 표현했습니다. 다만 지금처럼 정돈된 학습 교재와 커리큘럼이 없었기 때문에 '지금 다시 한번 받아 봤으면' 하는 생각도 자주 든다고 욕심을 부리기도 합니다.

남자 제자반이 황량한 광야에서 은혜의 초장으로 들어서게 되었던 결정적인 계기가 있었습니다. 훈련이 시작된 지 4개월째로 접어들 즈음 영적으로 문제를 가장 많이 안고 있었던 한 형제가 변하여 새사람이 되는 사건이 있었기 때문입니다. 그 형제는 권사님의 아들로서 어려서부터 신앙생활을 하였지만 자유주의 신학에 관한 도서들과 기독교를 비판하는 글들을 섭렵하면서 영의 눈이 어두워진 사람이었습니다. 일류 학교 출신인 데다가 사장 자리에 앉아 있었기 때문에 누구의 말에도 호락호락 넘어갈 사람이 아니었습니다. 당시만 해도 아내의 성화에 못 이겨 교회에 나오고 있는 실정이었습니다. 이처럼 가장 어려워 보였던 그 형제가 먼저 은혜를 받으니 삽시간에 그 은혜는 옆 사람들에게 전염되었습니다. 이때부터 남자 제자반은 시간마다 은혜의 샘이 넘치는 오아시스로 변했습니다.

그 형제는 당시 창원에서 직장 생활을 하며 토요일마다 상경해서 훈련을 받고 있었습니다. 아내의 강요에 못 이겨 앉아 있었기 때문에 처음부터 좋은 인상을 가지고 하는 공부가 아니었습니다.

"저는 집사였지만 예수님을 영접한다는 의미도 몰랐고, 내 삶이 정리되고 명분이 확실하면 지옥도 좋다는 인간적 측면이 강했습니다. 그러다가 이 성경공부를 통해서 처음으로 성경을 보게 되었고 많은 것을 생각하게 되었지요. 나와 성경과의 근본적인 갈등이 해소되는 데 꽤 시간이 걸렸습니다. 성경 앞에 나를 포기할 수 없고 그 갈등이 질겨지니까 성경공부가 싫어지기까지 했습니다."

성경의 사실을 자신의 입으로 고백할 수밖에 없도록 성경에서 질문의 답을 찾게 하는 교재를 펼 때마다 약이 오르더라는 그 형제는 훈련 받고 돌아가면서 '이 교회를 떠날까? 머무를까?' 고민하기도 했다고 합니다. 그러던 어느 날, 집에서 예습하다가 주님 앞에서 자기를 포기하고 항복하는 은혜를 체험하면서 거듭나는 황홀한 기쁨을 맛보았습니다. 그 체험이 있고 나서 회사의 책상 위와 자동차 안에 성경책을 놓아두고 자신이 크리스천임을 주변에 알리기 시작했으며, 가정예배를 드리기 시작했습니다. 일본에 출장을 가서도 이전처럼 저녁에 파친코를 찾지 않고 성경을 읽었습니다. 말씀을 붙들고 주님의 은혜에 감격하며 눈물 흘리는 진짜 집사가 되었던 것입니다.

또 다른 형제는 훈련 중에 은혜받고 집에서 밤새 성경을 읽다가 날이 밝는 줄을 몰랐다고 말하는 때가 한두 번이 아니었습니다. 본래 잘 믿는 가정에서 자란 사람이었지만 이것은 제자훈련을 통해 그가 체험한 또 하나의 기적이었습니다. 나는 종종 첫 남자 제자반을 그리워할 때가 있습니다. 내가 받은 은혜도 참 많았고, 그렇게 두려워했던 성인 남자들의 제자훈련이 얼마든지 가능하다는 것을 확신하게 된 자리였으니 내가 어찌 그때의 흥분과 기쁨을 잊을 수 있겠습니까?

돌이켜 보면 남제자반의 출발은 사랑의교회의 기둥을 깎는 일이었다고 해도 잘못된 평가는 아닌 것 같습니다. 나중에 이들 가운데서 최초의 장로 9명이 배출되었기 때문입니다. 이들 덕분에 지금은 집사건 장로건 사랑의교회에 와서 순장 사역을 하려면 일단 제자훈련을 받아야 한다는, 누구에게도 예외 없는 전통이 뿌리내리게 되었습니다. 첫 남자 제자반의 뒤를 이어 지금까지 수천여 명에 달하는 형제들이 훈련을 받았고, 그중에서 상당수가 자랑스러운 평신도 지도자로 뛰고 있습니다.

이렇게 실패할 때도 있었다

남자 제자반이 모두 이렇게 진국만 흐른 것은 아니었습니다. 이제부터 참담했던 이야기를 하나 하겠습니다.

첫 남자 제자반에 재미를 본 나는 이어서 또 한 반을 시작하고 싶었습니다. 그러나 남자 수가 많지 않아 마음대로 되지 않았습니다. 참다못해 자격 여부를 묻지 않고 몇 사람을 억지로 끌어들여 겨우 한 반을 만들었습니다. 그러다 보니 준비가 안 되고 신앙 수준이 낮은 이들한테는 제자훈련 자체가 신앙생활에 도움은커녕 오히려 장애 요인이 되어 교회에 대해 반감을 가지는 사태로까지 발전하고 말았습니다.

어느 형제는 아내의 강요에 못 이겨 제자반에 들어왔지만 매시간 참석하는 일이 너무 부담스러워 아침 일찍 제자반에 간다고 나와서는 약수터로 도망을 가 버려 나중에 집과 교회에서 안팎으로 혼이 나기까지 하였습니다.

한번은 이런 일도 있었습니다. '구원의 확신'을 공부하는 시간이었습니다. 모두들 자기가 구원받은 것을 확신한다고 대답하는 자리에서 매우 솔직하고 진지했던 한 형제가 반발하여 그다음부터 스스로 탈락

해 버린 일이었습니다. 사회에 나가서는 믿는 사람답게 살지 못하는 주제에 입으로는 구원의 확신이 있다고 떠벌리는 위선자들하고는 공부할 수 없다는 것이 그의 변이었습니다. 제자훈련이 그런 위선자를 만들어 내는 곳이라면 굳이 나와 앉아 있을 필요가 없다는 것이었습니다. 이제 와서는 이 모든 이야기들이 그리운 추억이 되었지만 당시의 나에게는 매우 심각한 도전들이었습니다.

이 제자반은 몇 달이 지났는데도 모이는 것조차 힘이 들었습니다. 주일 낮 예배가 두 번으로 늘었기 때문에 주일 오전 시간은 낼 수가 없었습니다. 주일 오후에 모이다가 잘 안되어 주중의 어느 저녁으로 바꾸었지만 역시 마찬가지였습니다. 할 수 없이 어느 요일 새벽 시간을 이용해 보았지만 그것마저 너무 힘들었습니다.

결국 내가 먼저 지쳐 해산할 각오를 하고 어느 날 아침 극약 처방을 해 버렸습니다. 교재에도 없는 마태복음 10장 34절 이하의 말씀을 펴놓고 정면으로 도전을 시작한 것입니다. 집안 식구를 예수님보다 더 사랑하는 자는 제자가 될 수 없다는 내용의 말씀을 돌아가면서 읽게 했습니다. 아니나 다를까 대부분 얼굴들이 굳어 있었습니다.

내가 의도적으로 던진 질문은 이런 것들이었습니다. "집사님, 이 말씀 읽으면서 어떤 느낌이 드세요? 좀 심하다고 생각되지 않으세요?" "집사님은 아내가 남편보다 예수님을 더 사랑하고 있다는 것을 알면 마음이 편할까요?" "사랑의교회에서 남편보다 예수님을 더 사랑하도록 아내들을 훈련시킨다면 계속해서 교회에 보내겠어요?" 나는 무슨 대답이 나올지 뻔히 알면서 그들의 아픈 데를 찔러 대는 질문을 사정없이 퍼부었습니다.

나는 아직도 인형을 만드는 어느 중소기업 사장이 더듬거리는 말로 자신의 불편한 심기를 털어놓던 일을 기억하고 있습니다. "목사님,

교회가 이런 식으로 가르치니까 남편들이 자기 집사람을 교회에 보내려고 하지 않는 거예요. 요즘 여자들, 남편을 사랑하라 사랑하라 해도 들을까 말까 할 정도로 기가 센데 남편보다 예수를 더 사랑하라 그래 놓으면 집에 돌아와 남편이 사람처럼 보일까요? 나는 굉장히 기분 나빠요."

이런 대화가 오가는 그 시간의 분위기를 한번 상상해 보십시오. 아침을 먹고 싶은 입맛마저 싹 달아나 버렸습니다. 물론 그 시간을 끝으로 전원 해산을 시키고 다시 모이지 아니한 것은 말할 것도 없는 일입니다.

○ ○ ○ ○ ○ ○ ○
여자 제자반의 도전

교회가 문을 연 지 약 한 달 반 지난 9월 중순부터 나는 제자훈련 목회를 시험대에 올려놓기 위한 준비 작업을 서둘렀습니다. 교인 수는 남녀 합해서 30명이 고작이었지만 몇 안 되는 부인들 중에는 잘 키우기만 하면 나의 동역자로서 쓰임 받을 수 있다고 생각되는 이들이 있었기 때문입니다. 그들은 모두가 3, 40대로 다 모여도 고작 다섯 명뿐이었습니다.

그러나 제자훈련을 시작도 하기 전에 내게는 은근한 저항이 먼저 피부로 느껴졌습니다. 어느 여집사와 나누었던 대화가 아직도 기억에 남습니다.

"목사님, 지금 강남의 교통 사정 아시지요? 차 잡기가 너무 힘들고 버스는 드문드문 다니고요. 주일날 교회 한 번 나오기도 보통 일이 아니잖아요. 이제 다 집사가 된 사람들인데 꼭 성경공부를 해야 하나요? 차후로 미루면 좋겠어요."

부드러운 어조였지만 뼈가 있는 말이었습니다. 나는 잠자코 듣고 나서 이렇게 협상을 했습니다.

"집사님, 한 달만 공부해 보고 안 해도 되겠다고 생각되면 그때 그만두도록 하시지요."

나의 처지에서는 목회의 생명이 걸린 문제라 그 정도의 말에 위축될 수 없었습니다. 그때까지만 해도 그들은 나를 잘 몰랐습니다. 이전에 다니던 교회로부터 인정받으며 자부심에 젖어 있던 그들인지라 내가 제자훈련이라고 하는 비수를 칼집에 꽂아 놓고 때가 오기를 기다리고 있는 무서운 목사인줄 어떻게 알았겠습니까? 그래서 큰소리쳐본 것입니다. 나야 막판에 싫다고 모두 도망가는 최악의 상황까지 계산하고 만반의 대비를 하고 있었던 터라 두려울 것이 없었습니다. 개척 멤버들이 안 따르면 집사람과 같이 전도해서 한 사람이라도 얻으면 제자훈련을 할 참이었으니까 말입니다. 그러나 나에게 첫 제자반은 그 의미가 큰 것이었습니다. 나의 목회가 앞으로 무엇을 향해 어디로 갈 것인가를 천명하는 선언적 의미가 있었을 뿐 아니라 제자훈련의 첫 실험이라는 점에서 물러설 수 없는 한판이었기 때문입니다.

결국 모임이 시작되었지만 처음 얼마 동안은 분위기가 풀리지 않아서 좀 힘들었습니다. 사실 담임목사 앞에서 몇 명 되지 않는 부인들이 모여 성경공부를 한다는 것은 참석자들에게 약간의 공포심을 불러일으키기에 충분했습니다. 누구에게나 자신이 가진 영적 결함이나 무식이 지도자 앞에서 들통나는 위기는 가급적 피하고 싶은 심리가 있기 때문입니다.

시원한 거실 한 모퉁이에 둥근 식탁을 놓고 시작된 첫 모임의 주제는 "예수 그리스도가 누구신가?"였는데 그들에게는 별 흥미가 당기지 않는 내용이었습니다. 그들은 "예수님은 어디서 출생하셨는가?"와 같은 아주 상식적인 질문을 하는 공부인 줄 알았다가 내가 던지는 예리한 질문에 당황하는 모습이 역력했습니다.

내가 던진 질문은 주로 기본적이면서 영적이고, 교리적이면서 실제적인 것들이었습니다. 예를 들면, 요한복음 3장 16절을 펴놓고 "집사님, 하나님이 집사님을 사랑해서 독생자를 주셨다고 했잖아요. 집사님은 언제 하나님의 이 큰 사랑을 가슴 뜨겁게 실감해 보셨나요? 한번 말씀해 보시지요"라는 식의 질문이었습니다. 그러면 대개가 머리를 숙이고 얼굴이 빨개지면서 대답을 제대로 못하고 쩔쩔매기 일쑤였습니다.

미리 예상한 일이지만 첫 시간을 통해 다시 한번 놀란 것은 예수를 오래 믿은 사람일수록 말씀을 영적으로 깨닫는 데 너무 어둡다는 사실이었습니다.

시작한 지 두어 달 정도 지나고 나서야 차츰 말씀의 은혜에 눈을 뜨는 것을 볼 수 있었습니다. 한 달만 해 보자고 했던 집사도 나중에는 겸연쩍은 표정으로 찾아와서 자기가 너무 모르면서 교만했다고 사과했습니다. 어느 집사는 자기 집에 모여 말씀을 공부하던 날, 그동안 자기가 숨기고 있었던 속내를 이렇게 털어놓았습니다.

"처음에 제자훈련을 한다고 하길래 상당히 못마땅했어요. '성경공부는 무슨 성경공부야. 알 만한 것은 다 아는데 뭘 배우자는 거야' 하며 언짢은 기분이 치밀었지만 목사님이 처음 시작하는 일을 반대할 수가 없어서 꾹 참고 나왔거든요. 시간이 흐를수록 내가 얼마나 말씀에 어두웠는지 깨닫게 되고 그 후부터는 매주 공부 시간이 기다려지기까지 했어요."

그럼에도 이들은 조여드는 긴장을 이기지 못해 한 명씩 그럴듯한 구실을 대며 물러앉더니 나중에는 아내만 혼자 남게 되었습니다. 그래서 그동안 등록한 다른 주부들을 끌어들여 다시 시작하지 않으면 안 되었습니다.

어떻게 보면 그들 탓으로만 돌릴 수 없는 일이었습니다. 지도자로서 그들의 형편을 고려하여 자식 키우는 어머니처럼 인내하면서 자상하게 다루지 못한 나의 책임도 컸다고 생각합니다.

솔직히 말해 그 당시 나의 마음에는 약간의 분노가 깔려 있었습니다. 모든 사람들이 부러워하는 강남에 자리잡고 사는 재미가 극에 달해 있는 그들을 좋은 눈으로 보지 않은 데다 신앙적으로 정상에나 오른 것처럼 거드름 피우는 태도에 마음이 상해 있었기 때문입니다. '어디 두고 보자'는 식의 감정을 가지고 성경을 가르쳤으니 탈이 안 날 수가 없었을 것입니다. 그래도 제자훈련에 손든 부인들이 주일예배 시간에는 자리를 지켜 주어서 다행이었습니다.

다시 시작된 제자반은 성공이었습니다. 드디어 사랑의교회 제자훈련에 돛을 높이 달게 된 셈입니다. 부인들이 늘어나자 제자반을 다섯 반까지 늘렸고, 그때부터 내가 미치지 않으면 헤쳐 나갈 수 없는 목회가 시작된 셈이었습니다.

몇 달 안 되어 훈련생 대다수가 영적으로 큰 변화를 맛보고 또 신앙 인격이 놀랄 만큼 성숙해 가는 모습을 지켜 보면서 정말 감사했습니다. 교인은 자꾸 늘어나는데 일꾼은 없고 해서 훈련이 미처 끝나지도 않은 그들에게 다락방을 맡길 수밖에 없었습니다. 그럼에도 그들은 기쁨으로 순종하였을 뿐만 아니라 자기의 부족한 것을 핑계 대지 않고 충성하였습니다.

지금은 권사가 되어 처음과 다름없이 순장으로 사역하고 있는 어느 부인은 제자훈련을 받기 이전까지 신앙생활은 습관적으로 하면서 이웃 사람들과 함께 꽃꽂이다 붓글씨다 이것저것 열심히 배우러 다니며 고상하게 살려고 꽤나 애쓰던 전형적인 강남의 주부였습니다. 그러나 제자훈련을 받기 시작하고서 자기의 고상하게 사는 기준이 바뀌었고, 생활의 우선순위가 달라졌다고 고백했습니다.

결혼 후 내내 얌전하게 교회 다니던 아내가 강남으로 이사해 사랑의교회에 다니면서 갑작스럽게 생각을 바꾸고 교회 일에 적극성을 띠자 무척 당황한 남편이 있었습니다. 밤낮없이 열심을 내는 아내를 보고 믿음이 없던 남편은 자못 불안했던 것 같습니다. 부부가 상당 기간을 긴장 상태에서 지내던 중에 어느 날 느닷없이 남편이 살벌한 표정으로 부인을 방구석으로 몰아세우더니 "나하고 예수 중에 누구를 택할 거야? 나지? 남편이지?" 하고 물었습니다.

믿음이 없어 아내의 신앙생활을 이해하지 못하는 남편 앞에서 무슨 말을 해야 할지 순간적으로 아찔했지만 그는 이내 "나는 당신을 남편으로 택하기 전부터 이미 예수님의 딸이었어요. 나는 당신도 사랑하고 예수님도 사랑해요. 누구도 버릴 수 없어요"라고 냉정하게 대답했습니다. 그 말을 듣고 남편은 방문을 쾅 닫으며 밖으로 나가 버렸습니다. 그 후 그 남편은 마음을 고쳐 먹고 신앙생활을 하기 시작했습니다.

○ ○ ○ ○ ○ ○ ○ ○ ○
벼랑을 걷는 마음으로

나는 여자 제자반을 인도하면서 늘 긴장하고 있었습니다. 아무리 목사지만 젊은 남자가 혼자서 30대가 대부분인 주부들을 10여 명씩 데리고 두 시간 이상을 방 안에서 보낸다는 것은 용이한 일이 아니었습니다. 그들 대부분이 어디서나 기죽고 싶어 하지 않을 정도로 아름답고 매력적인 여성이었습니다.

그러므로 목사가 지나치게 그들을 의식해도 훈련에 지장을 주고,

너무 무신경해도 문제를 일으킬 수 있는 분위기였습니다. 나는 훈련 시간에 성령의 역사와 말씀의 은혜가 강하게 임하면 임하는 대로 시험에 빠질 소지가 항상 상존하며 따라다니는 것을 보았습니다. 여자가 목사한테 특별히 은혜 많이 받았다며 접근할 때 왜 긴장해야 하는지 이해하는 것은 그리 어려운 일이 아니었습니다.

특별히 부부 관계에 어떤 문제를 안고 있는 주부는 요주의 인물이었습니다. 남편이 채워 주지 못하는 정신적 혹은 정서적인 공간을 목사가 채워 주기를 은근히 바라고 접근하는 경우가 있기 때문입니다. 겉으로는 제자훈련이고 입으로는 은혜받은 소리를 하지만 속에는 다른 의도를 숨기고 있는 자들을 나는 여러 사람 보았습니다.

목사님을 영적 지도자로 보기 이전에 남성으로 보는 자가 모임에 끼어 있으면 무서운 영적 싸움을 피할 길이 없습니다. 목사의 입장에서 영적 싸움인 줄 알고 있으면 오히려 다행입니다. 문제의 심각성은 그것이 싸움인지 시험인지를 모르고 걸려들 수 있다는 데 있습니다.

이런 점에서 새파랗게 젊은 주부들을 데리고 제자훈련을 한다는 것은 나에게는 한시도 마음을 놓을 수 없는 마치 벼랑 위를 걸어가는 것 같은 초긴장의 연속이었다고 해도 지나친 말이 아닙니다.

처음 수년 동안에는 훈련 중에, 아니면 마치고 나서 소리도 없이 사라져 버리는 자매들이 여럿 있었습니다. 그들 중에는 자기가 던진 미끼에 목사가 걸려들지 않으니까 낙심하고 떠난 자들도 더러 있었습니다. 이런 경우는 떠나는 것이 그들 자신을 위해서 유익하기 때문에 나는 절대로 붙들지 않았습니다. 이런 종류의 긴장까지를 포함하여 여제자반은 쉽지 않은 영적 해산의 작업임에 틀림없지만, 자매들이 한번 은혜의 맛을 알고 성령의 열정에 붙들리면 얼마나 유능하고 아름다운 동역자가 되는지 나처럼 잘 아는 사람도 많지 않을 것입니다.

사랑의교회의 경우, 초창기에 교회의 터를 닦고 평신도 훈련의 틀을 세우는 데 결정적인 역할을 한 사람들은 1979년에서 1981년 사이에 제자훈련을 받은 여집사들이라고 해도 과언이 아닙니다. 이 좋은 사람들이 지금까지 사랑의교회 구석구석에서 조용히 교회를 지키면서 구심점을 이루고 있습니다. 교회 성장의 밑거름이 되었던 이 자매들은 남자들보다 먼저 제자훈련을 받은 후 목회자와 손잡고 목회 일선에 뛰어든 아름다운 전사들이었습니다.

그들이 낳은 영적 자녀들은 대를 이어 가면서 나날이 번식해 나갔습니다. 그리하여 그들은 지금 수천 명의 순장들을 거느리는 조상의 복을 누리고 있습니다. 얼마나 자랑스러운지 몇 마디의 글로 다 표현하기 어려울 것 같습니다.

목사 기죽이는
사람들

나는 일반적인 구역예배가 현대 사회를 사는 사람들에게 매력을 잃어버린 지 오래라는 것을 잘 알고 있었습니다. 몇 명 안 모이는 구역예배마저 어느 한 사람의 일방적인 설교를 듣고 끝나는 피동적인 방식으로 계속된다면 교인 관리 이상의 의미를 부여하기 어렵다고 생각했습니다. 따라서 말씀을 함께 공부하고, 함께 치료받고, 함께 자라는 은혜가 충만한 구역예배 장으로서의 평신도 모임이 절실히 필요하다고 보았습니다.

상당한 신앙 소양과 경험을 가진 평신도 지도자가 좀 더 적극적으로 참여해서 봉사하는 장, 군중 속의 고독을 떨쳐 버리지 못하는 사람들이 쉽게 영적인 소속감을 느낄 수 있는 사랑의 안식처가 될 모임을 만들고 싶었습니다.

그러나 대부분의 신자들은 구역예배라는 재래 방식의 모임에 익숙해 있어서 똑같은 이름을 가지고는 그들의 의식을 개혁하기가 어렵다는 생각이 들었습니다. 의식을 바꾸기 위해서는 이름부터 바꿀 필요가 있었습니다. 그래서 구역장을 '순장'으로, 구역예배를 '다락방'이라고 하는 당시로서는 대단히 파격적인 명칭을 사용하기 시작했던 것입니다.

한 사람의 순장만 있으면

한국 교회 안에서 사랑의교회 다락방은 여러 가지 점으로 이미 정평이 나 있습니다. 가장 중요한 특징은 오랜 기간 담임목사의 손에서 훈련받은 사람이 아니면 순장이 될 수 없다는 원칙이 지금까지 이어져 오고 있다는 사실입니다. 초창기에는 준비된 사람이 없어서 훈련 중이던 사람들 가운데 자격이 있어 보이면 일단 순장으로 파송하기도 했습니다. 그들은 훈련받으랴, 다락방 인도하랴 한 주간이 어떻게 흘러가는지 정신을 차릴 수 없을 정도로 부지런히 뛰어야 했습니다. 그러나 지금 순장이 되기 위해서는 2년이 넘는 고된 훈련을 받아야 합니다.

지난 20년 가까이 사랑의교회는 다락방과 함께 성장해 왔습니다. 남녀 순장들의 눈물과 땀, 그리고 한 영혼을 위해 쏟는 아름다운 사랑이 그 밑거름이 된 성장입니다. 다락방을 시작하던 초창기 2, 3년은 매우 어려운 시기였습니다. 오직 주님만이 기억하고 계실 순장과 순원들의 향기로운 열심과 봉사가 없었더라면 오늘의 풍성한 열매는 결코 기대할 수 없었을 것입니다.

다음에 소개하는 이야기는 자신을 드러내고 싶어 하지 않는 형제자매들이 교회의 유익을 위해 털어놓은 것을 조심스럽게 정리해 본 것입니다. 그러나 이 자리를 빌려서 그동안 오직 주님만 바라보고 말없이 충성해 온 다른 모든 순장들이 겪었던 기쁜 일, 슬픈 일, 희열과 좌절의 이야기들을 다 실을 수 없는 것이 유감이라는 것을 말하고 싶습니다.

1980년 초, 다락방이 조금씩 자리를 잡기 시작할 즈음에 등록했던 정 집사는 여자의 몸으로 주님의 손에 누구보다 귀하게 쓰임 받은 사람이었습니다. 그는 교회 바로 앞에 있는 진흥아파트를 100% 전도한다는 야망을 품고 자기 집을 남에게 주고 잠실에서 서초동 전셋집으로 이사를 하더니 본격적인 다락방 개척에 몸을 던지기 시작했습니다.

당시 잠실은 교회에서 거리가 멀고 교통이 나빴습니다. 때문에 그는 전도한 사람들이 여럿 있었지만 다락방을 미처 구성하지 못하고 있다가 서초동으로 이사한 후 그들을 묶어 다락방을 시작하였습니다. 얼마나 전도를 열심히 했던지 다섯 명으로 시작한 다락방이 석 달이 못 되어 열일곱 명이 되었고, 곧이어 두세 개 다락방으로 나뉘어졌습니다.

그때 그는 순장반이 있는 화요일만 빼고는 월요일부터 토요일까지 쉬지 않고 다락방을 인도했습니다. 그는 보기에 안쓰러울 만큼 몸도 약한 사람인데 어떻게 그렇게 했는지, 성령이 부어 주신 힘이라고 밖에는 설명할 수가 없었습니다. 나중에는 전도를 하도 많이 하니까 어느 부교역자가 자료로 사용하게 한 사람씩 기록을 하라고 한 모양이었습니다. 그 일에 대해 언젠가 그는 이렇게 말해 주었습니다.

"그 말씀을 듣고 계속 수첩에 기록을 했지요. 그런데 백 명이 넘으면서 '아, 이것 안 되겠다' 싶어서 기록도 하지 않고 몇 명 전도했는지 기억도 하지 않기로 했어요. 내가 이만큼 전도했다는 교만한 마음이 들 것 같아서요."

그는 그렇게 전도하고 다락방을 인도하면서도 힘들다는 생각은 전혀 하지 않았다고 합니다. 다만 그가 맡고 있던 두 다락방에 사이가 좋지 않은 고부간이 순원으로 속해 있는데, 밤낮으로 몇 년 동안 양쪽 이야기를 다 들으면서 살얼음판을 걷듯 처신했던 일이 가장 어려웠다고 술회하기도 했습니다. 이제는 두 사람 모두 성숙하고 서로 사랑하는 좋은 일꾼들이 되었다는 말과 함께.

○ ○ ○ ○ ○
바로 이거다!

참석하는 사람이 아무도 없어서 순장 혼자 상을 펴고 앉아, 교재 내용을 보고 혼자 묻고 답하며(귀납법적으로) 진행하는 다락방이 있었다면 믿을 사람이 몇이나 되겠습니까? 정신 병원의 어느 병실도 아닌 자기 집 안방에서 이런 해프닝을 벌이는 순장을 상상할 수 있을까요?

그러나 이것은 실제로 있었던 일입니다. 1983년 9월 9일 순장이 된 후, 눈부시게 종횡무진하며 서초동과 과천에 열여덟 개의 남자 다락방을 개척했던 김 집사가 과천 다락방을 개척할 때의 체험담입니다.

김 집사는 원래 열렬한 불교 신자로 날마다 가정 법회를 드리던 사람이었습니다. 어쩌다가 전도하는 사람이 문을 열고 들렀다 가는 날에는 부정 탄다고 현관에다 소금을 뿌리며 법석을 떨 만큼 별난 사람이었습니다. 그러던 그가 인간 존재에 대한 회의와 함께 남편과 아버지로서 자신의 정체성을 놓고 고민하던 중 스스로 기독교로 개종하였습니다. 천주교를 비롯한 모든 교파의 교회를 안 가 본 곳이 없을 정도로 1년 동안 섭렵한 끝에 1981년 9월, 사랑의교회로 발을 들여놓았다고 합니다.

그는 첫 설교를 들은 즉시 "바로 이거다!"라고 외쳤고, 그날로 가정 법회를 가정 예배로 바꾼 후 완전히 성경공부에 몰입해서 지냈습니다. 나는 제자훈련에 미친 목사였지만, 그는 다락방에 미친 평신도였습니다. 교회에서 맡긴 다락방 하나만 하고 앉아 있을 수 없다면서, 남자 교인 명단을 받아 가지고 직접 심방을 다니면서 다락방을 만들기 시작했습니다.

그의 심방 스케줄은 나름대로 철저하게 준비된 것으로, 일단 교회에서 명단을 받으면 그 사람의 형편과 취미, 어떻게 살아왔고 어떤 비전을 가지고 있는지와 무슨 얘기를 하면 질색하고 무슨 얘기를 하면 신바람이 나는지에 대해 그야말로 알 수 있는 한 최대한의 정보를 수집하였습니다. 그리고 그 정보들을 놓고 "하나님, 이런 사람인데 어떤 말씀을 들고 가면 되겠습니까?" 하고 기도했습니다.

며칠 동안 성경을 보면서 꼭 알맞은 말씀이 나오면 그것을 들고 그 사람을 찾아갔습니다. 한 번에 끝나는 심방이 아니었습니다. 그 사람이 다락방에 나올 때까지 찾아갔습니다. 어떤 경우는 5, 6년을 쉬지 않고 심방한 사람도 있으니 양쪽 모두 대단한 사람들임에 틀림이 없는 것 같습니다.

그는 여러 사람을 심방하는 중에 인간적으로 견딜 수 없는 모욕도 많이 받았습니다. 언젠가는 동행했던 다락방 권찰이 참다 못해 "순장님! 저 자식 들어서 밖으로 던져 버리고 갑시다!"라며 흥분한 적도 있었습니다.

그는 다락방의 급격한 세포 분열이 시작되면서부터 심방할 때마다 항상 권찰들을 데리고 다녔습니다. '나를 보고 이렇게 하라'는 정책적인 배려였다고 합니다. 그 후로 다락방은 늘어났고 김 집사는 7, 8년 동안 금요일 밤에는 잠을 자지 못했습니다. 금요일 밤에 있는 다락방을 마치고 집에 오면 12시가 넘는데, 토요일 새벽 다락방이 4시 반에 또 시작되기 때문이었습니다.

다락방에서 성경공부를 하다가 성경을 찢어 버리고 뛰쳐나가던 순원, 부부 싸움 하고 찾아와 양쪽 방에 앉아 하소연하며 밤을 새우던 순원 부부, 만취하고 찾아와 밤새 주정을 하던 초신자 순원, 툭탁거리고 싸우기도 했던 순원들 등 그의 기억 속에는 셀 수 없이 많은 이야기들이 들어 있습니다. 그는 때때로 옛날을 회상하며 웃습니다.

"제 열심이 뜨거우니까 상대방의 입장은 생각하지도 않고 마구 밀어붙였다는 생각이 듭니다. 그렇지만 큰 열매를 위한 약간의 실수였다고 생각합니다."

일혼 살까지만 산다면

은행에 다니면서 자기가 전도한 170여 명의 영적 자녀들을 양육하고 언젠가는 세계를 복음으로 바꾸어 놓겠다는 거룩한 야망을 가지고 뛰는 평신도가 있다면 쉽게 믿을 수 있겠습니까? 그는 은행에서 퇴근하고 나면 월요일에는 직장인 성경공부를 인도하고, 화요일에는 전도폭발 팀의 훈련자가 되고, 수요일에는 전도 대상자와 개인적인 교제를 나누고, 목요일에는 신우회, 금요일에는 리더 모임, 토요일에는 성경공부반 전체 모임을 인도한 후 전도를 나갑니다.

그의 전도 방법은 독특합니다. 예를 들면, 테니스를 못 치지만 동료들과 어울려서 테니스를 치는 그들에게 물도 갖다 주고 점수도 매겨 주고 맥주까지 사다 주면서 섬겼습니다. 그리고 운동이 끝나면 식사 대접을 했습니다. 이런 식으로 섬기다 보니 복음을 전할 기회가 항상 열려 있었습니다.

세상 말로 하면 돈키호테 같은 그의 행동 때문에 승진에서는 항상 누락되게 마련이었습니다. 그러나 그는 그런 것에 구애받지 않았습니다. 그는 퇴직하고 나면 중국으로 건너가 유명한 의대에 입학하여 의술을 배워서 중국 전역을 돌며 복음을 전하는 것이 꿈이라고 했습니다. 그리고 만일 일혼 살까지만 산다면 전 세계를 누비면서 그리스도의 복음을 증거하고 싶어 합니다. 그는 자기가 세상을 떠난 다음에 자녀들이 "우리 아빠는 복음을 전하며 한평생을 살다 가신 분이다. 나도 그러고 싶다"라는 말을 하는 것이 소박한 자기 소원이라고 합니다.

이런 사람을 누가 평신도라고 하겠습니까? 그러나 내 주변에는 이와 비슷한 평신도들이 한둘이 아닙니다. 그들은 비단 순장 사역뿐 아니라 이제는 각자의 은사에 따라 다양한 영역에서 뛰고 있습니다. 어쩌면 목회자보다 더 헌신적으로 주님을 섬기고 있는 그들을 볼 때마다 나도 모르게 정신이 번쩍 듭니다.

나는 사례비를 받아 가면서 일하는 사람이고, 그들은 헌금을 내면서 일하는 사람들입니다. 이러다가 주님 앞에 설 때에 내가 설 자리가 있을까 하는 두려운 마음마저 듭니다. 평신도를 깨워서 얻게 되는 유익들이 한두 가지가 아니지만 나의 처지에서는 그들로 인해서 내가 계속 도전을 받을 수 있다는 점을 빼놓을 수 없습니다. "목사 기죽이는 사람들." 그들을 보면서 나 혼자 중얼거리는 말입니다. 어쩌면 그들은 목회자인 나를 길들이기 위해 하나님께서 내 가까이 두신 천사들인지도 모릅니다.

나는 가끔 농담으로 '목사 기죽인다'는 말 대신 '목사 뺨친다'는 말을 잘 씁니다. 이제는 입버릇이 되어 버린 소리입니다. 목사보다 더 성숙하고 더 헌신적인 평신도를 보면 마치 뺨을 한 대 얻어맞은 것 같은 충격을 받기 때문입니다.

언젠가 요도바시 교회에서 일본 목회자 5백여 명을 앞에 두고 설교를 하고 있었는데 제일 앞자리에 사랑의교회의 김광석 장로가 앉아 있는 것이 보였습니다. 당시 그는 대한항공 일본지사 부사장이었습니다. 그는 'VIP'라는 전도기관을 만들어 틈만 나면 열심히 전도하는 대단한 인물이었습니다. 한번은 텔레비전에 초청을 받아 전도폭발을 할 때도 있었습니다.

그래서 설교 중 그를 가리켜 '목사 뺨치는 사람'이 여기 앉아 있다는 말을 했습니다. 우리나라 정서대로라면 웃음이 터져야 할 발언이건만 일본 목사들은 내 말에 너무 놀라 눈을 동그랗게 떴습니다. 통역자가 내 말의 뉘앙스를 잘못 전한 것이었습니다. 10여 년간 내 통역을 담당해 온 시미즈 목사가 적절한 일본어 표현을 찾지 못해 직역을 해 버린 모양이었습니다.

예배가 끝나자 일본 목사 여러 명이 김 장로에게 몰려들어 "장로님, 무슨 일로 옥 목사님의 뺨을 때렸습니까?" 하고 묻는 것이었습니다. 그때 어쩔 줄을 모르고 당황해하던 그의 모습이 지금도 눈에 선합니다. 그러나 내 주변에 목사 뺨을 칠 정도로 탁월한 평신도 지도자들이 수두룩하다는 것이 얼마나 큰 복인지 생각할 때 나는 눈시울이 뜨거워집니다.

얼마나 멋집니까? 목사 뺨치는 평신도 3천여 명이 동역하고 있는 사역 현장 말입니다. 이 정도면 건강한 교회가 아닐까요? 매년 이런 평신도들이 수백 명씩 쏟아져 나옵니다. 이 정도면 미래가 있는 교회가 아닐까요?

평신도가 지닌 잠재력을 발굴해서 최대한 활용하는 재미를 붙이면 목회에서 새 맛을 느끼게 됩니다. 그리고 아무리 힘들어도 그 일을 포기하지 못합니다. 나는 우리 한국 목회자들이 이 사실을 좀 더 진지하게 생각해 주었으면 좋겠다는 마음을 늘 가지고 있습니다.

현대판
카타콤

교인이 백여 명 가까이 모이자 자리가 비좁아져 개척한 지 7개월 만에 이사를 하면서도 나는 '교회는 언제 짓나? 땅은 어디에 사지? 시설을 어떻게 하고, 어떤 모양으로 지을까?' 하는 궁리를 해 본 적이 없었습니다. 지하철 2호선 개통이 가까워 오면서 주변의 땅값은 뛰기 시작하고 집회 수가 네 배 가까이 늘어나고 있었지만 하나님께서는 나를 머리 한쪽이 빈 사람처럼 그저 한 사람이라도 그리스도의 제자로 만드는 일에만 몰입하게 하셨습니다.

"우리도 이제 건축을 해야 하지 않을까요?"

1980년 어느 주일, 점심식사를 마친 자리에서 누군가가 불쑥 이 말을 꺼냈을 때만 해도 나뿐 아니라 사랑의교회에서 교회 건축을 생각하는 사람은 별로 없었습니다. 개척한 지 얼마 되지도 않았고, 교인들이 조금 모이기는 해도 대개가 어린아이 같은 초신자들이었기 때문입니다.

나 역시 교인들이 자발적으로 들고 나올 때까지 목사가 앞장서서 '땅 사자' '교회 짓자'는 말을 하지 않는 편이 좋다고만 생각하고 있었습니다. 교회가 너무 어린데 목사가 감당 못할 말을 꺼내 놓으면 득보다 해가 더 많을 것은 뻔한 일이기 때문입니다. 중요한 것은 사람이지 땅이나 건물이 아니라는 신념도 한몫했습니다. 그러나 당시 주변 여건은 시시각각으로 달라지고 있었습니다.

○ ○ ○ ○ ○ ○ ○ ○ ○ ○
아파트 자투리 땅을 사다

"목사님, 이대로 있다가는 서초동에서 발붙일 곳이 없을지 몰라요. 교회가 아무리 잘된다 해도 공중에 떠 버리면 무슨 소용이 있어요?"

몇 사람이 이런 말을 걱정스럽게 하는 것을 들으면서 나는 머리가 멍해지고 아무 생각도 떠오르지 않았습니다. 그저 막막하기만 했습니다. 한 푼도 준비해 놓은 것이 없어서 더 그랬던 것 같습니다. 그러나 말이 났으니 건축위원회를 조직하고 땅을 알아보기로 했습니다. 그리고 교회적으로 특별 기도를 하기 시작했습니다.

여기저기 알아보고 있던 중 근처 어느 아파트와 붙은 곳에 742평 되는 빈 땅이 나와 있다는 정보를 입수하게 되었습니다. 이제 말이지만, 우리가 법적으로 해박했더라면 이 땅을 감히 사려는 생각을 하기 어려웠을 것입니다. 무식하면 용감하다는 말처럼 잘 모르니까 달려든 셈이었습니다. 소위 말하는 아파트 짓다 남은 자투리인 데다 용도가 아파트 주거 지역으로 지정되어 있어서 교회는 지을 엄두를 낼 수 없는 땅이었기 때문입니다. 그 무렵 우리처럼 천여 평의 아파트 자투리 땅을 샀던 반포의 S교회가 20년이 지난 지금까지 건축을 못하다가 결국 포기하고만 사실을 보아도 우리가 그때 얼마나 무모하게 일을 추진하였는지 짐작할 수 있을 것입니다.

그런데 그 땅을 내놓은 회사가 자금 사정이 좋지 못해 헐값이라도 팔려고 했기 때문에 교회당을 짓고 못 짓고는 나중 일이고 일단 싼 맛에 사 놓고 보자는 생각이 앞섰던 것이 사실입니다. 백만 원도 손에 쥔 것이 없으면서 3억이라는 거금을 마련해야 한다는 것은 숨막히는 일이었지만, "쏘려면 나뭇가지를 보고 쏘지 말고 달을 보고 쏘아야 한다. 그래야 더 높이 멀리 쏠 수 있다"는 내 말에 교인들은 힘을 얻어 헌금을 모으기 시작했습니다. 그러나 예수 믿고 얼마 되지 않은 초신자들이 이만한 일을 해낼 수 있을까 하는 우려가 내 마음속에서 씻겨지지 않았습니다.

그렇지만 하나님의 은혜로 일을 하기 시작하자 할 수 있다는 확신이 생기기 시작했습니다. 소위 바람잡는(?) 식의 부흥회 같은 것을 한 번도 하지 않았음에도 교인들의 자발적 참여 속에 헌금이 모였습니다. 최고로 많이 낸 사람이 천만 원 정도였으니 혼자서 많이 낸 사람도 없었고 전혀 안 낸 사람도 없었습니다. 모두가 개미 작전으로 똘똘 뭉친 결과였습니다. 이제 갓 믿은 초신자들이 소중히 아끼던 결혼 예물까지 내놓을 정도로 건축을 위한 교인들의 희생은 컸고 열의도 뜨거웠습니다.

일본으로 발령을 받아 떠나던 어느 집사 부부는 전세금 전액을 헌금했고, 이듬해 겨울에 세상을 떠난 이수정 집사는 평생 남의 집 가정부로 살며 푼푼이 모은 백만 원을 내놓고 천국으로 갔습니다.

내 집 늘리기 전에 교회 땅부터 사게 돼서 기쁘다고 하던 30대의 어느 집사는 갑자기 발병한 백혈병으로 임종을 앞두고 있었는데, 하루는 남편을 부르더니 귀에 대고 남편 몰래 작정한 헌금 2백만 원이 있는데 자기가 떠난 후 꼭 내달라는 부탁을 해서 나의 눈시울을 적시게 했습니다. 가쁜 숨을 몰아쉬며 마지막 부탁을 하는 자매의 모습을 바라보면서 내 가슴이 얼마나 뭉클했는지 모릅니다. 그 남편은 믿지 않

는 사람이었는데 아내를 추모하는 뜻으로 피아노 한 대를 사서 헌금 2
백만 원과 함께 하나님께 드렸습니다.

확실한 것은 모두가 먹을 것 안 먹고, 입을 것 안 입으며 대지 헌금
과 건축 헌금을 드렸다는 사실입니다. 나도 개척하고 특별 헌금이라
는 이름으로 헌금을 낸 것이 벌써 세 번째였으므로 사실 내놓을 만한
돈이 없었습니다. 그러나 목사가 앞장서지 않으면 누가 하겠습니까?
얼마 되지 않는 헌금이지만 작정하고는 그 돈을 마련하는 동안 아이
들에게 입힐 옷이 없을 정도로 허리띠를 졸라매야 했습니다. 심지어
"니네 집 달동네지?"라는 놀림을 받을 정도로 우리집 아이들은 '헐벗
고 굶주린 아이들'로 보이기까지 했습니다. 그러나 이런 희생은 우리
집만의 것이 아닌, 사랑의교회 교인이라면 거의가 짊어져야 했던 작
은 십자가였습니다.

거액을 내놓은 사람은 한 명도 없었지만, 30대 후반에서 40대 초반
의 부인들이 알뜰살뜰 모은 돈을 기십만 원에서 2백만 원, 3백만 원에
이르기까지 십시일반으로 냈습니다. 그렇게 모으니 금방 목돈이 되
어 계약금이 해결되었고, 1년 후에는 중도금을 낼 수 있었습니다. 그
러나 남은 돈을 완불하기까지는 많은 시간을 기다리며 애를 태우지
않으면 안 되었습니다. 드디어 그 땅이 우리의 소유로 넘어오게 되던
날, 우리는 믿음 없이 근심했던 것을 부끄러워했습니다. 오병이어의
기적, 그것은 얼마든지 일어날 수 있었습니다.

대지 헌금이라는 하나의 문제를 힘을 합해 해결하고 나자 교인들에
게는 내 교회라는 정체성이 확고해졌고, 교회의 분위기 역시 훨씬 든
든해진 것을 느낄 수 있었습니다. 그 또한 무엇보다 감사할 일이었습
니다.

건축 허가를 위한 힘겨운 씨름

'불가'(不可)라는 도장과 함께 "그곳에는 교회를 지을 수 없음을 알려 드립니다"라고 적힌 우편물은 시청 건축과에서 날아온 통지서였습니다. 예상은 했지만 어쨌건 교회 건축을 위한 전쟁은 이렇게 시작되고 있었습니다.

교회를 짓는 길에 많은 난관이 있으리라 예상은 했지만 이런 식으로 처음부터 브레이크가 걸릴 줄은 몰랐습니다. 그렇지만 그대로 물러설 수는 없었습니다. 법적으로 무엇이 걸려 교회를 지을 수 없는지 직접 확인해 보기로 했습니다. 위법이라는 것이 분명해지면 어쩔 수 없지만 아니라면 끝까지 싸워 볼 각오를 하고 건축위원장이 시청 출입을 시작했습니다.

그러나 법적으로 납득할 만한 근거를 제시해 달라고 해도 소용이 없었습니다. 담당자는 무얼 물어도 "글쎄, 안 됩니다"로 일관할 뿐 제대로 대답조차 해 주지 않았습니다. 그래도 매일 가서 아무 말도 없이 한두 시간씩 무작정 앉아 있었는데, 담당자가 나중에 그게 보기 미안했던지 실무진 선에서는 결정하기 어려우니 시장을 만나 보라는 귀띔을 해 주었습니다. 마침 교회 안에 줄이 닿는 사람이 있어 큰 도움이 되었습니다. 우리의 요구는 "반포 같은 곳에는 종교 부지를 지정해 두면서 왜 서초동에는 아파트 짓는 자리에 종교 부지를 제외시켰느냐? 그러니 우리 땅을 종교 용도로 변경시켜 달라"는 것이었습니다.

이런 주장이 설득력이 있었는지 몇 달 후에 허가를 받으려면 비행기로 공중에서 항측을 해야 하는데 시청 형편으로 그 일을 하기 어려우니 당사자들이 항측을 해 와서 시청은 물론 건설부까지 수속해 보라는 연락이 왔습니다. 마침 근처의 코오롱 스포렉스와 삼성 체육관이 허가 신청을 내놓고 있어서 그들과 함께 용역을 주어서 항측을 했습니다.

이런 식으로 씨름하기를 10개월 가까이 했습니다. 이 과정에서 어려움이 많아 다들 백방으로 나서서 일을 했습니다. 공무원들과의 접촉에서 갈등을 느낄 만한 부분들도 많았습니다. 그러나 불법으로 진행된 일은 전혀 없었고 커피 한 잔, 식사 대접 한 번 없이 밀고 나갈 수 있었다는 것은 지금 생각하면 대단한 배짱이 아닐 수 없습니다.

그 후 한두 가지 가슴 졸이는 고비를 넘긴 다음 정식으로 건설부로부터 건축 허가를 받을 수 있었습니다. 나중에 안 일이지만 자투리 땅을 가지고 교회당 건축을 신청한 건수가 우리 말고도 수십 개나 되었다고 합니다. 그런데 어느 천주교 성당과 사랑의교회만 허가가 떨어진 것입니다. 마치 캄캄한 밤길을 헤치며 발을 옮겨 놓는 것과 같은 작업이었지만 끝까지 하나님께서 이끌어 주셨습니다.

○ ○ ○ ○ ○ ○
난데없는 복병

착공 예배를 드리던 날, 난데없는 기동 경찰이 현장에 대기해 있기에 무슨 일인가 물었더니 아파트 주민들이 데모를 할 것이라는 제보를 받고 출동했다는 대답이었습니다. 공사를 시작하기까지 별 문제가 일어나지 않아 마음을 놓았던 것이 한치 앞을 모르는 우리의 한계였습니다.

"사랑의교회는 주민들을 괴롭히지 말라"는 원색적인 문구의 현수막이 다음 날 공사장 울타리에 나붙으면서 시작된 아파트 주민들의 피켓 시위는 좀처럼 멈출 줄을 몰랐습니다. 포크레인 아래 늘어앉아 기초를 파 놓은 곳에 돌을 메우는 등 매일매일이 전쟁이었고 결국 공사는 중단될 수밖에 없었습니다. 처음에는 행정적인 문제가 주요 관건인 줄 알았는데 막상 그 일이 해결되자 또 다른 문제로 건축이 중단되고 만 것입니다.

아파트 측에서는 거의 매일 모임을 갖고 결사적으로 방해를 했습니다. 교회가 들어서면 집값이 폭락하고 주거지가 시끄러워진다는 것이 그들이 내세우는 이유였는데 교회의 처지에서는 그들을 만족시킬 만한 대안이 전혀 없는 형편이었습니다. 교회 건축을 포기해 버린다면 몰라도 말입니다.

방송국 기자가 동원되기도 하고, 인민 재판을 연상할 정도로 나를 둘러싸고 폭언을 퍼붓는 등 주민들의 거센 시위가 일기도 했습니다. 무엇보다 우리를 정말 어이없게 만들었던 사실은 교회에 다닌다는 사람들이 불신자들과 똑같이 그 대열에 서 있는 것이었습니다.

우리는 연일 모여 기도하면서 하나님의 도우심을 구할 수밖에 없었습니다. 우리 교회 건축위원회에서는 이건 명백히 범법 행위이니 "주동자를 쳐 넣자"는 흥분된 발언이 나오기도 했고, 이 일로 골치를 앓던 경찰 측에서도 "고발해서 서너 명 정도 유치장에 며칠 집어넣으면 잠잠해질 것이다"라고 했습니다. 하지만 이렇게 막무가내로 나오는 그들도 나중에는 사랑의교회가 전도하고 감싸 안아야 할 대상인데 그들을 어떻게 유치장에 보내겠습니까?

한 달 가까이 지나자 그들도 좀 지쳤는지 "손해 배상 150억 원을 내라", "경계선에서 40m 떨어진 곳에 건물을 지어라", "2층 이상 짓지 말아라", "아파트 쪽으로 창을 내지 말아라" 등 너무나 황당한 조건을 내걸기 시작했습니다. 어쩌면 교회를 못 지을지도 모른다는 아찔한 생각이 내 영혼과 마음을 옥죄었습니다. 이런 문제 저런 문제가 자꾸만 터져 나와 하도 어려우니까 건축 헌금에 대한 걱정은 대수롭지도 않게 여겨질 정도였습니다.

그러나 하나님의 은혜로 두 달 만에 주민들과 화해하였고, 공사를 재개할 수 있었습니다. 1년 후 입당할 때 축하 꽃다발을 들고 온 사람들 중에는 피켓을 들고 거칠게 반대하던 그들도 끼여 있었습니다.

○ ○ ○ ○ ○ ○ ○ ○
설상가상이라더니

1984년 6월의 어느 주일에 낮예배를 마치고 나오는데 누군가 급히 와서 공사 현장에서 사고가 났다고 전해 주었습니다. 나는 건축위원들과 함께 300m 가량 떨어진 현장으로 뛰어가면서 속으로 심한 가책을 받고 있었습니다. '주일날 공사를 하다가 이렇게 됐구나.'

물론 이것이 꼭 성령의 음성이라고 생각하지는 않습니다. 그러나 주일 성수에 대해 철저히 교육받아 온 내 신앙 배경 때문에 내게는 주일에 일어나는 불상사는 죄책감과 연결되는 습성이 있기도 했고, 이와 관련해서 내가 목사로서 잘못 지도하고 있는 게 아닌가 하는 두려움이 들었습니다.

현장에 도착해 보니 거의 끝나 가던 예배실 천장의 콘크리트 슬래브가 폭삭 내려앉아 버린 것이 아닙니까! 인부들이 천장 아래 세 명, 위에 세 명 정도 일하고 있었는데 아래 있던 사람들은 한쪽에서 '뚝' 하는 소리가 나자 위험한 줄 알고 벽 쪽으로 몸을 피했으나 위에 있던 사람들은 시멘트 더미와 함께 14m 아래로 떨어지고 말았습니다. 참 놀라운 것은 한 사람도 다치지 않고 무사했다는 사실입니다. 폭탄 터지는 것 같은 소리에 근처 주민들이 다 뛰어나오는 소동을 벌였는데 말입니다.

지하로 들어가는 예배실 천장을 기둥 없이 콘크리트를 치는 일이라, 아무리 특수 공법이라고는 하지만 시공 회사 측에서는 하중 계산을 신중하게 해서 '아시바'라고 부르는 받침대를 튼튼하게 받쳐야 했습니다. 그러나 처음 해 보는 공사에다 안전 불감증까지 겹쳐 부실하게 되었고, 그 때문에 콘크리트 작업을 90% 가까이 마쳤을 때 1.5m 두께의 예배실 천장 겸 바깥 마당이 될 콘크리트 슬래브가 내려앉아 버린 것입니다.

이제는 잊지 못할 그리운 추억이 되었지만 일생에 교회 한 번 짓는 일이 그렇게 어려울 줄은 몰랐습니다. 사고가 나자 주일 공사 문제가 걸림돌로 대두되었습니다. 착공 전에도 이 문제에 대해 이야기를 한 적은 있었습니다. 그러나 시공 회사가 다른 회사 견적보다 3억이나 싼 가격에 공사를 맡아 주었고, 공사장도 교회와 떨어져 있어서 불신 회사에 주일 성수를 강요하는 것은 무리라는 결론을 내리고 간섭하지 않기로 한 것이었습니다. 사고 이유가 어디 있건 간에 교회 공사장에서 주일에 사고가 난 것은 덕이 되지 않는 일이었습니다. 사고가 난 후 주일 공사를 못해서 생긴 손해는 교회에서 배상할 테니 앞으로는 주일에 일을 하지 말자고 요청했지만, 회사 측에서 일을 하루 중단하면 인부들을 일관성 있게 투입할 수 없다는 구실로 거절을 하는 바람에 흐지부지되고 말았습니다. 어쩔 수 없었지만 지금도 주일 공사에 대해서는 잘했다는 생각이 들지 않습니다.

그런데 붕괴 사고 말고도 넘어야 할 산이 또 하나 기다리고 있었습니다. 철골 구조물이 겨우 완성되었을 때 갑자기 시공 회사가 부도를 내고 만 것입니다. 이 일로 안절부절하면서 시달리던 이야기는 여기서 하지 않도록 하겠습니다. 단지 내가 말하고 싶은 것은 대지 구입에서 건축으로 이어지던 4년간, 힘들기는 했지만 사탄이 결국 우리를 이기지 못했다는 사실입니다. 걸음마다 하나님의 인도하심이 보였고,

합력해서 선을 이루시는 하나님의 손길이 느껴졌기에 우리는 승리를 맛볼 수 있었습니다.

아름답고 평안한 예배 공간

마침내 1985년 1월 12일 입당 예배를 드릴 수 있었습니다. 세 들어 지냈던 건물의 좁고 아슬아슬한 복도, 400명 좌석 공간에 한 번에 550명씩 조이고 앉아 예배드렸던 여름과 겨울, 설교하러 올라가면 쥐똥이 화려하게 널려 있던 강단, 예배 중에 늠름하게 기어 나와 귀를 쫑긋거리며 설교를 듣던 쥐들의 모습, 애타게 원하던 교육관으로 2층 홀을 확보하고 모두들 뛸 듯이 기뻐했던 일, 교회 건축을 위해 밤낮없이 모여 기도했던 밤들, 이제는 그 모든 것이 초창기 사랑의교회를 그리워하게 만드는 아름다운 추억으로 남는 날이었습니다.

건축하는 동안 교회는 계속해서 부흥을 이루어 땅을 살 때 400여 명이던 주일 출석 교인이 입당하는 주일에는 1,250명으로 늘어 있었습니다. 지금 돌이켜 보면 꿈 같은 일이지만 오직 하나님의 은혜로만 이루어진 일이었음을 새삼 느낍니다.

우리가 입당하여 첫 예배를 드리기 시작하면서 사랑의교회는 삽시간에 사람들의 이야깃거리가 되었습니다. 일간 신문과 교계 신문에 몇 차례 소개되는가 하면, 서울시에서는 그 해의 건축상 은상을 수여했습니다. 거의 매일 방문객들이 드나들었는데, 한 해 동안 줄잡아 천여 명은 찾아온 것 같습니다. 심지어 일본 모 대학교의 건축과 교수와 학생들까지 견학차 들르기도 했습니다.

아무튼 지하 교회란 기발한 발상임에는 틀림없었습니다. 일단은 교회 주변에 사는 주민을 배려하여 교회가 자진해서 소음 공해를 완벽하게 해소시킨 것은 불신자들의 눈에도 대단한 공로로 비쳤던 것입니다. 사실 지하에다 예배 공간을 넣으면 어떨까 하는 발상은 건축위원들과 이런저런 이야기를 나누는 가운데 내가 우연히 낸 아이디어였습니다. 지역사회로부터 호응을 받을 수 있는 교회 건물은 어떤 것일까를 상당히 고민하고 있던 차였습니다. 아파트, 유흥가, 상가들이 밀집해 있는 삭막한 주거 여건을 좀 더 밝고 아름답고 평안하게 느낄 수 있도록 하려면 어떤 식의 교회 건물을 짓는 것이 이상적일지를 날이면 날마다 고민하였습니다. 지역사회가 환영하는 건물을 지어서 주민들이 휴식 공간으로 활용할 수 있을 뿐 아니라, 아파트 베란다에서 내려다보아도 평화로운 분위기를 느낄 수 있게 하자는 말들이 오가면서 나온 발상이 바로 '지하 예배실'이었습니다.

또한 교인들도 일단 교회에 들어서면 마음이 편안하게 가라앉고 시각적으로 아름다움을 느낄 수 있게 지었으면 했습니다. 결국 큰 덩치는 땅속으로 넣고 지상에는 작은 규모의 구조물이 아담하게 자리잡도록 교회를 지어 보자는 데 의견이 모아졌습니다.

그러나 설계와 시공에서 우리의 요구 조건이 충분히 반영될 수 있을까 하는 걱정이 만만치 않게 우리를 긴장시켰습니다. 우리나라는 물론 세계적으로도 예배실을 땅속에다 집어넣은 교회가 있다는 말을 들은 적이 없었기 때문입니다. 무엇이나 처음 시도하는 일은 일말의 불안을 떨쳐 버릴 수 없는 모험인 것입니다.

더군다나 설계가 진행 중일 무렵 주변에서 건축이 무엇인지를 좀 아는 전문가들이 겁을 집어먹게 하는 말들을 자주 들려주곤 했습니다. 우리나라의 시공 기술은 아직 외국처럼 완벽한 지하 공사를 할 만한 수준이 못 된다는 지적이 가장 많았습니다. 지하 공간이면 늘 따라다니는 누수의 위험, 환기의 불편, 결로 현상 등을 철저하게 처리하기가 쉽지 않을 것이라는 소리였습니다. 더욱이 수천 명이 여러 시간 앉아 있어야 하는 공간이라 문제는 더 심각할 수 있다고 했습니다. 지하 구조물에는 작은 하자라도 생기면 지상에 있는 건물처럼 쉽게 수리할 수 없는 큰 난제가 있다는 말도 들렸습니다.

그러나 여러 이점들도 많았습니다. 지하로 예배실이 들어가게 되면 건폐율(대지면적에 대한 건축면적의 비율)에 상관없이 대지면적을 최대한 활용할 수 있기 때문에 지상보다 큰 공간의 예배실을 확보할 수 있었습니다. 지상에는 시원한 마당을 가질 수 있을 뿐 아니라 예배실보다 더 자주 사용될 방들이 충분한 햇빛을 누릴 수 있었습니다. 뿐만 아니라 주변 환경과의 순화적 조화를 완벽하게 충족시킬 수 있었습니다. 결국 그런 이점들을 살리기로 합의한 우리는 지하 예배실을 지어 나갔습니다.

건물의 주소재는 가장 값이 싼 적벽돌로 정했고, 지하 예배실은 흔히 보는 사각형이 아닌 부채꼴 형태로 정했습니다. 실제로는 사각형이 의자를 가장 많이 놓을 수 있는 형태지만, 기도하는 곳이라는 공간의 본질을 추구하는 의미에서 하나의 정점을 향해 모아지는 모양을 만들기로 했습니다.

일체의 장식적인 요소를 배제한다는 생각이었기 때문에 구하기 힘들고 까다로운 소재는 전혀 없었습니다. 벽돌 쌓기의 요철을 이용해서 광정(光井)을 통해 들어오는 빛의 질감을 살리는 것과 지하라는 무거움이나 부담감을 없애면서 내향적인 아늑함을 갖도록 음지 식물로 된 화단과 벤치를 만드는 것이 장식의 전부였습니다. 경제적으로 넉넉하지 않은 처지라 '싼 옷을 몸에 잘 맞도록 만드는' 식이었지만 지금에 와서 보면 담백하기 때문에 오히려 세련되어 보이는 장점도 있는 것 같습니다. 가장 고급스러운 화장은 드러나지 않게 한 화장이라는 설계자의 취지가 성공한 셈입니다.

사실 입당 전 교회를 둘러본 교인들의 반응은 썩 좋지가 않았습니다. 어느 여집사는 우툴두툴 거칠고 투박한 벽돌벽이 너무 어수선하고 아무래도 제대로 지은 것 같지가 않아서 혼자 교회 안에 앉아 울기도 했습니다. 그렇게 애를 써서 지은 것이 허무한 것처럼 보여서였습니다. '최소의 경비로 최대의 효과를 낸다'는 취지로 가장 싼 벽돌을 쓴 데다가, 산뜻하고 매끄러운 것보다는 자연스럽고 부드러운 것이 좋다는 설계자의 의도에 따라 벽돌 사이사이의 메꾸기를 거칠게 처리한 것 때문이었습니다. 하여간 입당 일주일 전까지도 기대에 못 미친다는 게 교인들의 중론이었습니다. 그러나 마무리 공사가 끝나고 청소하러 온 날, 여집사들의 눈이 번쩍 뜨였습니다. 생각보다 훨씬 멋진 건물이었기 때문입니다. 모두들 신바람이 나서 찬송하며 청소를 했습니다.

이렇게 하여 입당한 지 20년이 넘는 세월이 흘러갔지만 지하라는 이유로 처음에 염려했던 일들은 한 번도 발생하지 않았습니다. 얼마나 감사한지!

언제든지 좋습니다. 예배실에 들어서서 계단을 따라 아래로 내려가 보십시오. 채광 유리를 통해 부드럽게 쏟아지는 햇살 사이로 "하나님은 사랑이시라"(요일 4:16)는 말씀이 눈에 들어올 것입니다. 그리고 바깥 소음이 전혀 들리지 않는 카타콤(Catacomb, 초기 그리스도교 교도의 비밀 지하 공동묘지이자 박해를 피해 예배를 보는 장소로도 이용됨)의 고요 속에서 당신은 틀림없이 사랑이신 그 하나님의 평안한 품을 느끼게 될 것입니다.

가진 것은
없습니다만

일산의 기독교 공원 묘지 한쪽에서, 찾아오는 사람도 없이 쓸쓸하게 풍화되어 가는 작은 무덤. 1982년 12월 18일 세상을 떠난 집사 이수정의 묘입니다. 이수정 집사는 그가 세상에 왔다가 떠났다는 사실을 기억하는 사람조차도 몇 안 되는 우리 교회 초창기 교인입니다.

키가 작고 몸이 아주 약해 보였던 그의 생김새는 처음 대하는 사람들은 이상하다는 느낌을 가지고 한 번 더 돌아볼 정도였습니다. 한마디로 인간적인 측면에서 볼 때 여성으로서의 매력이란 거의 갖지 못한, 자기 힘으로는 어쩔 수 없는 어떤 숙명적인 불행의 씨앗을 안고 태어난 사람처럼 보였습니다. 그는 말을 할 때도 쇳소리가 섞여 나는 좀 이상한 음성으로 말했습니다.

사랑의교회에 몸담고 있던 마지막 몇 년 동안 함께 걸어갔던 우리 부부에게, 그리고 그가 친딸처럼 사랑하고 아꼈던 박은주 씨(현재 유성중앙침례교회 사모)에게 들려준 35년간 이어진 그의 삶은 어둠과 고통으로 점철되어 있었습니다.

부모와 남편에게 버림받고 삶을 포기

여동생 하나와 자신을 두고 부모님이 이혼한 것은 그가 아직 어렸을 때였습니다. 초등학교도 제대로 다니지 못한 채 남의집살이를 시작했습니다. 그러나 그때만 해도 아직 나이가 어렸기 때문에 불확실한 미래에 대해 꿈을 꿀 수 있었습니다. 남의 집을 전전하며 나이가 찼고, 한 남자를 만나 결혼을 했습니다. 몸이 불편하고 병든 남자였습니다. 의지가 되기는커녕 오히려 그가 돌봐 주어야 할 사람이었습니다. 그러나 하나 있는 여동생과도 연락이 없이 살았던 그에게 남편은 하늘보다도 소중한 사람이라 정성껏 돌보고 섬겼습니다. 그런데도 시어머니는 그를 못마땅해 했고 결국은 "병든 남자가 무슨 색시가 필요하냐"는 말로 그를 쫓아내 버렸습니다. 작고 못생긴 며느리의 외모가 영 눈에 안 찼던 모양입니다. 그때 그의 나이 열아홉 살이었습니다.

그러나 이 일은 세상에 태어나서 처음으로 가정을 꾸리고 최선을 다해 그 보금자리를 지키려 했던 그녀에게 치유될 수 없는 상처가 되었습니다. '나는 장애자하고도 살 자격이 없는 사람이다'라는 생각과 세상에서 완전히 버림받았다는 고통은 세상을 버리겠다는 몸부림으로 이어졌습니다. 양잿물을 마셨다고 했습니다. 신음하다가 사람들에게 발견되었고 병원으로 실려 가 수술을 받았지만 식도가 거의 녹아 버린 후였습니다. 메디칼 센터의 담당 의사는 남은 식도를 곧게 펴 위장과 연결하는 수술을 했다고 알려 주었고, 그렇게 살아나고 보니 정말 죽지 못해 사는 인생으로 밑바닥에서부터 다시 시작하지 않으면 안 되었습니다.

그는 다시 남의집살이를 시작했습니다. 15년이 넘도록 식모, 가정부라는 딱지를 붙이고 힘든 일에 빠져서 사는 하루하루의 삶은 우리가 상상하는 것보다 훨씬 더 고통스러웠던 것 같습니다. 식도가 비정 상적이다 보니 먹고 싶어도 제대로 먹지를 못해서 몸이 너무나 약해 져 있었습니다.

그러던 어느 날, 집 안 청소를 마치고 잠깐 쉬는 시간이었습니다. 무심히 라디오를 켰습니다. 이상하게 마음을 끌어당기는 아름다운 이 야기들이 들려왔다고 합니다. 극동방송의 "젊은이여, 여기 참 삶이" 라는 프로그램이었습니다. 메시지에 귀를 기울이고 있는 동안 자기 도 모르게 영이 거듭나는 체험을 하게 되었습니다. 예수님을 인격적 으로 만난 것입니다. 라디오 앞에서 일어난 이 희한한 사건은 자신의 인생을 바라보는 그의 마음가짐에 불가사의한 대전환을 가져다주었 습니다. 세상을 보는 눈이 달라진 것입니다. 거의 하루 종일 구정물에 손을 담그고 식사도 부엌에서 먹는 둥 마는 둥 하면서 살아야 하는 고 달픈 하루하루였지만, 예수님을 만나고 나서부터는 그의 입에서 찬송 가락이 흘러나왔습니다. 언제나 싱크대 위에 올려 놓은 라디오로 하 루 종일 극동방송의 은혜로운 말씀을 들으면서 일하는 기이한 여인으 로 변신해 버린 것입니다. 얼굴에는 사람들이 이해할 수 없는 잔잔한 미소와 평안이 자리잡기 시작했습니다.

당시 그가 일하던 집 주인은 내외가 모두 교수이고 점잖은 천주교 신자들이어서 그에게 잘 대해 주기는 했습니다. 그러나 남의 집 사는 사람이 가족들이 쉬는 주일에 잠시나마 집을 비우고 교회에 가겠다고 말하기는 어려운 일이었습니다. 그저 열심히 방송을 들으며 예수님에 대한 사랑을 키워 갈 뿐이었습니다. 아무도 알아주는 사람이 없는 외 로운 신앙생활이었지만 그래도 행복했습니다. 하나님께서 음지에 핀 작은 꽃 한 송이에 날마다 따뜻한 햇빛 한 자락을 덮어 주고 계셨던 것 같습니다.

얼마 후 그는 혈연을 찾는 사람처럼 극동방송의 전화번호를 찾아 방송국에 전화를 했습니다. 누구에게든 감사하다는 말을 하고 싶었습니다. 마침 방송국 전도부에 자원봉사자로 나와 있던 한 자매와 연결이 되었는데, 박은주 자매였습니다. 두 사람의 모녀와 같은 지극한 사랑은 그렇게 시작되었습니다.

그러던 차에 그는 집 부근의 건물에 작은 교회가 들어서고 사람들이 드나드는 것을 알게 되었습니다. 강남은평교회였습니다. 주인집에 이야기해서 주일날 낮에만 예배에 참석할 수 있도록 허락을 받았습니다. 나는 이수정 집사가 처음 교회에 발을 들여놓던 날을 잊을 수 없습니다.

교회가 시작된 지 만 두 달이 채 안 되는 어느 주일날, 30여 명이 드문드문 앉아 주일예배를 드리기 직전이었습니다. 강단에 올라가 예배를 인도하려는데 누군가 들어오는 인기척이 들려왔습니다. 올 사람은 다 온 것 같은데 누굴까 하고 무의식적으로 문 쪽을 쳐다보니 키가 작은 낯선 여인이 오래되고 촌스러워 보이긴 했으나 정성껏 손질한 한복 차림으로 들어와 제일 뒷자리에 앉더니 고개를 숙여 기도를 했습니다. 그러나 예배 중에 그는 한 번도 강대상을 바로 쳐다보는 것 같지 않았습니다. 눈은 앞에 펴 놓은 작은 성경에만 고정되어 있었습니다.

축도를 마치고 보니 그는 벌써 사라지고 없었습니다. 그러니 그의 신분과 소재를 알고 싶어도 알 도리가 없었습니다. 다음 주일이 다가오면서 나는 그가 다시 나타나 주기를 은근히 기다렸습니다. 궁금했습니다. 아니나 다를까 11시 2분 전에 나타나 여느 때와 같이 똑같은 자리에 가서 앉는 것이었습니다. 물론 축도를 마치고 나면 똑같이 그의 모습은 보이지 않았습니다. 한 달 가까이 이런 식으로 예배에 참석하고 있었습니다. 한 번 발을 들여놓은 이래 주일예배를 거르는 일도 없었고 예배에 늦은 적도 없었습니다.

한 달이 지난 어느 주일날, 나는 드디어 그를 먼저 도망가지 못하게 하는 데 성공했습니다. 어찌나 수줍어하는지 겨우 어디에 사는지를 묻고 심방 약속을 할 수 있었습니다. 그가 가르쳐 준 집은 교회당에서 세 집 건너편에 있는 현대식 고급 양옥이었습니다. 좀 이상하다 하고 벨을 눌렀더니 자동으로 문이 열리고 정원을 가로질러 보이는 현관문에서 그 자매가 기다렸다는 듯이 반겨 주었습니다.

첫마디에 자기는 가정부라고 했습니다. 주인댁은 부부가 저명한 교수였습니다. 주인이 없는 큰 거실에서 가정부와 함께 소파에 마주 앉는다는 것이 어쩐지 어색하게 느껴져서 아무데나 앉아 이야기를 하자고 했습니다. 주인집 식구들이라도 들어오면 가정부가 손님을 불러들인 것처럼 보일까 봐 염려스러웠기 때문입니다.

나는 현관 곁에 있는 마룻바닥에 신을 신고 앉은 채 넋을 잃고 그 가련한 여인의 지난 이야기를 들었습니다. 놀랍게도 그는 자신의 불행한 삶에 대해 이야기했을 뿐 푸념이나 넋두리를 하지 않았습니다. 그가 나에게 들려주고 싶어 한 것은 자신의 어두운 과거가 아니라, 예수를 어떻게 만나고 그분으로 인해 자기의 삶이 얼마나 밝아지고 행복해졌는가에 대한 것이었습니다. 이야기를 다 듣고 그를 다시 쳐다보는 나의 눈에는 초라한 가정부는 사라지고 기쁨과 평안을 얼굴에 가득히 담은 아름다운 천사만 보였습니다.

교회 생활은 그에게 더 없는 행복감을 안겨 주었던 것 같습니다. 나중에 극동방송국의 은주 자매 역시 우리 교회에 나오고 있다는 사실을 알게 되자 그는 더 한층 감동해서 어쩔 줄 몰라 했습니다. 외로울 때마다 방송국에 전화를 해서 은주 자매로부터 사랑이 넘치는 위로와 격려를 받곤 했는데, 주일마다 실제로 만날 수 있게 되니 그가 은주 자매에게 쏟는 사랑은 남달랐습니다.

주인집에서 주는 과일을 싸 두었다가 주일이면 먹으라고 전해 주기도 했고, 전화로 들리는 목소리가 탁하다고 생강차를 끓여다 주기도 했습니다. 나중에는 은주 자매의 어머니가 "내게는 자식이 넷이나 되니 너는 이 집사님 딸 노릇 해라" 하셨고, 자매도 이 집사를 어머니로 모시겠다고 약속할 정도로 둘 사이의 정은 깊어만 갔습니다.

○ ○ ○ ○ ○ ○ ○ ○ ○ ○
당신이 아직도 살아 있느냐!

그는 일이 별로 없는 날이면 음식을 만들어서 교도소의 재소자들이나 강남시립병원의 무연고 환자들을 찾아가서 위로하며 전도했습니다. 자신의 불행이 다른 이웃의 불행을 무심히 보아 넘기지 못하게 만들었던 것입니다. 그는 세상에서 마지막으로 남긴 편지에 이렇게 적어 놓았습니다.

"목사님, 저는 전에 수술했던 자리가 아물지 않아 그 자리에 통증이 올 때마다 칼로 도려내는 듯한 고통을 느낍니다. 지금 저의 생활은 참으로 힘이 들고, 주일이면 더욱 바쁘고 피곤한 몸으로 교회에 나갑니다. 그러나 그럴 때마다 목사님의 친절하신 사랑과 힘 있는 말씀에 깊이 감명받아 그간 쌓인 피로는 순식간에 사라지고 새로운 힘이 솟아나 감사와 감격의 눈물을 주님께 드리며 찬양을 올립니다. 틈만 있으면 병원 전도를 하고 저보다 더 외롭고 어려운 사람들을 찾아가 제가 받은 하나님의 사랑과 위로를 함께 나누며 복음을 전하려고 애쓰고 있습니다."

그는 많이 배우지 못했지만 책 읽기와 편지 쓰기를 아주 좋아했습니다. 박은주 자매에게도 자주 편지를 보냈고, 나에게도 가끔 예쁜 카드에다 자기의 생각을 또박또박 적어서 전하곤 했습니다.

음식을 항상 꼭꼭 씹어서 조금만 먹었던 그는 세상을 떠나기 얼마 전에는 죽으로 지탱했습니다. 물론 가정부 생활을 계속하면서였습니다. 너무 견디기가 어려워 한번은 전에 수술받았던 메디칼 센터에 갔습니다. 옛날에 수술해 주었던 의사가 아직도 있었는데 서로 보고 놀랐다고 합니다. 자기는 그 의사가 아직도 거기 있는 것에 놀랐는데, 그 의사는 "당신이 아직도 살아 있느냐!"면서 놀라더라는 말을 우리에게 전해 주었습니다. 그러나 종합병원에는 자주 드나들 처지가 못 되어 동네 병원을 찾아가 임시변통으로 치료를 받는 일이 더 많았습니다. 병원에 가는 날이면 가끔 짬을 내어 우리 집에 잠깐 들르는 일이 그의 큰 나들이였습니다.

○ ○ ○ ○ ○ ○ ○ ○ ○ ○ ○
화려한 사람들에 기죽지 않고

창립 후 7개월 가까이 사용하던 예배 처소가 위치도 너무 안 좋고 어느덧 백여 석의 자리가 차 버려 더 이상 버티기도 어렵고 해서 서초동 진흥아파트 옆으로 옮기게 되었을 때입니다. 나는 이수정 집사가 가장 마음에 걸렸습니다. 교회가 멀면 그의 경우 예배에 출석하기가 힘들어질지 모를 일이었습니다. 한 푼이라도 아끼겠다고 걸어서 오게 되면 40분 이상 걸리는 거리라 그의 처지로서는 보통 결심이 아니고는 어려운 일이었습니다.

그러나 놀랍게도 그는 열심히 걸어서 예배에 나왔습니다. 그의 표정은 조금도 변함이 없었습니다. 교회가 계속 부흥하면서 교회에는 소위 강남의 인텔리 여성들이 늘어갔습니다. 그들의 수가 늘수록 그들 틈에 끼여 있는 이수정 집사의 모습은 상대적으로 더 초라하게만 보였습니다. 그동안 교회를 사랑하고 열심히 봉사하던 가난한 형제들이 하나 둘 떠나기 시작하던 때였습니다. 파출부, 전세방 사는 노동자들, 구멍가게 아줌마 등 나는 그들의 소매를 붙들고 눈물로 하소연했지만 그들은 떠났습니다.

"이제는 이 교회가 우리 같은 사람들이 몸을 담기에는 너무 부담스러워요. 목사님도 사랑하고 교회도 사랑하지만 우리 같은 신세가 기댈 만한 교회는 아닌 것 같아요. 목사님 정말 죄송합니다."

화려해 보이는 사람들을 피해 도망가는 사람들이 여럿 있었으나 이수정 집사는 흔들리지 않았습니다. 집사가 되고 헌금위원으로 봉사할 때도 그가 입고 있는 옷은 처음 교회에 나올 때 입었던 한복과 달라 보이지 않았습니다. 여름이고 겨울이고 계절마다 그는 단벌의 옷으로 나들이를 했는지 모릅니다. 그것도 교회에 나올 때만 입는 귀중한 옷이었던 것 같습니다.

그는 기죽지 않았습니다. 행복하기만 한 앳된 소녀 같은 미소를 지으며 예배석을 돌면서 헌금위원으로 수고하는 그의 모습에는 어떤 범할 수 없는 위엄 같은 것이 엿보이기도 했습니다. 자기는 어떤 일이 있어도 강남은평교회를 떠나지 않을 것이라고 했습니다. 아무리 기라성 같은 사람들이 많이 모일지라도 말입니다.

그해 12월 18일은 눈이 많이 내리던 날이었습니다. 아내가 다락방 심방을 마치고 집에 들어오니, 아이들 방에 이수정 집사가 와서 누워 있었습니다. "병원에 들러서 주사 맞고 오는 길이에요. 사모님이나 목사님 계시면 뵈려고 왔어요." 오후 4시 무렵이었기 때문에 잠시 후 아이들이 학교에서 돌아왔고 아내는 그를 부축하여 어머니 방으로 옮겨주었는데, 그는 누워서도 "왜 이리 자꾸만 갑갑해지죠?" 하며 연신 앞가슴을 헤치더랍니다. 빨간 엑슬란 내복이 피부 호흡에 안 좋은 듯해서 면 내의를 꺼내 입히고는 수란을 만들어 먹인 후 아내는 부엌에 가 식사 준비를 했습니다. 마침 어느 권사님이 들르셨다가 "암만해도 눈이 풀어졌네" 하셨다지만 그렇게 갑작스레 일을 당할 줄이야 상상도 할 수 없었을 것입니다.

그 당시에는 목요일 저녁이면 새신자 심방을 했습니다. 내가 심방 준비를 하려고 교회에서 돌아와 옷을 갈아입고 있는데 아내가 황급히 나를 불렀습니다. 누워 있는 이 집사의 눈빛과 안색이 갑자기 이상하다는 것이었습니다. 달려가 이 집사를 품에 끌어안고 큰소리로 이름을 부르고 흔들어 보고 했지만, 그는 가느다란 눈을 뜬 채 약간의 반응을 한 번 보이더니 잠자듯이 운명하고 말았습니다. 세상을 뜨기 전 그가 나에게 보낸 편지에서 그는 자신이 3년 동안 부은 적금 백만 원을 대지 헌금으로 내겠다고 했습니다.

"가진 것은 없습니다만 주께서 주신 모든 것과 몸과 마음을 아낌없이 주님의 영광과 우리 교회를 위해 죽도록 충성하며 헌신하겠습니다. 그리고 제가 3년 동안 적금한 백만 원, 그것을 타게 되면 다 대지 헌금으로 하나님께 바치겠습니다. 그동안 제가 받은 은혜에 비하면 너무나 약소하여 아무도 모르게 바치려고 했습니다. 그러나 성전 건축 일로 목사님의 심려가 크신 것 같아 조금이나마 힘이 되어 드리고 싶어서 부끄럽지만 말씀을 드립니다."

더 고생하고 더 춥기 전에

이수정 집사의 죽음을 알리자 주인집에서는 그의 유품을 모두 우리 집으로 가져왔습니다. 만기가 된 그의 적금은 대지 헌금으로 드렸고, 다른 통장에 있는 소액의 돈들은 불우한 사람들을 위해 썼습니다.

우리 집은 즉시 빈소로 바뀌었습니다. 3일 동안 전 교인이 몰려와서 그의 죽음을 애도하며 이수정 집사 이야기로 꽃을 피웠습니다. 장례식이 얼마나 은혜로웠는지 모릅니다. 명칭은 없었지만 교회장이나 다름없는 호상이었습니다. 곤돌라로 그의 시신이 내려오고 상주를 맡은 박은주 자매가 일산까지 그의 영정을 들고 갔습니다. 시신을 땅에 묻고 돌아서면서 어느 교인이 이런 독백을 했습니다. "복이 많은 사람이야. 목사님 품에 안겨서 죽을 수 있다니! 그리고 전 교회가 이렇게 장례식을 치러 줄 줄을 본인인들 알았을까?"

나는 하나님이 왜 그를 그렇게 갑자기 빨리 데리고 가셨는지 알 수 있을 것 같습니다. 그의 몸은 극도로 약해져 있었습니다. 잘못하면 설거지를 하다가 쓰러져 죽을 수도 있을 정도였습니다. 그랬다면 아마 주인은 누구한테 알리지도 않고 시립병원으로 넘기고 말았을 테니 살아서 외롭게 지내던 그가 죽어서도 외롭게 가야 했을 것입니다. 하나님께서 그 딸을 얼마나 사랑하셨는지! 병원에 갔다가 그날따라 목사 집으로 발길을 옮기게 하신 것은 놀랍도록 신기한 하나님의 인도하심이었습니다. 마치 자기가 죽을 자리가 어디인지를 알고 찾아온 사람처럼 보였습니다.

하나님은 너무 고생스러웠고 너무 외로웠던 그를, 그가 가장 믿고 의지했던 목사의 품에 눕혀 하늘로 영접할 계획이셨나 봅니다. 그의 임종을 지켜보면서 나는 그가 결코 불행한 사람이 아니라는 것을 알았습니다. 외로운 여인도 아니었습니다. 교인들이 그토록 따뜻한 가슴을 가지고 말로 할 수 없는 사랑을 표시하면서 장례를 치러 주었으니 말입니다. 더 고생하기 전에, 더 늙기 전에, 더 춥기 전에 잠자듯이 데리고 가신 하나님을 생각하면 지금도 가슴이 뜨거워집니다.

4

평신도를
깨운다

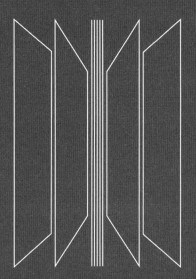

제자훈련을 위한 철학이 확실하면 거기서 전략이 나오고,
전략이 분명하면 거기서 방법이 도출됩니다.
자연히 그의 목회 현장은 '제자들'이라는 열매가 풍성히 맺히는
예수 그리스도의 포도원이 되는 것입니다.

《평신도를 깨운다》를
쓰면서

○ ○ ○ ○ ○
바로 이거야!

　　　　　　　　　새벽 2시까지 원고를 쓰다가 지친
몸으로 잠자리에 든 지 얼마나 지났을까? 잠결에 한 줄의 글귀가 머리를 스치고 지나갔습니다. 벌떡 일어나 머리맡의 메모지에 급히 적었습니다.

　"평신도를 깨운다"

　정신을 차리고 시계를 보니 새벽 3시가 조금 못 되어 있었습니다. '평신도'라는 말 자체가 어휘상으로 엄밀히 따지면 어떤 모순을 가지고 있기도 했지만, 결국 그 이상의 다른 단어를 찾을 수 없었고 그것으로 되었다는 만족감이 들었습니다. 그 후로는 책 제목 때문에 고심하지 않고 원고를 마무리할 수 있게 되었으니 성령께서 주신 제목으로 알고 밀고 나갔습니다.

　제자훈련 목회를 시작한 지 5년째 되던 1983년 무렵, 나는 문득 나의 목회에 대한 중간 결산을 해야겠다는 생각에 사로잡혔습니다. 제자훈련 목회가 과연 어느 길로 가고 있는지, 제대로 가고 있는지, 그동안의 열매는 어떤 것인지 정리해 보자는 생각이었습니다.

정리해 본 후에 그런대로 좋은 평가가 나오면 다른 교회의 목회자들이 제자훈련 목회를 하는 데 조금이나마 도움이 될 수 있으리라는 막연하고 소박한 생각에서 비롯된 발상이었을 뿐 그 이상의 의미는 없었습니다. 전혀 계획에 없던 일이었고 당시는 교회가 건축 중이라 눈코 뜰 새 없는 상황이었지만 일단 영감이 떠오를 때 써 보자는 쪽으로 마음을 굳혔습니다. 그야말로 어느 날 아침 갑자기 생각한 일이었습니다.

이후 약 3개월간은 자료를 준비하는 데 보냈습니다. 미국 유학 시절에 모아 두었던 자료들을 정리하고 사랑의교회 현장을 분석하는 일이었습니다. 그렇게 어느 정도의 준비가 끝난 후 1984년 1월 초부터 한 달 계획으로 집필에 들어갔습니다.

당시의 형편은 설교를 준비할 서재도 없었던 처지였기 때문에 집중해서 글을 쓸 수 있는 장소를 물색해야 했습니다. 마침 용인에 있는 벧엘수양관의 정리숙 권사님이 수양관 안에 쾌적한 방 하나를 내주겠다고 했습니다. 24시간 아무 구애도 받지 않고 원고를 쓸 수 있는 조용한 환경이었지만, 그것은 월요일 아침 일찍 용인으로 가서 토요일 오전까지 원고를 쓰고 오후에는 주일 설교 준비를 한 다음 교회로 돌아오는 무리한 행군이었습니다. 요즘처럼 컴퓨터가 있었더라면 훨씬 쉬운 일이었겠지만, 그나마 젊은 때라 지칠 줄 모르는 의욕과 체력으로 버티며 일을 해 나갔습니다. 세 끼 밥에다 틈틈이 간식까지 챙기며 정성스럽게 돌봐 준 정 권사님 덕분에 어려움 없이 힘을 모을 수 있었습니다.

아침 8시부터 밤 12시나 새벽 1시까지 타이프를 치는 것도 생각처럼 순조롭지는 않았지만, 절반이나 쓴 원고가 마음에 안 들어서 모두 찢어 버려야 할 때는 혼자서 숨을 몰아쉬어야 했습니다. 겨울에 빙판이 깔린 길을 오가던 어느 날, 차가 미끄러져 아차 하는 순간에 큰 사고가 날 뻔한 적도 있었습니다.

예상보다 내용이 쉽게 풀리지 않아서 한 달로 잡았던 처음의 계획은 무산되었고, 7주 만에야 완전히 탈고할 수 있었습니다. 그러나 막상 원고가 거의 마무리되어 가자 책 제목 정하는 일이 생각보다 어려운 문제로 다가왔습니다. 아무리 궁리해도 마음에 쏙 드는 제목이 떠오르지 않아 탈고 때까지 끙끙 앓으며 고심하고 있던 차에 생각지 않은 시각에 성령의 도우심으로 해결할 수 있었던 것입니다.

너무 재미없는 책이라

출판에 들어간 책은 그해 6월에 초판이 나왔습니다. 솔직히 말하면, 원고 뭉치를 들고 처음 두란노서원을 찾아갔을 때 나는 내심 불안했습니다. 내용이 학구적이고 대중성이 약한 책이라 잘 팔리지 않을 것이 뻔하다는 생각 때문이었습니다. 그렇다고 내 돈으로 찍어 낼 형편도 못 되어서 들고는 갔지만 괜히 출판사에 손해를 끼치지 않을까 하는 염려가 앞섰습니다. 그럼에도 흔쾌히 받아 주어서 얼마나 감사했는지 모릅니다. 그때 나는 초판 3천 부가 팔리는 데 최소한 2년 정도만 걸려도 다행이라 생각하며 출판을 감행했습니다.

그런데 책이 나오자 나의 이 같은 염려는 완전히 기우에 불과했음을 알게 되었습니다. 한 달이 못 되어서 재판을 찍는 예상 외의 결과가 나왔기 때문입니다. 당시 제자훈련에 막연한 관심은 있었지만 그것이 무엇인지 감을 잡지 못하고 있던 신학생들과 목회자들이 가장 먼저 좋은 평을 해 주었습니다. "평신도를 통한 새로운 목회에 대해 구체적인 방향을 제시해 주는 책"이라는 평가를 가장 많이 들었던 것 같습니다.

신학자가 쓴 탁상공론이 아니라 일선 목회자가 직접 적용하고 경험한 것이라 더 관심을 끌었던 듯합니다. 그처럼 짧은 시간에 그처럼 빨리 보이지 않는 공감대가 형성되리라고는 미처 예견하지 못했습니다. 그동안 한국의 목회자들이 나름대로 제자훈련에 큰 관심을 갖고 있었다는 사실을 확인할 수 있었습니다.

그런가 하면 평신도에 대한 새로운(사실은 성경적인) 정의를 발견한 평신도들 쪽에서 민감한 반응이 오기도 했습니다. 아마도 잔뜩 위축되어 있던 평신도의 위상을 재발견하는 기회가 되었던 듯합니다. 부산 어느 교회 당회원들은 나의 책을 가지고 몇 개월 동안 자기들끼리 모여 읽고 토론을 하였고, 대구 어느 교회에서는 백여 명의 교회 중진들이 이 책을 가지고 기도원에 올라가서 하루 종일 강의를 들으며 토론을 한 일도 있었습니다. 이 책을 발견한 평신도 가운데 어떤 사람들은 의도적으로 자기 담임목사에게 선물을 하는 일도 자주 있었습니다. 이와 같은 반응이 국내에서만 나타난 것은 아니었습니다.

1987년 시카고 옆의 휘턴(Wheaton)에서 열린 '한인 세계 선교 대회'에서 나는 이 책에 대한 관심을 단적으로 체감할 수 있었습니다. 주제별 강의 시간인데 압도적으로 많은 수의 수강자들이 내 강의를 신청했고, 강의가 끝나자 질문 공세를 퍼붓는 사람들에게 둘러싸여 한참을 빠져나오지 못하고 애를 먹을 정도였습니다. "과연 될까?" 했던 일을 실제로 하는 교회가 있다는 데서 그들은 가능성을 발견한 것 같았습니다. 그런 면에서 나는 이 책이 개인 저서로서의 의미도 있지만, 사랑의교회가 이 시대의 교회들을 어떻게 섬길 수 있는가를 보여 주는 책으로 더욱 의미가 있다고 생각하게 되었습니다.

학문적인 평가를 받을 기회

《평신도를 깨운다》라는 책이 나오면서 여러 가지 반향을 불러일으키긴 했지만, 책이 나온 지 10년이 넘도록 학문적인 평가를 받을 기회는 찾아오지 않았습니다. 물론 그런 것을 기대하고 쓴 것은 아니지만, 개인적으로 그 책에 대해 예민하게 읽고 비판적이거나 긍정적이거나 솔직한 평가를 해 주는 신학교 교수들이 있었으면 하는 아쉬움은 있었습니다.

그런데 얼마 전, 목회학 박사 학위를 받으면서 새롭게 평가받을 기회가 주어져 참으로 감사했습니다. 원래 계획대로라면 1982년까지 학위 프로젝트를 준비해서 제출하게 되어 있지만 1978년에 개척교회를 하기로 마음먹고 귀국하면서 포기하겠다는 선언을 한 바 있었기 때문에 이 책을 쓸 때 학위를 염두에 두고 집필한 것은 아니었습니다. 그런데 몇 년 전부터 학교측으로부터 《평신도를 깨운다》와 제자훈련 교재, 그리고 사역 현장을 가지고 프로젝트를 완성하는 것이 어떻겠냐는 제의가 몇 번 있었습니다. 처음에는 정신적인 여유가 없어서 거절을 하다가 한 번쯤은 내 목회철학과 방법을 저명한 외국 신학자들에게 맡겨 평가받아 보는 것이 어떨까 하는 생각이 들어 구체적으로 준비하게 되었습니다.

원래 웨스트민스터 신학교의 목회학 박사 코스는 까다롭기로 유명합니다. 내가 그 학교에 들어갔던 게 19년 전의 일인데, 지금까지 학위를 받은 한국 학생이라곤 여덟 명밖에 없을 정도니 입학과 학위 과정 이수가 얼마나 까다로운지 짐작할 수 있을 것입니다.

나의 프로젝트 검토는 웨스트민스터 신학교 교수 두 분과 트리니티 신학교 교수 한 분이 맡아서 해 주셨습니다. 심사가 끝난 후에 내 논문을 되돌려 받아 쉼표 하나 틀린 것까지 지적해 놓은 것을 발견하고 그 철저함에 내심 감탄하지 않을 수 없었습니다. 또한 목회자로서 이만한 프로젝트를 준비할 수 있었다는 데 대해 큰 감동을 받았다는 트리니티 신학교 보디 박사의 격려에 큰 힘을 얻을 수 있었습니다.

나중에 간단한 구두시험을 거쳐 패스를 하게 되었지만, 내 목회철학이 저명한 신학 교수들의 도마 위에 올려져 검증을 받고 부정적인 평가를 듣지 않았다는 데 큰 의미를 부여하고 싶습니다. 수년이 지나서 웨스트민스터 신학교는 제자훈련 사역을 하는 나에게 명예신학박사 학위를 수여해 줌으로써 또 한 번 나를 고무시켜 주었습니다. 내가 그동안 제자훈련 사역을 통해 한국 교회와 이민 교회가 다시 새롭게 되고 부흥하는 데 크게 기여했다는 것이 학위 수여의 배경이었습니다. 아무리 생각해도 과분한 평가임에 틀림없지만, 내가 확신하는 제자훈련 목회철학과 사역이 유수한 신학교를 통해서 긍정적으로 평가되었다는 것은 큰 기쁨이 아닐 수 없었습니다.

이처럼 제자훈련은 이중으로 검증된 사역이기 때문에 앞으로 국내외 많은 동역자들과 좀 더 적극적으로 나눌 수 있게 되기를 간절히 기도하고 있습니다.

○ ○ ○ ○ ○   ○ ○ ○ ○ ○ ○
다시 쓰는 《평신도를 깨운다》

《평신도를 깨운다》는 그동안 수십 판을 거듭하며 목회자, 신학생, 평신도들의 손에 들리는 책이 되었습니다. 그러나 시간이 흐를수록 이 책을 다시 쓰지 않으면 안 된다는 부담감이 늘 따라다녔습니다. 평신도를 동반자로 세우는 제자훈련 목회만이 이 시대, 특히 다음 세기에 교회를 교회답게 세우는 유일한 대안이라는 공감대가 세계적으로 퍼져 나가고 있는 시점이라 더욱 그랬습니다. 특히 내 마음을 조급하게 만든 것은 사랑의교회라는 현장이 초판을 내던 때와 비교가 안 될 정도로 달라져 있어서 현장 분석을 다시 하지 않으면 안 된다는 생각이었습니다.

이 책을 처음 낼 때만 해도 주일 출석 교인 수가 7백 명을 넘지 못했습니다. 그러나 지금은 3만 명이 넘는 초대형 교회가 되었습니다. 뿐만 아니라 사랑의교회라는 현장이 제자훈련의 어린 묘목을 심고 물을 주는 때를 지나 백향목 숲에서 성전에 쓸 기둥을 베어 내는 때가 되었다는 생각이 들었습니다. 그러므로 책을 다시 수정, 보완하는 것은 피할 수 없는 일이었습니다.

새로 쓴 책은 내용의 기본 골격은 동일하지만 독자들이 더 쉽게 이해하면서 전체 흐름을 잘 파악할 수 있도록 구성하였으며, 제자훈련 방법과 목회 현장의 가능성을 다루는 부분은 완전히 새롭게 교체했습니다. 이 책의 목적은 제자훈련에 관한 모든 것을 담는 백과사전을 만드는 데 있지 않고, '왜 제자훈련 목회인가?'에 대한 신학적이고 실제적인 대답을 제시하는 데 있습니다.

그리고 흔들림이 없는 목회철학을 가져야 제자훈련을 할 수 있다는 점을 시종일관 강조하고 있는 것이 특징입니다. 내가 보기에 제자훈련을 하면서 많은 목회자들이 범하는 결정적인 실수는 방법을 베끼는 데만 열을 올리고 그 뒤에 숨은 철학, 즉 원리를 극복하려 들지 않는다는 점입니다. 이런 식의 제자훈련은 마치 일일 행사를 위해 산의 나무를 꺾어 와서 정원에 꽂아 놓는 것과 같습니다. 3일이 지나지 않아 그 나무가 말라 버린다는 것은 누구나 아는 일이 아닙니까?

제자훈련을 위한 철학이 확실하면 거기서 전략이 나오고, 전략이 분명하면 거기서 방법이 도출됩니다. 자연히 목회 현장은 '제자들'이라는 열매가 풍성히 맺히는 예수 그리스도의 포도원이 되는 것입니다.

○ ○ ○ ○ ○ ○ ○ ○ ○
믿어지지 않는 사실들

내가 《평신도를 깨운다》를 처음 쓸 때에는 한국 교회를 위해 조그마한 보탬이 되고자 하는 소박한 꿈이 전부였습니다. 이 책이 20년이 넘게 꾸준히 읽히면서 한국 교회 평신도들을 제자리에 세우는 데 어느 정도 이바지했다는 사실은 아무도 부인할 수 없을 것 같습니다. 그런데 수년 전부터 정말 이해하기 어려운 일들이 여기저기서 일어나기 시작했습니다. 《평신도를 깨운다》가 세계 인구의 약 80%를 커버하는 언어로 번역되어 보급되고 있다는 사실입니다. 일어판이 처음 나온 뒤로 영어, 중국어, 불어, 스페인어, 포르투갈어, 벵골어로 번역되어 출판되었습니다. 뿐만 아니라 한두 경우를 제외하고는 제자훈련 교재도 함께 출판되었습니다.

놀라운 사실은 이런 작업이 영어판을 제외하고는 내가 원하거나 강요해서 된 것이 아니고 현지 목회자나 선교사들이 자발적으로 먼저 작업을 해 놓고 나중에 추인(追認)을 받아 진행된 것이 대부분이라는 사실입니다. 이런 식으로 러시아와 캄보디아를 비롯하여 몇 개 언어로 더 번역이 진행되고 있다는 정보도 들립니다.

확실히 하나님의 생각은 인간의 생각을 뛰어넘는 것 같습니다. 왜 이렇게 하시는지 나는 아직 확실한 대답을 얻지 못하였지만 전 세계에 흩어져 있는 하나님의 백성들을 예수님의 제자로 만들고자 하는 일에 하나님께서 마음이 급하신 것 같습니다. 하나님은 자신의 방법으로 자신의 뜻을 이루십니다. 나의 책을 통해서도 그렇게 되기를 소원합니다. 그래서 날마다 기도합니다.

"이 작은 책이 지난날보다도 더 유용하게 주님의 손에 쓰임 받아 한국과 세계 교회에서 그리스도의 제자들이 벌 떼와 같이 일어나는 날이 속히 오게 하옵소서."

교역자가 깨어야
평신도가 깬다

《평신도를 깨운다》가 출판되어 나오고 나서 여러 곳으로부터 책을 썼으면 실제로 제자훈련을 할 수 있도록 후속 조치를 취해야 하지 않느냐는 은근한 압력이 많았습니다. 나도 타 교회 목사들이 제자훈련에 대해 배울 수 있는 목회 현장이 하나 있었으면 좋겠다는 생각은 했지만, 그것이 내가 해야 할 일이라는 생각은 못하고 있었습니다. 엄두가 안 나는 일이었기 때문입니다.

그러나 새로 지은 교회당으로 들어오고 나서 생각하니 가만히 있으면 안 되겠다는 마음이 들었습니다. 기도 끝에 주님의 명령으로 알고 순종하기로 일단 마음먹으니 성령이 주시는 영감이 풍성했습니다. 프로그램의 목적과 방향을 정하고 전반적인 내용을 준비하는 데 불과 두 달 정도밖에 걸리지 않았습니다.

나는 이론, 현장, 실습을 세미나의 세 축을 이루는 골격으로 잡았습니다. '이론'은 제자훈련이 목회의 필수불가결한 요소라는 사실을 교회론을 통해 확인시키고 동시에 귀납법적 성경공부와 소그룹 운영을 이론적으로 체계화시켜 주는 것입니다. '현장'은 사랑의교회 다락방과 소그룹 자체를 공개해서 보여 주는 일입니다. '실습'은 참석자들 스스로 소그룹 리더가 되어 직접 다락방을 인도해 보는 것입니다. 이 모든 계획이 놀랍게도 술술 풀려 나갔습니다.

문제가 있었다면 강의 내용이 100% 나의 독창적인 아이디어였기 때문에 강의를 혼자서 다 해야 한다는 점이었습니다. 처음 4년 동안은 월요일 오후부터 토요일 오전까지 계속되는 세미나 기간 중 아침 8시에서 밤 9시까지 혼자 출혈을 해야 하는 만만치 않은 노역이었습니다.

그러나 내가 혼자 뛰는 모습을 수강생들에게 보여 주는 것도 세미나의 중요한 목표 중 하나였다는 것을 솔직히 고백합니다. 제자훈련을 하려면 이 정도의 정열과 희생 없이는 안 된다는 것을 무언중에 심어 주고 싶었던 것입니다. 자기 몸을 아끼고 사리는 사람은 절대로 평신도를 깨울 수 없다는 점을 주지시키기 위해 내 행동을 일종의 압력 수단으로 이용한 셈이었습니다. 어떻게 보면 죽으면 죽으리라는 일사각오의 행동이었습니다. 나는 그들이 나의 전투적인 모습을 봄으로써 제자훈련을 쉽게 생각하는 병든 의식부터 고쳐야 한다고 믿었습니다.

모든 준비가 끝난 후 마지막 남은 문제는 실제로 다락방 현장을 공개할 순장들의 동의를 얻는 것이었습니다. 이러저러하게 세미나를 진행할 거라는 사실을 알리자, 순장들은 모두들 펄쩍 뛰고 깜짝 놀라 기절할 것 같은 표정들이었습니다. 어떻게 목사님들 앞에서 평신도가 감히 성경공부를 인도할 수 있겠느냐는 항의였습니다. 열 번 백 번 지당한 이야기였고, 제정신이 아닌 이상 아무도 못 할 일이었습니다. 어떻게 보면 해서도 안 될 일이었습니다. 잘못하면 건방진 평신도라는 낙인을 면하지 못할 테니까 말입니다. 나는 이렇게 설득했습니다.

"제자훈련이라는 것이 얼마나 중요한지 누구보다 여러분이 잘 알지 않습니까? 평신도를 깨우는 일은 한국 교회가 시급히 손을 대야 할 일입니다. 우리 교회가 받은 은혜를 가지고 형제 교회를 섬겨야 합니다. 수건에 싸서 묻어 두면 안 됩니다. 만일 하나님께서 기뻐하시는 일이면 여러분에게도 용기를 주서서 잘하게 하실 것이고, 아니라면 한 번 하고 나서 더 이상 할 수 없게 막으실 것입니다."

그러자 순장들의 눈빛이 반짝이기 시작했습니다. 옥 목사의 일이 아니라 주님의 일이라는 것을 깨닫게 된 것입니다.

○ ○ ○ ○ ○ ○ ○ ○ ○ ○
새벽부터 몰려온 신청자들

세미나 광고가 나가고 등록을 받는 날이 되자 한 시간 만에 정원이 다 차고 등록이 끝나 버렸습니다. 새벽예배를 마치고 곧장 사랑의교회로 달려와 줄을 서서 기다릴 정도로 목회자들의 열의와 관심은 대단했습니다. 오전 일찍 왔는데도 마감이 됐다는 말을 듣고 맥이 빠진 듯 실망하는 모습은 정말 보기가 민망할 정도였습니다. 한 시간 이상 떠나지 않고 떼를 쓰는 경우가 허다했습니다. 어떻게 반 년을 기다리냐는 것이 그들의 항변이었습니다.

드디어 개강일이 되었습니다. 1986년 3월 3일이었습니다. 처음 시작하는 일이라 서툴기도 하고 불안한 마음도 없지 않았지만 교역자와 순장, 그리고 순원들이 혼연일체가 되어 서로 입의 혀와 같이 움직여 주었습니다.

등록비도 당시로는 최고액(15만 원. 그래도 경비 중 1/3은 사랑의교회가 부담해야 했습니다)이었고 매일 아침 8시부터 저녁 9시까지 숨돌릴 틈 없이 강행하는 무리한 프로그램이었지만, 참석한 목사들은 마치 논산 훈련소에 입소한 훈련생들처럼 긴장을 풀지 않고 따라와 주었습니다.

역시 나의 기대대로 목회자들의 의식에 엄청난 지각변동이 생기는 것을 볼 수 있었습니다. 무엇보다 감동적인 것은 4기와 5기 때 미국과 캐나다에서 달려온 32명의 교포 교회 목회자들의 모습이었습니다. 시차 적응도 제대로 못한 처지였으나 그들의 표정에는 비장감마저 서려 있었습니다. 성령께서 힘 있게 일하고 계심이 틀림없었습니다.

세미나 내용 가운데 참석자들에게 가장 큰 영향을 준 것은 교회론과 제자도를 가르치는 주제 강의였습니다. 90% 가까운 참석자들이 설문지에서 '참 좋았다'는 반응을 표했습니다. 이것은 세미나가 성공적이었다는 좋은 증거라 할 수 있습니다. 제자훈련은 단순한 방법론이 아니라 목회자를 깨우는 의식 개혁을 통해 성경적인 목회철학을 새로 정립하는 데서 출발해야 한다는 것이 나의 소신이었기 때문입니다.

다락방 참관의 신선한 충격

세미나의 백미는 역시 다락방을 참관하는 것이었습니다. 참석자들은 이구동성으로 평신도들이 그렇게 헌신적으로 소그룹을 잘 인도할 수 있으리라고는 상상을 못했다고 입을 모았습니다. 사실 현장 공개는 모험이었습니다. 다만 내가 믿는 구석이 있었다면 당시의 순장들이 모두 내 손에서 훈련받은 사람들이었다는 것이었습니다. 그래서 최소한 80개의 다락방은 공개할 수 있다고 생각했습니다. 평신도가 다락방에서 말씀을 가지고 어떻게 작은 목사의 역할을 할 수 있는가를 말로만 듣는 것과 실제로 보는 것은 엄청난 차이가 있습니다. 백문이 불여일견(百聞而 不如一見)이란 말은 진리였습니다. 다락방에서 돌아온 목사들은 다락방 참관 소감을 이렇게 기록해 주었습니다.

"2년 후에는 우리 교회에도 이런 순장들이 나오리라 믿고 소망 중에 돌아갑니다. 순장이야말로 사랑의교회의 큰 자산입니다." "훈련된

병사들을 보는 듯했습니다. 무엇이 저들을 저렇게 열정적이게 하는 것일까요?" "평신도들이 사역의 협력자가 되어 있는 것을 볼 수 있었습니다. 평신도가 저토록 개발될 수 있다는 점이 놀라웠습니다." "그 열심파들! 사명감 있고 자신 있는 모습이었습니다."

물론 어려움도 없지 않았습니다. 다락방에 참석한 어느 목사는 실습은 하지 않고 순원들에게 안수해 주느라 법석을 떨기도 했고, 어느 다락방에서는 목사의 신앙 간증으로 시간을 다 보내기도 했으며, 어떤 순장은 너무 많은 선물을 준비해 과잉 서비스를 하기도 했습니다. 그런가 하면 어느 목사는 순장에게 교회를 옮겨 자기를 도와 달라고 노골적인 유인 작전을 펴기도 했습니다. 한 번 맺은 인연을 이용해서 수시로 순장한테 전화나 편지를 해서 재정적인 도움을 요청하는 일도 여러 건 있었습니다.

세미나 마지막 날에 있었던 내 아내의 간증 시간 역시 참석자들의 관심을 끌었습니다. 목회자가 제자훈련 목회에 미치다시피 빠져 들 경우에 가장 먼저 다치는 사람들은 가족들이기 때문입니다. 일주일 동안 강의를 들으며, '과연 옥 목사 가정은 어땠을까? 사모는 여기에 대해 어떻게 생각했을까' 하고 궁금해하던 목회자들이 내 아내의 이야기를 들으며 크게 공감하는 시간이었습니다.

마음에 있는 대로 솔직히 얘기하라는 내 말에 용기를 얻은 아내는 성도교회 대학부를 담당했던 시절부터 시작해서 15년 가까이 주부로서 겪었던 여러 가지 이야기를 들려주었습니다. 가만히 듣다 보니 아내가 나를 지나치게 깠다(?)는 생각이 들었지만, 다른 목회자들은 마치 잔치 끝에 가서 좋은 포도주를 마신 듯이 유쾌하다면서 즐거워했습니다. 집에 가서 "뭐, 그렇게 솔직하게 말하느냐"고 불평을 하기는 했지만, 그 후에도 얼마 동안 사전 검열 같은 것 없이 아내의 간증은 계속되었습니다.

○ ○ ○ ○ ○ ○ ○ ○ ○
형제 교회들을 위한 희생

지금은 국내외에 있는 목회자들의 요청대로 세미나를 하자면 사실 한 달에 한 번은 해야 할 형편입니다. 그러나 부득이 1년에 4, 5회로 한정하고 있습니다. 온 교회가 다 동원되는 이런 행사를 자주 하는 것은 교회로써는 대단한 출혈이며, 영적으로 쉽게 메마르게 될 수 있기 때문입니다. 그렇지만 우리가 형제 교회들을 위해 작은 봉사나마 하는 것은 상당히 의미 있는 일입니다. 교파의 벽을 넘어서, 지역이나 국경의 벽을 넘어서 하나님 나라를 위해 쓰임 받는 것을 생각하면 참으로 감사할 뿐입니다. 피를 말리는 일이지만 희생 없이는 할 수 없는 일이기 때문에 의미가 더 크다고 생각합니다.

CAL(Called to Awaken the Laity, 평신도를 깨운다) 세미나가 안고 있는 어려운 점 가운데 하나는 지원자를 엄격히 한정해서 받아야 한다는 사실입니다. 사실 현장을 공개하기 위해서는 수강생들이 다락방으로 가야 합니다. 자연히 공개할 수 있는 다락방 수에 따라 수강생 수가 결정됩니다. 너무 거리가 먼 다락방들을 제외하다 보면 사랑의교회 전체 다락방의 2/3 정도만 세미나를 위해 봉사할 수 있습니다.

다른 하나는 다양한 요구에 따른 다양한 형태의 현장이 필요하다는 것입니다. 농촌 교회나 교포 교회와 같은 특수한 상황 아래 있는 교회에서 시무하는 목회자들이 보기에 사랑의교회는 보편적인 교회로 받아들여지기 어려운 것이 사실입니다. 자기 교회와 상황이 다르다고 생각하는 것입니다.

실제로 나는 "목사님, 사랑의교회이기 때문에 제자훈련이 가능하지 저희들 같은 경우에는 어렵지 않겠습니까?"라는 질문을 자주 받습니다. 그때마다 "옥 목사가 목사님 교회에 가면 제자훈련을 하겠습니까, 안 하겠습니까?"라고 되물어 보지만 그 대답만으로 대안이 주어지는 것은 아닙니다. 그들에게는 자기와 비슷한 처지의 교회에서 성공적으로 시행되고 있는 제자훈련 현장을 보여 주는 일이 가장 성의 있고 효과적인 대답입니다.

이런 문제 때문에 수년 전부터 세미나를 개최할 수 있는 현장을 확장하였습니다. 기성 교회에서 성공적으로 제자훈련을 접목시킨 케이스로 부산 호산나교회가, 교포 교회로는 남가주 사랑의교회가, 농어촌 교회 모델로는 태안 염광교회가 그 현장을 공개하는 수고를 감당하였습니다. 이중에서 지금은 남가주 사랑의교회만이 그 일을 계속하고 있습니다.

이렇게 특성을 가진 현장을 추가해서 목회자들이 자기 형편에 따라 어느 곳이든 선택하도록 문을 넓혀 놓았습니다. 주강의는 나를 비롯해 사랑의교회 제자훈련원에서 준비한 강사들이 함께합니다. 그러다 보니 나는 연중 다섯 번 이상 세미나를 인도하는 과중한 짐을 지게 되었지만, 지금은 전과 달리 훌륭한 제자들이 많이 생겨 주제 강의 열 시간 외에는 모두 분담해서 이끌고 있습니다. 정말 꿈같은 일이 아닐 수 없습니다.

○ ○ ○ ○ ○ ○ ○ ○ ○ ○ ○ ○ ○
아직도 식지 않은 세미나의 열기

일반적으로 어느 한 지역 교회가 개발한 프로그램이 10년 이상 장수하기란 쉽지 않습니다. CAL 세미나도 처음 문을 열 때에는 10년 정도는 갈 수 있을 것이라 생각했습니다. 그다음에 관심이 식어지면 자연스럽게 문을 닫겠다는 생각이었습니다.

내가 사랑의교회를 25년 동안 목회하면서 나의 예상을 뒤집는 일들이 한두 가지가 아니었지만 그 가운데서도 하나를 들라고 한다면 CAL 세미나를 빼놓을 수 없을 것 같습니다. 1986년도에 시작했으니 이제 만 20년을 넘긴 셈입니다. 처음 문을 열었을 때 새벽부터 줄을 서서 기다린 지원자들의 그 열기가 지금도 계속되고 있는 것은 정말 신기한 일이 아닐 수 없습니다. 지금도 1년에 세 번씩 등록을 받을 때마다 인터넷으로 3, 4분이면 450명 정원이 다 차 버립니다. 그러고도 수백 명씩 대기하고 있습니다. 그래서 CAL 세미나에 들어가려면 재수, 삼수는 각오해야 한다는 말이 돌고 있습니다. 평신도 지도자가 사역하는 현장을 공개해야 하기 때문에 수를 제한할 수밖에 없는 것이 항상 안쓰러울 뿐입니다. 그러나 어쩔 수 없는 일입니다.

이처럼 오랫동안 열기가 식지 않고 있는 데는 여러 가지 이유가 있는 것 같습니다. 우선은, 제자훈련을 통해서 교회 체질이 건강해지고 부흥하는 현장들이 여기저기에 많이 생겨 이웃 교회에 큰 도전을 주고 있기 때문일 것입니다. 어느 도시, 어느 지방을 가서 보아도 건강하게 성장하고 있는 교회를 찾아보면 거의가 제자훈련 하는 교회라는 것을 알 수 있습니다.

또 한 가지 이유를 든다면, 제자훈련이 자리 잡은 교회에서는 담임목사 혼자서 훈련을 다 감당할 수가 없습니다. 자연히 부교역자들과 팀 사역을 해야 하는데, 그래서 부교역자들을 세미나에 보내는 것입니다. 이런 이유로 세미나에 참석하는 부교역자의 수가 전체 참가자의 반을 차지할 정도입니다. 이것은 매우 고무적인 일이 아닐 수 없습니다. 팀 사역이 활발한 교회가 늘어날수록 그 교회들이 미치는 영향력은 가히 메가톤급이라고 해도 과언이 아닐 것입니다.

최근엔 또 하나의 새로운 변화가 일어나고 있습니다. 세미나가 국제화되어 가고 있는 것입니다. 2006년에 열린 72기를 보면 17개국에서 53명의 선교사와 현지 목회자들이 참석했습니다. 참석한 현지 목회자들이 불편 없이 강의를 듣도록 영어와 스페인어가 동시통역되었습니다. 이제는 매년 이런 식으로 한두 개의 외국어를 동시통역해서 언어권 별로 적당한 수의 외국인들을 받아야 할 형편이 되었습니다.

하나님께서 CAL 세미나라는 작은 도구를 사용하여 자신의 나라를 전 세계에 확장하고자 하시는 것이 틀림없어 보입니다. 이런 일을 생각할 때마다 두려운 마음이 앞서고 내가 먼저 예수님을 따르는 제자가 되어 하나님의 손에 불편 없이 쓰임 받기를 기도할 뿐입니다.

한 알의 썩은
밀알 되어

　　　　　　　　　성경에 등장하는 위대한 인물들은
대부분 자연의 법칙보다는 긍휼의 법칙으로 건강을 유지하고 살았
습니다. 살인자라도 자기 몸을 열심히 관리하면 그렇지 못한 사람보
다 건강하게 오래 사는 경우를 봅니다. 이것은 창조주가 만드신 자연
법칙입니다. 그러나 하나님이 사용하시던 종들은 거의가 이 자연법
칙대로 건강을 돌보지 못한 인생을 살았습니다. 그들은 평생 못 먹고
못 자고 과로하는 경우가 더 많았습니다. 그럼에도 하나님이 그들의
건강을 돌보아 주셨습니다. 나는 이것을 '긍휼의 법칙'이라 부릅니다.
이것 때문에 목회자는 몸에 무리가 되는 일을 하며 살아도 긍휼을 입
어 건강을 유지할 수 있다는 것이 무의식중에 자리 잡은 나의 믿음이
었습니다.
　　주의 일에 부름 받은 사람은 죽도록 충성하라는 절대 명령을 받고
있기 때문에, 건강 문제를 사역보다 앞세우면 안 된다는 생각이 내 의
식의 저변에 깔려 있었습니다. 그렇다고 해서 내가 건강 관리를 전혀
하지 않는다는 말이 아닙니다. 하나님이 주신 건강을 적절히 돌보는

것은 피할 수 없는 청지기적 사명입니다. 그러나 건강 우선주의는 철저히 배격합니다. 건강이 제일이라는 생각을 나는 성경적이라고 보지 않기 때문입니다.

안타깝게도 주변을 둘러보면 자기 몸을 지나치게 아끼고 돌보느라 목회가 병들고 있는 것 같은 동역자들이 자주 눈에 띄어 마음이 아픕니다. 하나님 나라를 위해 자신의 생명을 귀한 것으로 여기지 말아야 할 목회자들이 모인 자리에까지 '신바람 건강법'이 초미의 관심사로 등장하는 것은 아무리 좋게 보려 해도 좋게 보이지 않는 것이 나의 솔직한 심정입니다.

목회자가 건강을 잃으면 모두를 잃는다는 말을 자주 듣습니다. 나는 이것을 반쪽 진리라고 생각합니다. 사실이기도 하지만 그렇지 않기도 하기 때문입니다. 죽도록 충성하다 건강을 잃었다면 그것은 건강 이외의 모든 것을 얻은 것이지 어떻게 잃은 것이 될 수 있겠습니까?

제자훈련은 체력 싸움이다

제자훈련을 몇 년 해 본 사람은 누구나 공감하는 사실이 하나 있는데 체력이 딸려 고전할 때가 많을 뿐 아니라 시간에 쫓겨 건강을 제대로 돌보기가 어렵다는 것입니다. 나는 아직 사십도 안 된 젊은 나이임에도 세 시간 가까이 제자훈련을 시키고 나오면 가끔 눈앞이 캄캄해지고 머리가 띵해진다고 하소연하는 목사들을 여러 명 보았습니다. 제자훈련에 미치게 되면 사역과 건강 관리를 적절하게 병행하기가 너무 어렵다는 데 문제가 있는 것 같습니다.

내가 15, 6년 전에 건강을 다치고 나서 지금까지도 완전히 회복하지 못하고 있는 것을 보고 제자훈련 하면 사람 잡는다는 루머가 목회자들의 입에 자주 오르내리는 것을 보았습니다. 사실은 나뿐 아니라 제자훈련 하다 건강을 해치는 동역자들이 가끔씩 생겨납니다.

어느 친구 목사가 세미나를 마치고 돌아갔습니다. 그는 서울에서 개척하여 천여 명 이상 모이는 교회로 성장시킨 착실한 목회자입니다. 어느 날 그가 전화를 해서 자기가 지금 제자반을 7개 만들어 지도하고 있다고 자랑스럽게 말하는데 너무 놀라 건강을 위해 두 반으로 줄이라고 간곡히 충고했습니다. 그러나 그는 염려하지 말라며 나의 말을 듣지 않았습니다. 몇 개월이 지나 소식을 들으니 그는 건강이 나빠져서 미국으로 갔고, 언제 돌아올지 모른다는 것이었습니다.

감사하게도 그는 나중에 건강을 다시 회복할 수 있었지만 그 대신 제자훈련에서는 완전히 손을 떼고 말았습니다. 이런 경우 간교한 사탄이 과욕을 가지고 그를 시험했다고 생각합니다. 나의 경험을 통해 배운 진리가 하나 있는데, 그것은 마귀가 제자훈련을 끔찍이 미워한다는 사실입니다. 그래서 마귀는 제자훈련을 단번에 많이 시켜 보자는 지도자의 과욕을 충동질하여 결국에는 건강을 다치게 하고 제자훈련마저 포기하게 만드는 간교한 시험을 즐겨 사용하고 있는 것입니다. 제자훈련을 하는 자는 이 사실을 한시도 잊지 말아야 할 것입니다.

○ ○ ○ ○ ○ ○ ○ ○ ○
링거 주사를 팔에 꽂고

그러나 건강을 다친다고 해서 모두가 시험에 빠지는 것으로 보면 안 됩니다. 오히려 그 반대의 경우가 더 많습니다. 다시 말하면, 제자훈련의 은혜가 너무 커서 자기도 모르는 사이에 몰입하다 건강에 이상을 느끼는 것입니다. 이런 경우를 나는 시험이라고 보지 않습니다.

사실 제자훈련을 제대로 하면 정신을 차리기가 어려울 정도로 흥분하는 일이 많습니다. 수십 년 동안 영적으로 중병을 앓던 자에게 일어나는 변화의 역사는 얼마나 아름다운지 모릅니다. 은혜받은 몇 사람이 전 교회에 미치는 영향은 한두 마디의 말로 설명하기가 어렵습니다. 어디 그뿐입니까?

목회자 자신이 맛보는 사역의 보람과 감격은 경험하지 않고는 알기 어려운 은혜요 복입니다. 이처럼 감동적인 사건들을 많이 체험하기 때문에 제자훈련은 하면 할수록 더 하고 싶어지고 가능하면 한 사람이라도 더 끌어들이고 싶은 강한 충동을 억제하기 어렵게 됩니다. 자연히 건강은 잘 돌보지 않고 일에만 매달리는 모험을 하게 되는 것입니다.

부산에 있는 어느 목사는 기성 교회에 부임하고 당회원부터 제자훈련을 하기 시작했습니다. 얼마 후에는 남녀반을 따로 조직하여 본격적인 훈련 사역에 돌입했습니다. 그에게 제자훈련은 그 자체가 목회의 보람이요 행복이었습니다. 이렇게 열중하기를 수년 동안 하다 결국 건강에 이상이 생겨 입원하는 신세가 되었습니다. 그러나 그는 조금도 위축되지 않고 훈련생들을 병실로 불러 링거 주사를 팔에 꽂은 몸으로 훈련을 강행했습니다. 의사의 만류를 뿌리치고 죽으면 죽으리라는 각오로 생명을 거는 지도자의 비장한 모습에 전 교회가 감동을 받아 그 후로 그 교회는 새롭게 거듭나는 복을 누리게 되었습니다.

1년쯤 지나 그의 몸은 다시 정상을 회복하였지만 의학적으로 볼 때에는 언제 병이 재발할지 모르며 그렇게 될 경우 매우 심각한 단계로 발전할 수 있는 일종의 시한폭탄과 같은 처지라고 합니다. 그러나 그는 지금 매우 행복하게 지내고 있습니다. 그의 손에서 다듬어진 수백 명의 평신도 지도자들이 여기저기서 신나게 뛰고 있는 모습을 보는 것만으로도 그는 더 이상 바랄 것이 없다고 합니다.

안양에서 목회하고 있는 어느 목사는 말 그대로 제자훈련에 미친 사람입니다. 사모 역시 탁월한 은사를 가지고 있어서 남편 못지않은 열정으로 제자훈련을 시키고 있습니다. 지난 20여 년간 그들의 사역을 통해 열매가 얼마나 풍성하였는지 지금은 주일 낮 예배 때 장년만 만여 명이 넘게 모이고 있습니다. 그러나 얼마 전부터 과로로 인해 심상치 않은 증세가 그에게 나타났습니다. 그는 아직 젊은 50대 목사입니다. 진찰을 한 결과 현대 의학으로도 고치기 어려운 병이라고 합니다. 지금 당장 누워 있어야 할 정도는 아니지만 계속 과로해서 증세가 악화되면 심각한 상황까지 갈 수 있다고 합니다.

나는 그의 소식을 듣고 매일 그를 위해 기도하다 어느 날 통화를 했습니다. 그는 방금 부부가 제자훈련을 마치고 돌아와 쉬고 있는 중이라고 했습니다. 일을 잠시 멈추고 요양을 하는 것이 어떻겠느냐고 했더니 이렇게 대답했습니다.

"목사님, 이렇게 재미있는 일을 어떻게 쉽니까? 우리 둘은 제자훈련 시키고 돌아오는 날에는 녹초가 되어 한동안 꼼짝 않고 누워 있어요. 그러나 너무 재미있어서 그만둘 수가 없습니다."

그는 아무 일 없는 사람처럼 천연스럽게 웃으며 말을 하였습니다. 그때 내가 받은 충격과 감동이 어느 정도였는지 상상에 맡기고 싶습니다.

이런 사람을 누가 당할 수 있겠습니까? 병도 죽음도 이기지 못할 것이 틀림없습니다. 하나님은 이들처럼 교회를 위하여 생명을 거는 충성된 종들을 긍휼의 법칙으로 반드시 회복시켜 주실 것이라고 나는 확신하고 있습니다.

시들지 않는 사역의 귀감

이제부터 나는 내 가슴에 진한 감동과 함께 슬픔을 안겨 준 이야기를 시작하려고 합니다. 그의 이름을 밝히는 것이 좋겠습니다. 그는 사랑의교회 제자훈련 세미나 2기를 수료한 임순근 목사입니다. 지금도 내가 자주 생각하는 목사요, 그의 모습을 떠올리면 문득 보고 싶을 때가 있습니다. 오늘날 건강 우선주의에 젖어 일을 보고도 벌벌 떠는 한심한 사역자들이 많은 세상에 그는 분명히 신선한 충격을 던진 푸른 정신이요, 시들지 않는 귀감이라고 확신하기 때문입니다.

그는 김포공항 근처에 소재한 공항벧엘교회를 담임하고 있었습니다. 4백여 명의 성도들이 아름다운 공동체를 이루고 목사님을 중심으로 열심히 신앙생활 하는 교회였습니다. 그가 세미나에 참석했을 때는 40대 중반의 나이였습니다. 제자훈련 목회를 하기로 단단히 결심하고 돌아간 그는 생전 처음 하는 일이라 한동안 갈피를 잡지 못하고, 나에게 수차례 전화를 걸어 사소한 문제까지 지도를 받기도 했습니다. 드디어 첫 여제자반이 출범하게 되었습니다.

그는 훈련생들로부터 한 해 동안 아프지도 않을 것이며 죽지도 않겠다는 희한한 서약서까지 받아 내었습니다. 이런 서약 때문인지 훈련 기간 동안 결석 한 번 하는 사람이 없었다고 합니다. 그 제자반에 임한 성령의 은혜가 얼마나 대단하였는지 모두가 제정신이 아닐 정도였습니다. 훈련을 마치면서 자매들이 쓴 간증문을 묶어 내게 보내 주었는데 그것을 읽으면서 내가 받은 감동을 아직도 기억하고 있습니다.

첫 제자훈련으로 그 교회에는 새로운 은혜의 세계가 열렸습니다. 강단 설교가 달라지고 예배 분위기가 뜨거워지면서 교회가 성장하기 시작하였습니다. 이렇게 되니 그 목사는 건강을 돌볼 틈을 잃게 되었고, 마음은 온통 제자훈련에만 빠져 있었습니다.

수년이 지난 어느 날 청천벽력 같은 소식이 날아들었습니다. 그의 죽음을 알리는 비보였습니다. 급성 간암으로 갑자기 하나님의 부름을 받았다는 것입니다. 나는 하나님을 향해 왜냐고 따지며 항의했습니다. 그러나 아무런 대답을 듣지 못했습니다. 오랫동안 나는 무거운 마음을 가지고 그를 생각하며 지냈습니다. 유족들에게는 전화 한 통 하지 못했습니다. 마치 내가 그 목사님을 죽게 만든 것 같아서 감히 무슨 말을 할 수가 없었기 때문입니다.

몇 년이나 흘렀을까? 어느 날 임 목사의 부인에게서 전화가 왔습니다. 그의 음성은 맑고 부드러웠습니다. 이야기를 하면서 간간이 웃기까지 했습니다. 하나님이 남편을 왜 일찍 불러 가셨는지 그 이유를 지금은 알 수 있을 것 같다며 그동안 자기와 자녀들이 교회를 통해 많은 사랑과 위로를 받았노라고 했습니다. 교회는 남편의 죽음이 썩는 밀알이 되어 잘 성장하고 있다고 했습니다. 길지 않은 통화였지만 끝으로 그는 이렇게 말했습니다. "목사님, 정말 감사합니다."

나는 전화를 끊고 하나님의 선하심에 감사하지 않을 수 없었습니다. 그의 죽음을 본 후로 나는 자주 하나님 앞에 엎드려 자연의 법칙보다 긍휼의 법칙을 자신의 건강 비결로 의지하고 사는 종들한테는 열심이 지나쳐 건강을 다치는 우를 범할지라도 그것이 복이 되고 능력이 되게 해 달라는 기도를 드립니다.

그러나 하나님께 제자훈련 하다 몸을 다쳤다느니 일찍 죽었다느니 하는 소문이 자주 들리면 주님의 영광스러운 이름에 욕이 될 수 있다는 사실을 꼭 기억해 달라는 투정 섞인 간청도 합니다. 목회를 하면서 각 사람을 그리스도 안에서 온전한 자로 세우는 제자훈련에 자신의 전부를 거는 종일수록 더 건강하게 하시고 더 오래 사역할 수 있도록

해 달라는 억지도 부려 봅니다.

　나는 이 같은 나의 소박한 기도를 하나님께서 경청하고 계신다는 것을 의심하지 않습니다. 그리고 주님께서 제자훈련 목회철학을 공유하고 지금도 열심히 뛰고 있는 모든 동역자들에게 이 기도대로 응답하실 것을 확신합니다.

내 남편은
미친 사람

목회자가 제자훈련 목회에 미치다 시피 빠져 들 경우에 가장 먼저 다치는 사람은 가족입니다. 실제로 나의 가정 안에도 그런 아픔이 있다는 것을 세미나에 참석하는 목회자들에게 보여 주어야 할 필요가 있다고 생각되어, 아내에게 세미나 마지막 날 간증을 해 달라고 부탁했습니다. 아내는 "마음에 있는 대로 솔직히 말하라"는 나의 말에 용기를 얻어서 성도교회 대학부를 담당했던 시절을 시작으로 15년 가까이 주부로서 겪었던 여러 가지 이야기를 들려주었습니다.

그런데 가만히 듣다 보니 솔직하게 말해 달라고 하기는 했지만 아내가 지나치게 나를 까고(?) 있었습니다. 그런데도 듣는 목회자들은 마치 잔치 끝에 마신 좋은 포도주 같은 유쾌함이 있었다며 좋아들 했습니다. 그러다 보니 아내의 간증은 2기, 3기, 4기를 이어서 지금까지도 계속 이어질 수밖에 없었습니다.

이 지면을 빌어 제자훈련 세미나 때마다 목회자들에게 들려주는 아내의 간증을 가감 없이 싣습니다. 나의 허물, 특히 가정에서의 허물이 노출됨으로써 '이런 목회자도 다 있구나' 하며 다소 위로를 받는 분들도 있겠지만, 아내의 반대에도 불구하고 이 간증문을 싣는 것은 사랑의교회 안에서 누구보다 목사인 나를 잘 알고 있는 사람의 진솔한 고백이라는 점 때문입니다.

일에 미친 나의 남편

이번 세미나에 오신 목사님들을 진심으로 환영합니다. 저는 이 간증을 할 때마다 '과연 내 간증이 목사님들께 조금이라도 유익한 점이 있을까?' 하고 저 혼자 반문을 하곤 합니다. 왜냐하면 저는 욥의 처와 같이 옥 목사님을 향해 제자훈련에 미쳤다고 불평만 하던 사람이기 때문입니다.

저는 가끔 이런 생각을 해 봅니다. '나의 삶이 남편에게 유익을 주고 있는가? 우리 교인들이나 내가 만나는 이웃들에게 정말 그 사람 만나서 살맛이 난다는 말을 듣고 있는가?'

이런 바람을 갖는다는 게 지나친 욕심일까요? 혹시 그럴지라도 하나님께서는 "하나님의 능하신 손 아래에서 겸손하라 때가 되면 너희를 높이시리라"(벧전 5:6)고 분명히 약속하셨기에 저는 오늘도 이 소망을 갖고 살아가고 있습니다.

저는 가끔 산에 가는데, 산을 오르다 보면 얼마나 힘이 드는지 얼마 못 가서 겉옷 하나를 벗습니다. 그 옷을 들고 낑낑대며 산 정상에 오르곤 하는데, 막상 정상에서 쉬다 보면 어느새 열기가 식어 벗었던 옷을 다시 입고 심지어는 가방 속에서 또 다른 옷까지 꺼내 입습니다.

오늘 이 시간까지 빡빡한 세미나 일정에 동참한 목사님들도 계속해서 산을 오른 것처럼 힘이 들었을 줄 압니다. 그러나 이제는 정상에

다 올라온 마지막 시간이기에 열기도 식었을 것입니다. 이제는 겉옷을 입고 숨을 돌리는 편안한 마음으로 제 간증을 들으셨으면 좋겠습니다.

저는 세미나 때마다 간증을 하는데, 한번은 간증 후에 서울에서 사역하시는 어느 여 전도사님으로부터 "옥 목사 사모가 목사님 사역을 망친다"는 말을 들은 적이 있습니다. 제가 하도 "옥 목사 미쳤다"는 말을 간증 속에서 많이 하니까 그 '미쳤다'는 말의 진의를 잘 모르고 그런 말을 한 게 아닌가 하는 생각을 했습니다. 그러나 오늘도 역시 저는 '미쳤다'는 말을 자꾸 쓸 생각입니다. 옥 목사는 제자훈련에 미친 사람인 것이 분명하고, 그렇게 제자훈련에 미친 사람과 사는 저도 이제는 그 일에 어느 정도 일가견이 생긴 것 같습니다.

제자훈련은 목사 자신이 완전히 미치지 아니하면 첫째로 그 자신이 제자훈련에 큰 장애물이 될 것이고, 그다음 장애물은 사모가 될 것입니다. 왜냐고요? 매일 옆에서 사모가 불평을 하는데 목사님들이 힘이 빠져서 어떻게 일을 하겠습니까? 그런데 저는 늘 불평분자였고, 옥 목사는 여전히 미친 사람이었습니다.

저희는 1965년에 결혼했습니다. 결혼 후 5년 동안 옥 목사는 서울에서 공부하면서 교육 전도사로 일하고, 저는 친정에서 큰애가 네 살이 될 때까지 살면서 서울을 오르내렸습니다. 그러다가 옥 목사가 성도교회 부교역자로 들어가면서 비로소 우리 가족은 함께 지내게 되었습니다.

그때까지만 해도 저는 옥 목사가 미친 줄을 잘 몰랐습니다. 다만 항상 불평하기를 "지나치다. 당신은 너무 지나치다"고만 했을 뿐이었습니다. 옥 목사는 제가 그런 말을 하면 미안한 표정으로 듣기는 듣는데 결국은 도무지 통하지를 않습디다. 목사님들, 옥 목사가 대학생들 제자훈련 하면서 얼마나 미쳤는지 잘 들어 보시기 바랍니다.

옥 목사가 유학을 이틀 앞둔 날이었습니다. 그런데도 옥 목사는 그 날 밤에 집에 들어오질 않았어요. 그것도 연락도 없이 말입니다. 당시 에는 통행금지가 있었기 때문에 밤 12시를 넘기면 들어올 수도 없었 지만, 전화 한 통 없이 집에 안 들어오는 일이 반복되다 보니 그날 밤 저는 너무도 화가 나 있었습니다.

아침에 허겁지겁 집으로 돌아온 옥 목사는 다음 날 떠날 준비를 하 느라 정신이 없더군요. 다음 날이면 아내도 자식도 두고 유학을 떠날 사람이 애틋한 말 한마디 들려주는 건 고사하고 미처 못한 출국 준비 를 하느라 정신이 없었습니다. 그러다 또 학생들이 불러내어 나가더 니 그날도 종일토록 사방으로 쫓아다니다 밤이 되어서야 집에 들어왔 습니다. 그러니 저는 얼마나 화가 났겠습니까? 전날 밤에 쌓인 화도 안 풀렸는데 그날마저 그랬으니 눈이 퉁퉁 붓도록 울며불며 부부 싸 움을 해댔지요.

지금 생각해 보면 옥 목사는 1970년도부터 1989년 10월에 병이 나 쓰러지기까지 19년 이상을 제자훈련에 완전히 미친 사람이었습니다. 지금도 역시 미쳐 있지만 말입니다. 그래도 이제는 제법 좌우도 분별 할 줄 아는 것 같고, 자기 식구도 알아볼 줄 아는 것 같기는 합니다. 자 기 아내인 저를 알아보게도 되었으니까요.

○ ○ ○ ○ ○ ○ ○
어쩔 수 없는 불평

저는 사사건건 "안 된다"는 소리를 그렇게 많이 했습니다. 때로는 하 나님 앞에 기도드릴 때 "하나님, 제가 혹시 욥의 처와 같은 사람이 아 닐까요?"라며 회개도 했지만 불평하는 습관은 좀처럼 고쳐지지 않습디다. 어떠세요, 목사님들? 제 얘기를 듣다 보니 목사님들이 집에서 듣는 불평과 대동소이하지는 않은가요?

제가 가장 많이 했던 불평은 "아무리 좋은 일도 지나치면 안 된다. 좋지 않다"는 말이었습니다. 교회 일이 하나님의 일이긴 하지만 그 일 역시 지나쳐선 안 된다는 주장이었지요. 만약 옥 목사가 정상적인 사람이었다면 집안 식구가 그렇게 불평을 늘어놓을 때 좀 자제가 되었을 텐데, 전혀 그러지 않은 걸로 봐서 옥 목사는 정말 미친 사람이었습니다.

예를 들어, 교회에서 하루 종일 일을 하고 집에 들어오면 말 한마디 못할 정도로 기진맥진해 있습니다. 이내 자리를 펴면서 "나 너무 피곤하니까 말시키지 말아요"라고 냉정하게 말하며 자리에 눕지요. 그런데 그때 교회 집사님들에게서 전화가 오잖아요? 그러면 언제 그랬냐 싶게 어디서 힘이 넘치는지 그냥 한 시간도 좋고 두 시간도 좋게 상담을 하지 않나, 당장이라도 그 사람을 위해 달려 나갈 듯한 태도를 보입니다. 저는 그때마다 '이 사람은 정말 두 얼굴의 사나이로구나' 하고 생각했습니다.

이렇게 옥 목사가 잘못한 일만 말씀드렸지만 한 가지 꼭 드리고 싶은 말씀은, 사모란 목사님들보다 작은 일은 잘하지만 큰 일은 제대로 보기 어려운 사람들이라는 것입니다. 적어도 제 경우에는 그렇습디다. 저는 참 부정적인 면이 강한 사람입니다. 저는 "유학도 가지 마라, 교회 개척도 하지 말고 기성 교회 들어가자"며 옥 목사가 하려는 일마다 반대를 했습니다. 저는 무슨 큰 고생이나 한 양 "나 이제는 고생 그만하고 싶어요"라며 반대 시위를 멈추지 않았어요. 그런데도 남편은 꿋꿋하게 제 말을 안 듣더군요. 결국은 남편이 옳았다는 걸 나중에야 알게 되었습니다.

많은 분들이 저에게 "좋은 사모상이 무엇입니까?" 하고 묻습니다. 저는 이런 질문에 거창하게 대답할 줄도 모릅니다. 다만, 사모는 목사님이 하는 일을 더 잘하도록 할 수는 없다고 봅니다. 그러나 못하게 하는 일은 얼마든지 잘할 수가 있습니다. 따라서 적어도 일을 못하도록만 하지 않는다면 좋은 사모가 아닐까 하는 생각은 저의 경험에 비추어 본 결과입니다.

목사님들, '아킬레스건'이라고 아시지요? 이 아킬레스건이 튼튼한 사람도 있지만 약한 사람도 있습니다. 저는 결혼 몇 달 후에 아킬레스건이 끊어져서 수술을 받은 적이 있습니다. 그래서 아킬레스건에 대해서 좀 압니다. 아킬레스건이 튼튼해야 발로 땅을 밟고 다닐 수 있지, 만약 이것이 끊어지면 발을 잘 디딜 수가 없답니다. 그러니 다리가 힘을 쓸 수 없겠지요.

그리스 신화에 나오는 아킬레우스(Achilleus) 이야기가 유명하지 않습니까? 사람은 모두 아킬레스건이 있습니다. 보다 분명히 말하면 다 약한 면을 가지고 있다는 뜻입니다. 저에게도, 모든 목사님들에게도 다 아킬레스건이 있습니다. 사모가 이 부분을 도와주지 않으면 목사님들은 일하기가 힘들 겁니다. "사모는 얼마든지 목사가 일을 못하게 할 수 있다"는 말은 그런 뜻에서 한 말입니다.

저는 옥 목사의 아킬레스건을 잘 압니다. 제가 만일 옥 목사의 아킬레스건을 도와주지 않는다면 이 세미나도 하지 못할 것입니다. 이건 지나친 말이 아니고 사실입니다. 그런 의미에서 일에 방해를 하지 않고 자기 자리만 잘 지키는 사모라면 그런대로 괜찮은 사모라고 목사님들은 생각하시기 바랍니다.

사모는 야당이어야

저에게는 하나의 지론이 있습니다. 사모는 목사님에게 반드시 야당이 되어야 한다는 것입니다. 반대를 위한 반대가 아니고 객관적인 입장에서 분명하게 봐야 된다는 뜻이지요. 사실 어느 장로님이나 부교역자들이 "목사님, 그렇게 하면 안 돼요"라는 바른말을 하기가 어렵지 않습니까? "참 잘하십니다"라는 말을 하기가 쉽지 "못한다"는 말을 하기는 어려운 법입니다. 그런 의미에서 사모는 바른말을 할 줄 알아야 합니다.

예를 하나 들겠습니다. 제가 잘 아는 어떤 젊은 목사님이 있었습니다. 이 목사님은 설교도 잘하고 교회도 잘 이끌었으나 굉장히 강한 분이라 교인들이 "목사님 이렇게 좀 합시다, 저렇게 좀 합시다"라고 말씀드리면 대답은 잘하지만 절대로 당신의 고집을 꺾지 않았습니다. 그래서 한번은 어느 집사님이 그 목사님 댁을 찾아가서 사모님을 만났답니다. 그리곤 상담을 하며 자신의 심정을 털어놨겠지요. "사모님, 목사님께 이야기 잘해서 이런 일은 이렇게 좀 해 달라고 해 주세요." 그랬더니 그 사모님이 "집사님, 집사님이 우리 목사님을 잘 몰라서 그래. 우리 목사님은 그런 분이 아니야"라고 대답했답니다.

이 사모님이 더 강하게 자기 남편을 옹호해 버린 것입니다. 그러니 어느 교인이 그 사모님을 찾아가서 얘기를 하겠습니까? 물론 남편의 기를 살려 주고 여당이 되어 주어야 할 때도 있겠지만, 객관적인 입장에서 야당이 될 줄도 알아야 한다는 뜻입니다. 여기가 사모 모임도 아닌데 이런 말씀을 드린다는 게 주제 파악이 안 된 태도인 것 같긴 합니다만, 그래도 필요한 말인 것 같아 합니다.

사실 저도 요즘은 남편에게 객관적인 입장의 야당이 잘 되질 않습니다. 남편이 병이 난 후부터 제게 잘 대해 주니까 제 눈도 어두워져서 남편 입장만 옹호하려는 때가 있습니다. 그러나 기도하면서 치우치지 않으려고 애쓰고 있습니다.

저는 이 자리에서 제자훈련을 하려는 목사님들께 감히 부탁드리고 싶은 것이 있습니다. "나는 과연 속과 겉이 같은 사람인가"를 수시로 점검해 달라는 것입니다. '지금 저 김영순 사모가 무슨 말을 하고 있는 거야'라며 반감을 가지실지도 모르지만, 우리 성도들이야 목사님들의 사소한 것들을 자세히 모르지 않습니까? 그러나 사모는 자기 남편의 사소한 문제까지 다 압니다. 설교하면서 "예수님처럼 살고, 예수님을 닮자"라고 외칠 때 사모가 속으로 '그래. 당신이나 잘해 봐. 당신이나 잘 살아라'라고 생각한다면 그 목사님이 어디 제대로 된 제자훈련을 하겠습니까?

제가 남편 자랑을 하나 하지요. 이 사람은 제게 거짓말을 못합니다. 옥 목사가 거짓말을 할 때 저는 그 코를 보면 단번에 알 수 있습니다. 30년 넘게 함께 살다 보니 어떤 일체감이 있어서 그런지 모르겠지만, 그전부터 그 사람은 거짓말을 못하더군요. 거짓말을 못한다는 거, 그것만큼은 남편의 자랑거리로 삼아도 될 것 같습니다.

∘ ∘ ∘ ∘ ∘ ∘ ∘ ∘
고통을 통해 배운 것

이제 저희 아이들 이야기를 잠깐 들려 드리겠습니다. 옥 목사가 교회 일에 미쳐 지내다가 1989년 10월 12일에 쓰러진 일이 있습니다. 10월 16일부터 일본 목사님들 제자훈련 세미나가 처음 열릴 때라 일정을 미룰 수도 없고 해서 황급히 응급실로 쫓아가서 진단을 받고 약을 받아 와서 무사히 세미나를 마쳤습니다.

그 후에 병이 더 심해져서 결국 휴양차 외국에 나가게 되었지요. 그때 저도 함께 나갔다가 잠깐 집에 들를 일이 있어 혼자 귀국했는데, 마침 옥 목사의 《예수 믿는 가정 무엇이 다른가》라는 책이 나올 즈음이었습니다. 그런데 집에서 그 책을 본 둘째 아이가 대뜸 제게 이런 말을 하는 것이었어요.

"아빠는 이런 책 쓸 자격이 없어요!"

그 말을 들은 저는 가슴이 너무나 아팠습니다. 그런 아픈 가슴으로 저는 타국의 바닷가에서 혼자 투병 생활을 하는 아빠가 얼마나 그들을 사랑하는지에 대해 나름대로 이야기를 주욱 들려준 일이 있습니다. 대학생이 되었는데도 어릴 적 받은 상처가 너무 깊어 그런지 제가 설명을 해도 아빠를 선뜻 이해하려고 하지 않았습니다. 아이들이 여름방학이나 겨울방학을 맞았을 때 어디 한 번 데리고 간 적 없고, 남산 밑에 5년이나 살면서도 남산에 소풍 한 번 간 일이 없었습니다. 아이들의 놀이라고는 텔레비전 보는 일밖에 없었는데, 그나마도 녹초가 된 아빠가 집에 들어오시면 조용해야 하니까 텔레비전조차 보지 못하고 각자의 방으로 쫓겨 들어가야 했습니다. 그 흔해 빠진 태권도 도장에도 보내 주지를 못했지요.

그러니 그 애들이 불평하는 것도 이해가 안 되는 건 아닙니다. 아이들 중 둘은 수영장 한 번 가 본 적이 없으니 수영도 할 줄 모르지요. 그런 곳에 보낼 형편이 못 되게 살아왔으니까요. 이건 제가 무슨 불평을 늘어놓는 게 아닙니다. 단지, 제자훈련에 미친 아빠를 두면 그만큼 지불해야 되는 대가가 크다는 걸 목사님들에게 말씀드리고 싶을 뿐입니다.

우리가 이렇게 아이들을 잘 돌보지 못했음에도 하나님께서 아이들에게 복을 주셔서 아이들 모두 잘 자라주었고 대학에도 다들 잘 들어갔습니다. 하나님께서는 당신을 위해 일하는 우리를 위로하시고, 우리가 근심하지 않도록 풍성한 은혜를 주셨습니다. 얼마나 감사한지 모릅니다. 사실 생각해 보면 저는 자녀를 키우면서 별 어려움이나 고생을 모르고 살아온 것 같습니다.

단지 성도들을 위해 늘 기도해야 한다는 부담감을 갖고 살고 있는데, 이것도 하나님께서 제게 일깨워 주신 마음입니다. 한번은 우리 부부가 미국의 어느 호텔에 간 일이 있었는데 6층의 제일 끝방에 묵게 되었습니다. 우리는 "끝방이라 조용하게 쉴 수 있겠다"며 기분 좋게 그 방으로 들어갔는데 알고 보니 제일 시끄러운 방이었답니다.

옆 빌딩에서 팬 돌아가는 소리, 욕실에 물 흐르는 소리 등 밤새도록 얼마나 시끄러웠는지 눕기만 하면 잠이 들던 저도 이상할 정도로 밤새도록 잠을 이루지 못했지요. 그렇게 잠 못 이뤄 뒤척이다가 저는 무릎을 꿇고 하나님 앞에 회개했습니다. 그동안 제가 밤이면 밤마다 잠 못 이루고 신음하는 교인들의 고통 소리를 전혀 느끼지 못하고 있었다는 걸 그제야 깨달았기 때문입니다. 불면증 자체의 고통도 가슴에 와 닿았지만, 잠을 이루지 못할 정도로 고통 속에 시달리는 교인들의 아픔이 가슴에 전해져 왔습니다. 옥 목사는 자신의 병을 통해 교인들의 아픔이 와 닿았다는데 저는 그날 밤에 정말 가슴 깊이 그 고통을 껴안아야 된다는 걸 알았습니다.

그 후로 우리 부부는 그들을 위해 기도드릴 때 덜 추상적이고, 덜 피상적인 기도를 드릴 수 있었던 것 같습니다. 그렇게 기도드리는 것이 사모의 사명인 것 같습니다. 저는 정말 신통할 정도로 재주가 하나도 없는 사람입니다. 그러기에 그들을 위해 기도드리는 일은 오히려 감사함으로 다가옵니다.

그래도 요즘은 남편이 저를 보며 "당신이야말로 내게 제일 필요한 사람이다"라는 말을 해 줍니다. 처음에는 그저 듣기 좋으라고 그런가 보다 싶었는데, 지금은 그런 말을 들을 때마다 고맙기도 하고 오히려 겸손한 마음이 듭니다. 이제는 유명세가 붙은 옥 목사 곁에 저까지 유명한 인물이라면 교만해졌을 텐데, 저의 부족함 때문에라도 피차 겸손할 수 있고 또한 그 부족함에도 "당신이 내게 제일 필요한 사람이다"라고 말할 수 있는 옥 목사의 겸손함에 감사할 따름입니다.

○ ○ ○ ○ ○ ○ ○ ○ ○
목사님들, 미쳐야 해요

끝으로, 여기 계신 목사님들께 바라는 바는 제자훈련을 꼭 하셨으면 하는 것입니다. 물론 제자훈련은 반드시 값을 지불하는 일입니다. 자신에게, 또 아내에게, 가족 모두에게 그 대가는 때로 가혹하기도 합니다.

여러 해 전, 근처 산에 간 적이 있습니다. 그날 눈이 올 것 같아서 우산을 들고 갔는데 날씨는 계속 찌뿌둥했지만 눈은 오지 않았습니다. 그러니 우산을 들고 다니는 게 참 귀찮게 생각되더군요. 그러나 저는 그날 한 가지 중요한 사실을 깨달았습니다. 언제 내릴지 모르는 눈을 맞지 않기 위해서 귀찮지만 우산을 들고 다녀야 한다면, 하물며 제자훈련을 하려고 하면서 이런저런 값을 지불하지 않고 무엇이 되겠는가 하는 것이었습니다. 저도 남편 곁에서 오래 살았더니 감염이 되었는지 이제는 제자훈련 한다면서 덜 미친 것처럼 보이는 교역자들을 보면 너무 안타까운 생각이 듭니다. '저래서는 안 되는데, 미쳐야 될 텐데….'

그래서 옥 목사가 세미나 시간에 '광인론'을 강의하는 것마저 감사하고 있습니다. 잘 들어주셔서 고맙습니다.

혀가 둔한
설교자임에도
불구하고

설교를 처음 해 본 것은 스무 살 때였습니다. 그러나 지금까지 설교자로서 강단에 설 때마다 '나는 타고난 설교자가 못 된다'는 생각을 많이 했습니다. 달변도 아니고, 어려서부터 설교자가 되기 위해 문학이나 문장 수업을 철저하게 받은 적도 없고, 일찍부터 유능한 설교자를 꿈꿀 만한 어떤 계기를 만난 적도 없습니다.

그래서 그런지 내가 제일 부러워하는 사람은 설교를 쉽게 준비하는 재주가 있고, 그러면서 청중에게 큰 감동을 주는 설교자입니다. 이런 생각 때문인지 나보다 설교를 잘하는 목사나 나와 전혀 다른 개성을 가진 설교를 하는 목사들의 테이프를 교파나 국내외를 가리지 않고 자주 듣는 편입니다. 배우고 싶은 심정이 크기 때문입니다. 이렇게 듣다 보니 내가 받는 은혜가 아주 많아 몇 년 전까지만 해도 하루에 한 개라도 안 들으면 심령이 컬컬해지는 등 일종의 금단현상까지 나타나는 듯했습니다. 이렇게 열심히 듣기는 듣지만 그들의 설교를 모방한다거나 그 내용을 그대로 카피해서 사용하는 일은 한두 가지 예화 외에는 한 번도 없습니다.

힘들게 준비하는 설교

설교자의 한 사람으로 나는 나를 아주 잘 압니다. 때문에 내가 살기 위해 매달릴 수 있는 길은 오직 노력하는 길뿐이었습니다. 나는 설교를 생각하면 항상 어려운 일로만 느껴지고 쉽게 준비하지 못합니다. 특히 설교에 부담감이 가중되기 시작한 1980년대 중반부터는 시간에 쫓기면서도 원고를 철저히 쓰는 버릇을 갖게 되었습니다. 달변이 못 되는 나의 약점을 메워 보려는 일말의 몸부림이었습니다.

나에게 아직 남아 있는 괴벽 하나가 있는데, 완전히 준비된 원고를 들고 강단에 올라간 다음에도 설교를 하면서 느껴지는 무언가 빠지지 않았나 하는 미흡한 기분 때문에 한 번 하고 난 설교를 다시 뜯어고치기를 잘한다는 것입니다. 어떤 때에는 네 번 하는 주일 설교가 전부 다 조금씩 다를 정도로 매시간 씨름을 하는 타입입니다. 나는 이런 버릇을 정상이라고 생각하지는 않습니다. 그렇다고 쉽게 고쳐질 것 같지도 않습니다. 자연히 내 설교 중 여러 편은 '미완성 교향곡'과 같은 신세가 되는 경우를 자주 봅니다.

어떤 사람은 이런 나를 보고 완벽주의자라고 비난하지만, 누가 뭐라 하든 나는 이 괴벽스러운 습관을 아주 싫어하는 편이 아닙니다. 나 자신의 발전을 위해, 성령에 민감하기 위해 별로 손해 볼 것 없다고 생각하기 때문입니다. 나는 찰스 스펄전(Charles Haddon Spurgeon, 1834-1892)의 글귀를 책상 옆에 붙여 놓고 자주 읽습니다. 그러면서 그가 받은 설교의 열정이 내게는 없지 않나 하는 우려를 가끔 할 때가 있습니다. 그는 이렇게 말하고 있습니다.

"내 생각에 정말 부르심 받은 자를 설교하지 못하게 하는 것은 불가능하다. 그것은 거대한 폭포를 멈추게 하기 위해 어린아이의 컵으로 그 세찬 물살을 받아 내는 것과 같다."

물론 나에게도 복음의 열정이 있습니다. 진리를 가르쳐 주고 싶어 하는 소원도 강합니다. 그러나 그 준비 과정이 나에게는 항상 좁고 험한 길로 다가옵니다. 성령에 붙들려 설교하는 사람에게 이것이 정상인지 비정상인지 나는 잘 모릅니다. 설교자 가운데 자기의 설교를 잉태하고 해산하는 과정을 여봐란듯이 낱낱이 오픈하는 사람은 거의 없는 것 같습니다. 마치 부부가 아기를 배고 낳는 일련의 과정을 비밀에 붙여 두듯이 말입니다. 한 편의 설교가 태어나는 과정은 이처럼 베일에 가려져 있는 경우가 많습니다. 그러니 다른 설교자들과 비교할 수 없는 나의 처지로서는 내가 설교를 준비할 때마다 몹시 힘들어하는 이 버릇이 정상인지 아닌지를 분별하기가 쉽지 않은 것 같습니다. 물론 정반대의 경우도 있을 것입니다.

어느 목사는 주말이면 책장에 꽂힌 설교집 하나를 뽑아 그 가운데서 제목 하나를 골라잡은 다음 교회 직원에게 던져 주면서 몇 장 분량으로 요약해서 자기 책상에 갖다 놓도록 시킨다고 합니다. 원고가 오면 목사는 그 원고를 들고 강단에 올라가 적당히 설교하는 것으로 만족해했습니다. 그래서 그 직원은 목사들이 전부 다 그런 식으로 설교를 준비하는 줄 알았다고 합니다. 정말 이렇게 해서 설교가 가능하다면 세상에서 목사처럼 팔자 늘어진 사람은 없을지 모릅니다. 어쨌거나 나는 설교를 하면 할수록 더 어렵다는 생각에서 벗어나지 못하고 있지만 내 분수에 따라 내 갈 길을 걸어가려고 합니다.

사랑의교회를 개척하고 25년 동안 설교하면서 나는 두 번 정도의 변천 과정을 겪은 것 같습니다. 초창기, 그러니까 개척해서 새 성전에 입당하기까지 약 6년 동안은 대부분 요점만 적은 메모지를 들고 설교 했습니다. 초신자들이 대부분이었기 때문에 내용을 쉽게 전할 뿐 아니라, 듣는 사람들과의 교감을 높이기 위해서 되도록이면 어떤 틀이나 원고에 매이지 않으려고 했습니다. 당시의 설교는 문장이 조잡하고 내용이 중복되며, 길이가 들쭉날쭉했습니다. 흠을 찾으려면 한두 가지가 아니었습니다. 그런데도 그때의 설교를 잊지 못하는 사람들이 많다는 건 무슨 이유에서일까요?

교회를 건축하자마자 1년이 못 되어 출석 교인 수가 2천 단위로 뛰어오르기 시작했습니다. 그때부터 내 설교는 어떤 틀을 갖기 시작했습니다. 좀 매끄럽게 설교를 해야겠다는 생각도 있었고, 예배가 3부로 이어지면서 시간에 쫓겼기 때문에 미리 문장이나 내용을 많이 다듬지 않으면 자칫 한정된 시간을 넘기기가 쉬웠기 때문입니다. 이렇게 되다 보니 전에 비해 설교는 짧아졌는데, 그 대신 준비하는 시간은 몇 배로 늘어났습니다.

원고 설교를 시작하면서 나는 한편으로는 자유함을 많이 잃게 되었고, 청중과의 교감이 잘 이루어지지 않는 답답함을 가끔 느끼곤 했습니다. 앞으로 좀 더 노력해서 원고를 손에 들고도 이런 약점들을 잘 보완할 수 있기를 바라고 있습니다.

○ ○ ○ ○ ○ ○
'들리는 설교'

설교자로서 나에게는 지금도 씨름하고 있는 숙제가 하나 있습니다. 어떻게 하면 더 잘 들리는 메시지를 전할 수 있을까 하는 점입니다. '들리는 설교'라 해서 오해하지 않았으면 좋겠습니다. 재미있는 예화를 하면 모두 다 고개를 번쩍 듭니다. 자기 이야기라고 생각되면 귀를 쭝긋합니다. 그러므로 어떤 점에서는 '들리는 설교'를 하는 것이 전혀 어렵지 않습니다. 그러나 내가 말하는 것은 이런 의미가 아닙니다. 청중은 일 년 열두 달 반복해서 성경의 진리를 설교로 듣게 됩니다. 솔직히 말해 누가 하는 설교든 간에 그 내용은 열의 여덟은 똑같습니다. '십자가의 은혜'라는 제목을 가진 설교 테이프를 구할 수 있을 만큼 구해서 비교해 보십시오. 어휘나 내용이나 스토리 전개가 거의 같다는 것을 알 수 있습니다. 모두가 성경에서 나온 말씀이기 때문입니다. 그러므로 청중은 알게 모르게 똑같은 내용을 수없이 반복해서 듣는 셈입니다.

이런 이유 때문에 설교자의 입장에서 가장 큰 부담은 들리는 설교를 해야 한다는 것이고, 청중의 입장에서는 '또 그 소리' 하면서 귀를 막는 일이 없어야 한다는 것입니다. 설교의 생명은 내용이 반복되는 것이고 그러면서도 새롭게 들리도록 해야 한다는 데 있습니다.

안타깝게도 요즘에는 안 들리는 설교가 의외로 많은 것 같습니다. 나는 루돌프 보렌(Rudolf Bohren, 1920-2010)이라는 독일 설교학자가 한 말을 늘 잊지 못하고 있습니다. 그의 말에 의하면 많은 설교자가 "마치 볼륨을 죽여 버린 텔레비전의 아나운서와 같다"는 것입니다. 다시 말해, 설교는 많이 하고 있는데 잘 안 들린다는 말입니다. 입을 보면 열심히 전하고 있는데 귀에 들어오는 게 없다는 말입니다. 이런 소리가 남의 이야기가 아니라는 불안이 항상 나에게 남아 있습니다.

보렌의 지적을 교훈 삼아 들리는 설교를 하기 위해 내가 먼저 말씀 속에서 하나님의 음성을 듣는 기쁨을 항상 유지하도록 최선을 다해 보지만 어떤 때는 이 기쁨 없이 설교할 때가 있다는 것이 나의 고민입니다. 그래서 나는 가끔 내 설교가 들리지 않아 허탈한 심정으로 교회 문을 나가는 수많은 사람들을 영의 눈으로 보게 됩니다.

사랑의교회 강단을 지키면서 나는 나름대로 들리는 설교를 하려고 많은 애를 썼습니다. 이런 노력에 큰 도움이 되었던 것은 역시 제자훈련이었습니다. 작은 모임에서 정기적으로 만나는 평신도들과 말씀의 은혜를 나누다 보니 그들의 언어를 이해하게 되었고, 그들이 잘 들을 수 있는 설교가 되려면 그 내용을 어떤 식으로 전개하는 것이 좋은지를 자연스럽게 터득할 수 있었습니다. 그리고 그들의 영적 수준을 정확히 진단할 수 있는 능력을 키우기도 했습니다.

따라서 제자훈련에서 얻은 여러 가지 이점 때문에 나의 설교에 많은 변화가 일어난 것은 말할 나위도 없습니다. 그들을 알고 하는 설교는 잘 모르고 하는 설교보다 그들의 귀에 더 잘 들리게 마련인 것입니다. 수천 명이 한자리에 앉아서 똑같은 설교를 들으면서 '나를 두고 하는 말씀'이라는 깨달음이 일어난다는 것은 성령의 초자연적인 역사임에 틀림없지만, 한편으로는 설교자가 들리는 메시지를 전했기 때문에 일어나는 기적입니다.

'들리는 설교'는 자연히 그 설교자의 설교 청중을 창조하게 됩니다. 자기 엄마의 젖이 아니면 먹어도 살로 안 가는 아이처럼 자기 목사의 설교가 아니면 은혜받지 못하는 설교 청중이 생긴다는 말입니다. 나는 이런 현상이 바람직한 것인지 아닌지를 여기서 논하고 싶지는 않습니다. 그러나 제 자식 제가 키우겠다는 엄마를 누가 나무랄 수 있겠습니까?

ㅇ ㅇ ㅇ ㅇ ㅇ ㅇ ㅇ

《고통에는 뜻이 있다》

지금은 내 설교집이 여러 권 나와 있지만 제일 처음 설교집을 내놓기까지는 내 나름대로 진통이 있었습니다. 1980년대 초반, 당시만 해도 나는 교회 개척에 여념이 없는 무명의 목사였습니다.

어느 날 모 출판사를 운영하고 있는 목사님 한 분이 찾아와 설교집을 하나 내자고 했습니다. 나는 깜짝 놀라 무슨 소리 하느냐고 반문했습니다. 그 당시 내 설교는 요점만 적은 메모지를 가지고 하는 것이라 원고 하나 제대로 된 것이 없었습니다. 그러니 출판하라고 내놓을 만한 자료가 없었던 것입니다. 그리고 내 설교를 읽을 사람이 누가 있겠는가 하는 생각 때문에 없던 일로 하자고 했습니다.

그러나 그는 이상하게 끈질긴 데가 있는 사람이었습니다. 여러 번 찾아와 똑같은 요청을 하는 것이었습니다. 할 수 없이 '고통'이라는 주제로 내가 했던 몇 편의 설교 테이프를 내주었습니다. 출판사에서 직접 테이프 내용을 풀어서 책을 만들어 보라는 뜻이었습니다. 이렇게 해서 나온 설교집이 《고통에는 뜻이 있다》였습니다.

책이 나온 지 얼마 되지 않아 이상한 일들이 여기저기서 나타났습니다. 서점마다 책이 나오면 금방 동이 난다는 것이었습니다. 설교집을 읽고 어려웠던 처지에서 눈물을 닦으며 일어날 힘을 얻었다고 전화하는 사람들이 심심치 않게 있었습니다. 그러다 보니 내가 무슨 고통에 대한 대가나 된 것처럼 상담을 구하는 사람들도 있었습니다.

그로부터 여러 해가 지나 집회 인도차 해외를 나가게 되었는데 내 책을 읽었다면서 인사하는 사람들이 의외로 많았습니다. 병원에 입원한 사람들에게는 반드시 그 책을 사 들고 간다고 말하는 집사나 권사들을 많이 만났습니다. 그러다 보니 그동안 이 책이 몇 쇄를 거듭하고 얼마나 많은 부수가 보급되었는지 잘 모를 정도가 되어 버렸습니다.

나는 이런 현상을 놓고 하나님만이 하시는 독특한 일이라고 생각합니다. 주님은 설교자가 스스로 '좋은 설교'라고 자부하는 메시지보다 '형편없는 설교'라고 스스로 깎아내린 메시지를 더 효과적으로 사용하시는 것 같습니다. 마치 삼손의 손에 들린 당나귀 턱뼈와 같이 말입니다. 그래서 나는 《고통에는 뜻이 있다》를 생각할 때마다 내 설교를 놓고 좋다 나쁘다 하는 식의 판단을 하지 않기로 했습니다.

언젠가 스펄전도 비슷한 말을 한 적이 있지 않습니까? 주일 설교를 하고 들어와 '죽을 쑤었다'는 참담한 기분 때문에 고민을 한 메시지는 수십 명의 영혼을 구원했는데, '참 잘했다'라고 생각하며 스스로 만족했던 설교를 통해서는 한 명도 구원받은 사람이 없었다는 것입니다. 결국 설교자는 항상 무익한 종이라는 심정을 가지고 떨면서 일을 해야 하나 봅니다.

○ ○ ○ ○ ○ ○ ○ ○ ○ ○ ○
테이프에 얽힌 몇 가지 이야기

테이프 설교가 진짜 설교냐를 놓고 시비를 걸어 오는 목회자나 신학자가 없는 바는 아니나, 어쨌든 가르치고 치유하시는 성령의 손에 붙들릴 수 있는 기회를 한 번이라도 더 만들 수 있다는 데서 설교 테이프는 대단한 가치와 이점을 가진 은혜의 수단임이 틀림없습니다.

나의 로마서 설교 테이프를 자동차 안에 항상 꽂고 다닌다는 어느 선교사가 전해 준 이야기입니다.

"자동차에서 테이프를 듣고 오다가 다 듣기 전에 집에 도착했거든요. 그런데 뒷자리에 있던 여덟 살짜리 제 딸이 내리면서 테이프를 달라고 해요. 방에 들어가 혼자서 듣고 돌려주는 걸 받으면서 마음이 찡했습니다."

스스로 신통치 못한 설교자라고 생각하지만, 내 설교로 은혜받았다는 소리를 들으면 보통 기분 좋은 것이 아닙니다. 칠푼이 같은 소리로 들릴지 모르나 여기저기서 보내 온 소식들 중 몇 가지 사례를 소개하고 싶습니다. 말 못하는 당나귀를 사용하셔서 말씀을 주시는 하나님이시니, 비록 나는 부족해도 말씀은 살아서 역사한다는 진리를 동료 설교자들에게 들려주어 그들을 다시 한번 격려하고 싶은 마음이 있기 때문입니다.

"목사님, 저는 미국에서 공부하는 유학생입니다. 목사님의 설교 테이프를 이웃에 사는 집사님께 받아서 들은 후로 힘들기만 했던 저의 생활이 완전히 달라졌습니다…구원의 복음이 제게 들렸습니다. 이렇게 힘들여 박사 학위를 받는다는 게 무슨 의미가 있나 할 정도로 의기소침해 있었는데 이제는 저의 젊음과 남은 삶 모두를 주님께 드리겠다는 기대 가운데 삽니다. 주님이 쓰겠다고 부르시면 언제 어디라도 달려가 일하고 싶습니다."

내가 받는 편지의 상당수가 힘겹게 공부하는 유학생들이 보낸 것입니다. 그런가 하면 애틀란타에서 사업을 하는 어떤 사람은 자기 안방에 나의 설교 전집(수요예배와 다락방 테이프까지)을 구입해 놓고 필요한 사람에게 무료로 복사해 주는 일을 주님이 주신 소명으로 알고 있다고 합니다. 누가 요청해서가 아니라 수년 전부터 스스로 만든 양육 프로그램이라는 그의 말이 걸작입니다.

"영적으로 문제를 가지고 있다고 판단되는 형제가 있으면 저는 어느 설교 테이프가 가장 적절한 처방이 되겠는가를 생각한 다음에 그것을 복사해서 무료로 줍니다. 그걸 들어 본 사람들은 틀림없이 몇 개를 더 달라고 요청하는데, 대개가 매우 좋은 효과를 봅니다."

국내 이야기를 하나 더 하겠습니다. L집사는 사랑의교회 교인인 친구로부터 로마서 설교 테이프를 건네받아 듣기 시작했습니다. 마침 소형 자동차를 구입한 것과 때를 맞춰서 출퇴근 때마다 듣기로 한 것이었습니다.

그는 유아 세례를 받고 마흔이 가깝도록 신앙생활을 하고 있었기 때문에 교회에서 맡은 직분도 많았습니다. 속장, 성가대 솔리스트, 여전도회장과 너무 바빠서 얼마 전에 그만둔 주일학교 교사까지. 당연히 주변에서 그에게 기대하는 믿음의 분량도 그 직분만큼 컸습니다. 그러나 그는 가까운 사람을 만나면 이런 고민을 털어놓곤 했습니다.

"바쁘게 봉사하지만 사실 나 자신은 성경에 대해서 너무 몰라요. 정말 괴로운 것은요, 예수님에 대한 실감이 없다는 거예요. 기도할 때도 하나님은 부르는데 예수님을 부르려면 낯설어서 못 부르겠어요. 예수님이 나를 위해 죽으셨다는 것이 남들처럼 감동으로 다가오지가 않거든요."

이런 와중에 자신이 출석하는 교회의 명예 목사이기도 했던 P교수에 대한 출교 조치가 내려지고 교인들이 무더기로 교회를 옮기는 상황이 되자 그 자신도 심한 갈등에 빠지게 되었습니다. 자신의 신앙적 문제를 제대로 해결해 주지 못하는 교회에 더 남아 있어야 하는가 하는 고민이었습니다.

그러다가 그는 내 로마서 강해를 들으면서 자신이 설교에 귀가 열리고 있음을 느꼈습니다. 처음에 테이프 30개를 받을 때는 '아이고, 이걸 언제 다 들을까?' 했는데 어느새 다 듣고 말았다는 사실에 스스로 놀랐다고 합니다.

예수님보다 교회 친구들에게 더 관심이 많던 친정어머니가 "얘, 저번에 준 거 다 들어 가는데 빨리 듣고 다오"라고 전화 독촉을 하실 때와 엄마 차에 탄 딸들이 "엄마, 그거 끄고 옥 목사님 테이프 들어요" 하면서 진지하게 설교를 경청할 때 그는 매번 묘한 감동을 느꼈다고 했습니다.

그보다 훨씬 아름다운 변화는 물론 그의 내면에서 일어났습니다.

'떠나야 하지 않을까?' 하고 갈등했던 자신의 교회를 묵묵히 섬기기로 한 것입니다. 그곳에 좋은 말씀이 없으면 이웃 교회의 설교 테이프로 잠시 공급을 받을지라도 떠나지 않는 편이 교회를 섬기는 태도라는 생각이 들었다는 것입니다.

나는 원래 다른 교회 성도들에게 내 설교를 들어 보라고 하는 스타일이 아닙니다. 그래서 여러 번 요청이 있었지만 설교 테이프를 시중에 내놓지 않았습니다. 평신도는 자신이 다니는 교회 목사의 설교를 듣고 신앙생활 하는 것이 맞다고 믿고 있기 때문입니다. 그러나 방금 위에서 간증한 어느 성도처럼 누구든지 내 설교를 듣고 은혜받아 자기 교회를 더 사랑하고 충성할 수 있게 된다면 지금이라도 당장 내 설교 테이프를 들고 달려가서 전해 주고 싶습니다.

5

길고 긴
터널

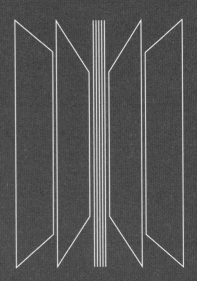

영문 모를 소문이 떠돌기도 했습니다. "옥 목사가 암으로 죽게 되었다면서?"
"옥 목사님 돌아가셔서 얼마 전에 장례식을 치렀다면서?"라고
물어 오는 사람들이 꽤 되었고…

선 줄로 생각하면
넘어질까 조심하라

높낮이가 다른 파도의 물굽이처럼 인생에도 적잖이 굽이가 있습니다. 나는 이제 내 삶에서 가장 어려웠던 시기를 이야기하려고 합니다. 그것은 곧 내 목회 생활 가운데 가장 큰 위기이기도 했습니다.

"선 줄로 생각하는 자는 넘어질까 조심하라"(고전 10:12).

이 경고가 나를 위한 하나님의 음성인 줄을 일을 치르고 난 후에야 알게 되었으니 나는 목사로서 한심해도 한참 한심했습니다.

○ ○ ○ ○
시험의 뜻

교회를 짓고, 교세가 늘어나고, 교인들의 신앙적인 열기는 돌이라도 녹일 것같이 뜨거워지고 있었습니다. 영적으로나 양적으로나 교회는 거의 폭발적으로 성장하고 있었습니다. 그런가 하면 '제자훈련 지도자 세미나'가 열리면서 국내외로 집회 초청이 폭주했습니다. 내 나이 오십 고개를 넘어서던 때였습니다. 하루가 어떻게 가는지 모를 지경이었지만, 아직은 체력이 딸려 무얼 못한다는 생각은 하지 않아도 될 정도로 건강에는 자신이 있었습니다.

나는 여가를 이용해 여행을 다닌다거나 그저 쉰다는 것을 생각하지 않고 살던 사람입니다. 일하는 게 곧 나의 여가였습니다. 내게 일하는 모습은 가장 정상적이고 나다운 모습이었으며, 여름 휴가를 받아도 교회에 나와 하루 종일 컴퓨터와 씨름하며 훈련 교재를 만드는 데 시간을 다 쓰곤 했습니다. 가족들과 오순도순 이야기를 나누며 시간을 보내는 것이나, 산이나 바닷가를 찾아가 함께 놀며 지내는 여가 같은 건 상상도 할 수 없었습니다. 시간이 없어서 가정 예배도 정기적으로 드리지 못할 정도였으니 내가 어느 정도 비정상이었는지 추측에 맡기고 싶습니다.

주중에 내가 맡아 했던 일들 중 중요한 것은 주일 설교 3회, 순장반 2회, 사역훈련반 3회, 수요 설교 2회, 교역자 훈련, 여기에 이런저런 집회 요구들을 들어주는 일이었습니다. 어디 그뿐입니까? 주일 설교를 준비하는 일은 한 주간 내내 이어지는 고된 작업이었으니 내가 어느 정도로 쫓기고 있었는지 짐작이 갈 일입니다. 사역훈련은 한 번 들어가면 세 시간 이상 진액을 쏟아야 하기 때문에 일주일에 세 번을 지도하고 나면 체력 소모가 만만치 않았습니다.

너무 바쁘고 너무 피곤하니까 가장 먼저 손해 보는 것이 요즘 말로 개인의 경건 시간이었습니다. 기도 시간은 점점 짧아졌고 나 자신을 위해 말씀을 묵상하는 시간이 나도 모르게 날아가 버리는 날이 자주 있었습니다. 마귀가 덤불 속에 비밀리에 쳐놓은 덫으로 가까이 접근하고 있으면서도 전혀 알아채지 못했던 것입니다. 아침 7시에 교회에 나와서 보통 밤 11시가 넘어야 집으로 들어가는데도 항상 숨 쉴 틈 없이 스케줄이 잡혀 있었습니다. 내가 좋아서 하는 일들이지만 한 주 동안 감당해야 할 사역치고는 과부하가 걸린 것이 사실이었습니다.

드디어 1989년 후반기에 들어오면서 심신이 지쳐 탈진 상태에 이르렀습니다. 나중에는 모든 걸 던져 버리고 도망가고 싶은 생각뿐이었습니다. 3, 4일 쉬면 좀 나아지겠지 하고 아내와 함께 설악산을 찾았습니다. 가을 단풍이 화려하게 타오르던 때였습니다. 솔직히 말해 그 며칠이나마 성경을 읽는다거나 기도를 한다거나 목회에 대한 무엇을 생각하는 일에서 완전히 자유하고 싶은 심정이었습니다. 그래서 새벽부터 밤까지 쏘다니기만 했습니다. 그런 식으로 보낸 기간을 충분한 휴식으로 착각하고 교회로 돌아왔습니다.

그러나 '자유해진다'는 게 무엇입니까? 기도하는 것도 쉬고 말씀 보는 것도 그만두는 것을 말하는 것입니까? 그것은 자유가 아니라 무장 해제를 의미합니다. 그런데도 4, 5일 동안 그저 밥 먹을 때만 머리 숙여 기도하고는 온 산을 헤집고 다니면서 기분을 유쾌하게 하는 것을 사역에서 해방되어 쉬는 것인 줄 알았으니, 정신적인 스트레스는 얼마간 풀고 돌아왔으나 돌아오니 모든 일이 더 힘들어지는 건 당연한 결과였습니다.

돌아온 지 딱 2주 만에 심상치 않은 증세가 찾아왔습니다. 수요예배를 마치고 와서 자다가 한밤중에 깼는데 아주 심한 어지럼증이 일었습니다. 천장이 빙빙 돌아가는데 꼼짝 할 수가 없었습니다. 다음 날 응급실로 가 이것저것 검사해 봤지만 실제로 무슨 이상을 발견하지 못했습니다. 그런데도 나는 너무 어지러워서 바로 설 수조차 없었기 때문에 안정제를 맞아야만 했습니다.

○ ○ ○ ○ ○
길고 긴 터널

이런 처지가 되면 만사 제쳐 놓고 충분한 휴식을 취해야 하는 것쯤은 누구나 아는 상식인데, 시험에 빠지려고 그랬는지 이런 상식마저 따를 수 없는 난처한 처지가 나를 기다리고 있었습니다. 3일 후면 일본인 목회자 80명을 초청해서 처음으로 세미나를 하게 되어 있었습니다.

당시만 해도 세미나를 하면 일주일 동안 아침 8시부터 저녁 9시까지 진행되는 강의 중 90%를 나 혼자서 맡고 있었습니다. 강의 내용을 전부 내가 만들었기 때문에 대신 강의할 사람이 준비되어 있지 않았고, 갑작스럽게 누구에게 맡길 일도 못 되었습니다. 한국 목회자들이면 어떻게 취소해 보겠지만 이해를 구하기 어려운 외국인들인 데다 무슨 연락을 하기에는 너무 늦은 시점이라 내가 죽지 않는 한 피할 수가 없었습니다.

자연히 나는 조급하게 서둘렀습니다. 어떻게든 세미나는 해야만 했고, 그러다 보니 분별없이 지어 준 신경안정제를 무작정 먹지 않으면 안 되었습니다. 며칠 후 증세가 약간 호전되어 일주일간 세미나를 강행했습니다. 크리스천 인구 비율이 1%도 안 되는 나라에서 복음을 위해 헌신하는 일본 목회자들이 아닙니까? 그들에게 실망을 주어서는 안 된다는 생각으로 얼마나 초긴장을 했는지 모릅니다. 아침부터 저녁까지 전심전력을 다해 강의했습니다. 지금 생각해도 제정신이 아닌 행동이었습니다.

세미나를 끝낸 후 바로 제주도로 내려간 나는 그때부터 수년간 몸부림치며 걸어가야 할 깊은 투병의 골짜기에 발을 들여놓게 되었습니다. 도착하자마자 쓰러져 일어나지 못했습니다. 원래는 2개월 정도 쉬면 곧 좋아질 줄 알고 버텼는데 전혀 차도가 없었습니다.

교회에서는 12년 만에 안식년을 주었지만, 그것은 안식년이 아니라 병(病)식년이었습니다. 아는 사람도 별로 없는 하와이에 가서 멍하니 바다만 바라보고 나날을 보내야 했던 답답한 시간들, 아내와 잠시 바닷가에 나갔다 들어오는 것만으로도 얼마나 피곤하고 힘이 들었는지…. 뜻밖에 발견된 갑상선 종기로 현지 병원에서 수술을 받기까지 했습니다. 여러 달이 넘도록 운전도 못 하고, 책도 못 읽고, 텔레비전도 못 보고, 할 수 있는 거라고는 리시버를 꽂고 테이프를 듣는 게 고작이었습니다.

수술을 받고 한 달 후에 잠깐 귀국하였습니다. 상태가 호전되지 않자 빨리 나아야겠다는 조급함에 못이겨 찾아간, 그 유명하다는 의사의 무리한 처방으로 내 몸은 급속하게 악화일로를 걷게 되었습니다. 남들이 알아보지 못할 정도로 몸은 야위어 갔습니다.

영문 모를 소문이 떠돌기도 했습니다. "옥 목사가 암으로 죽게 되었다면서?", "옥 목사님 돌아가셔서 얼마 전에 장례식을 치렀다면서?"라고 사랑의교회 교인들에게 물어 오는 사람들이 꽤 되었고, 외국에서는 장례식 날짜를 묻는 전화가 걸려 오기도 했습니다.

다시 하와이로 돌아갔지만 위장병, 불면증, 어지럼증, 의욕 상실 등 정말 혹독한 시련이 연속해서 닥쳐왔습니다. 내가 언제 건강했었는지 기억도 나지 않을 정도로 약해져 있었습니다. 당시 나의 기도는 "주여, 불쌍히 여겨 주시옵소서"라는 외마디 부르짖음뿐이었습니다.

이 기간 동안 사랑의교회 전 교인이 합심해서 밤낮없이 기도해 주었고, 그들은 지금도 내 건강을 위해 기도를 쉬지 않습니다. 나는 교인들에게 사랑과 기도의 빚을 많이 진 목사입니다. 지도자가 사고를 당하자 교인들은 갑자기 어린애가 어른이 되어 버린 것처럼 보였습니다. 부모가 역경에 처하면 자녀들이 철이 드는 것과 같은 현상일까요? 전 교인이 똘똘 뭉쳐 눈앞에 버티고 있는 골리앗과 싸울 준비를 하였습니다. 그들은 더 열심히 교회에 나왔습니다. 다락방마다 뜨거운 기도의 열기로 달아오르고 있었습니다. 1년간 강사들의 설교를 들어야 했지만 주일예배 출석수는 오히려 증가하고 있었습니다. 나는 이런 현상을 보면서 합력하여 선을 이루는 것이 무엇인지를 다시 한 번 배우게 되었습니다.

나는 투병 기간 동안 사랑의교회에 몸담고 있지 않았던 두 가정이 나를 위해 헌신적으로 봉사해 준 것을 잊지 못합니다.

하와이에 살면서 수년 동안 나의 설교 테이프를 받아서 듣고 있던 어느 권사님은 어려운 이민 생활인데도 바다가 보이는 곳에 아파트 하나를 구입해서 내가 하와이에 있는 동안 자유롭게 지내도록 배려해 주었습니다. 그 아파트 때문에 나중에 상당한 손해를 보았지만 불편해하지 않고 나의 회복을 위해 변함없는 도움을 아끼지 않았습니다.

초창기 교인이었다가 이민 간 어느 집사 부부가 부어 준 사랑도 상상을 초월하는 것이었습니다. 미국에 있으면서도 늘 사랑의교회와 교제를 끊지 않고 신앙생활을 하고 있던 분들인데, 내가 병이 나서 하와이에 있다는 소식을 듣고는 방울뱀을 여러 마리 사서 손수 고아 가지고 비행기 편으로 두 번이나 보내 주었습니다. 나는 그것이 몸에 얼마나 좋은지 알지 못하지만, 그분은 굉장한 비약(秘藥)이라는 통설을 그대로 믿고 그 힘든 작업을 손수 해서 보내 주었던 것입니다. 지금 생각하면 그분들이 보낸 약 때문이라기보다는 그분들의 뜨거운 정성 때문에 그 후로 내가 사역을 다시 할 수 있는 힘을 얻지 않았나 싶습니다.

안식년을 마치고 교회로 돌아왔을 때 한 자매가 나에게 물었습니다.

"15개월 동안 병으로 고통당하시면서 개인적으로 발견하신 하나님의 뜻이 무엇이었는지 궁금해요."

내가 이 질문에 답을 낼 수 있을 만큼 나에게 덮친 고통의 의미를 확인하는 데는 거의 반 년이 걸렸습니다. 어느 날 아침, 말씀을 읽고 기도하는 중에 하나님은 내가 영적으로 무장 해제당했던 한때의 처절한 모습을 보게 하셨고, 나의 호된 고통이 앞으로 있을 수 있는 더 큰 영적 시험과 건강상의 위험을 예방하는 의미가 있음도 알게 하셨습니다.

나의 어두웠던 한때를 이야기하면서 영적 사역을 하는 동료 교역자와 평신도들에게 이 말을 꼭 전하고 싶습니다.

"바쁠수록 조심하십시오. 유명해질수록 정신을 차리십시오. 마귀는 우리보다 지혜롭습니다."

처자를 나보다 더 사랑하는 자는?

병을 얻어 하와이에 가서 머물고 있을 때였습니다. 날마다 푸른 바다가 내려다보이는 창가에 앉아 내가 걸어온 길을 돌아보는 시간이 많았습니다. 어느 날 아내가 곁에 다가와 앉는 소리가 나서 돌아보니 그날따라 유난히 꽤 세어 버린 머리카락부터 눈에 들어왔습니다. 나이로 보아서 그럴 때가 아닌데, 왜 갑자기 머리가 세어 버렸을까 생각하니 조용히 가슴을 저미어 오는 아픔이 있었습니다. 결혼하고 크리스마스의 징글벨 소리를 스무 번 이상 들으며 살아오는 동안 아내를 가슴 아프게 했던 여러 가지 일들이 갑자기 주마등처럼 스쳐 지나갔습니다. 솔직히 나는 좋은 남편감이 못 되었습니다.

나는 어려서부터 부부 생활이라는 것에 대해 자신도 모르게 비관적인 정서를 품고 자라난 사람이었습니다. 부모님의 결혼 생활이 내 눈에는 썩 매력적이지 못하였습니다. 두 분이 끔찍이 아끼고 사랑하는 사이였음은 의심하지 않았지만, 애틋하게 사랑을 표현하는 모습은 본 기억이 없습니다. 고달픈 농촌 생활과 가난에 시달려서 그랬는지 두

분 사이의 불화로 집안에 폭풍이 몰아칠 때가 자주 있었습니다.

게다가 아버지는 믿음이 없는 분이었습니다. 아무리 바쁜 농사철이라 해도 새벽이면 몇 시간씩 기도를 하고 오는 어머니를 늘 못마땅하게 생각하였습니다. 주일이면 옷을 입다 단추가 떨어져도 달아 주지 않을 정도로 철저하게 주일 성수를 고집하는 어머니 때문에 일거리만 눈에 보이는 아버지는 항상 울화통이 터져 있었습니다.

여기에 덩달아 나까지 어머니를 따라 열심히 교회에 다녔고, 농사일보다 책을 더 좋아했습니다. 꼴을 먹이던 소가 남의 논에 뛰어들어가 짓밟아 놓는 것도 모른 채 책 읽는 데만 정신을 빼고 앉아 있는 나를 대하는 아버지의 모습은 항상 폭군과 같았습니다.

이런 가정에서 자란 아이가 '결혼을 왜 해야 하나' '부부 생활이란 서로 화풀이를 위해 필요한 것이 아닌가'라는 조금은 냉소적이고 엉뚱한 생각을 품게 되는 건 오히려 당연한 일이었는지도 모릅니다. 그러다 보니 성인이 된 다음에도 결혼 생활에 대한 장밋빛 꿈 같은 것이 없었습니다. '해 봐야 뭐 그리 대단하겠는가? 서로 노력해서 잘되면 다행이지'라는 식의 소극적인 생각을 마음 밑바닥에 깔고 있었다는 것이 나의 솔직한 고백입니다.

이와 같이 기본 자세부터 문제인 데다가, 나중에 신학을 하면서 안 일이지만 교회에서 어릴 때부터 나도 모르게 받은 청교도적 신학 사상이 가정보다 교회가 우선이라는 일방적인 생각을 더 많이 가지게 한 것 같습니다. 가장 이상적인 삶은 예수를 위하여 가정을 포기할 수 있는 자리에까지 가야 한다는 가르침에 지나치게 심취해 있었다고나 할까요? 그래서였는지 목회자가 남 앞에서 아내 자랑을 너무 한다든지, 부부가 너무 행복에 취한 듯한 행동을 한다든지, 자기 식구들 문제로 지나치게 신경을 쓰는 것을 보면 속으로 얼간이라고 욕을 하곤 했습니다. 사심 없이 철저하게 주님을 따르는 자세라고 생각되지 않았던 것입니다.

칼빈 신학교에서 공부를 할 때였습니다. 10여 명의 학생과 교수가 둘러앉아 토론을 하는 자리였습니다. 지금 기억으로는 "선교적 소명과 가정"이라는 주제를 놓고 교수가 이런 질문을 던졌던 것 같습니다.

"하나님께서 아프리카 오지로 복음을 전하기 위해 부르신다는 확신이 있는데 아내가 반대하는 경우에 어떻게 하는 것이 신앙적인가? 소명이냐, 아내냐?"

한참 이러저런 이야기들이 오간 끝에 살펴보니, 소명이 아내보다 앞선다고 주장하는 사람은 나와 인도네시아에서 온 목사 한 사람뿐이었습니다. 그 역시 아내를 두고 혼자 공부하러 온 친구였습니다. 나보다 한두 살 위였는데 정말 매력적인 사람이었습니다. 우리는 아내가 끝까지 반대하면 혼자서라도 선교지로 가야 한다고 주장했습니다.

이렇게 열을 올리는 우리 두 사람을 보고 나머지 코 큰 친구들은 눈이 휘둥그레졌습니다. 그들은 한결같이 가정이 소명보다 중요하다는 데 동의하고 있었습니다. 심지어 교수까지도 그들과 한편이었습니다. 나는 속으로 '집에서 여자 치마폭에 싸여 잠꼬대나 하고 살면 딱 맞을 인간들'이라고 멸시하고 있었습니다. 지금 생각하면 나나 그 목사는 우리 나름대로 한쪽으로 치우쳐 있었고, 나머지 미국 목사들은 그들대로 다른 쪽으로 치우쳐 있었던 것 같습니다.

○ ○ ○ ○ ○ ○ ○ ○ ○
목회의 기본 단위는 가정

내가 결혼한 후 자립할 능력이 없던 수년 동안 처가에 아내를 떼어 놓고 버틸 수 있었던 것이나, 대학생들을 지도하는 5년 동안 처자를 데리고 코앞에 있는 남산에 한 번 올라간 적 없이 제자훈련에만 몰입했던 일이나, 유학 가면서 눈물 한 방울 안 보이고 냉정하게 처자를 시골로 보낼 수 있었던 것이나, 미국 생활 3년 동안 매주 보내는 편지 외에는 전화 한 통 하지 않았던 것이나, 개척교회를 시작하면서도 아내의 마음을 달래 주려는 성의 없이 독불장군식으로 밀어붙인 것이나, 제자훈련에만 미쳐서 아내와 오순도순 이야기 나누며 서로의 존재를 확인할 시간 한번 제대로 만들지 않았던 일들이 이제 머리가 센 아내 곁에 앉아 눈이 부시도록 푸른 바다를 바라보고 있는 나의 마음에 파도처럼 밀려오고 있었습니다.

그 시간 나는 새삼스럽게 이런 질문을 스스로 해 보았습니다. '내가 과연 주님 앞에서 잘한 것인가? 꼭 그렇게 해야 헌신이고 충성이었는가? 주님께 헌신한다는 명분 아래 아내의 눈에 많은 눈물을 흘리게 한 행동이 과연 얼마나 정당화될 수 있을 것인가?'

내가 이와 같은, 어쩌면 퍽 개인적인 글을 쓰는 이유는 다른 데 있는 것이 아닙니다. 제자훈련을 잘하려고 노력하는 우리 동역자들 중에 내 전철을 밟는 사람이 없기를 바라는 마음 때문입니다. 주님을 진심으로 사랑하는 사람일수록 아내를 내 몸처럼 사랑할 수 있는 영혼의 공간은 더 넓어져야 하고, 제자훈련에 미치면 미칠수록 가정을 더 소중히 여겨야 한다는 것을 나처럼 너무 늦게 깨닫지 말았으면 해서입니다.

목사에게 자기 목회의 기본 단위는 가정이요, 가장 먼저 제자로 만들어야 할 평신도는 자기 아내이며 자녀입니다. 이런 점에서 나는 처자에게 죄인이라는 가책을 종종 받습니다. 나를 무척이나 사랑해 주는 아내요 자식들이지만, 교인들을 위해서 바친 것만큼 가족들을 위해서 시간과 정성을 바치지 못했던 죄책감이 쉽게 사라지지 않습니다. 나와 같은 우를 범하는 동역자들이 없기를 바라는 마음이 간절합니다.

그러나 하나님께서는 내가 고의로 아내를 정신적으로 박대한 것이 아닌 줄을 아시기 때문인지 내가 평소 등한시했던 구석구석을 손수 돌보아 주셨습니다. 내가 교회 일에 미쳐 있을 동안 주님은 나의 가정을 무던히 신경 써 주신 것이 틀림없습니다. 몹시 걱정이 되셨나 봅니다. 얼마나 고마운지, 생각할 때마다 눈시울이 뜨거워집니다.

가난한 목회자 가정이라 세 아들들을 키울 때 유치원이나 학원에 한 번 보낸 일이 없고 과외 한 번 시킨 일 없이 되는 대로 방목한 셈인데도 그런대로 잘 자라 주었고, 모든 사람이 부러워하는 대학에도 들어가 주었습니다.

제자훈련에 미친 남편 때문에 남모르게 눈물 많이 흘렸던 아내는, 결혼하면서 나에게 마음을 준 뒤로는 한 번도 후회하거나 불평하는 일 없이 나의 가장 믿음직한 동역자요 충고자가 되어 주었습니다. 그리고 체력이 약해 늘 힘들어 하면서도 내 뒷바라지와 황소 같은 사내 놈들을 잘 키워 냈습니다. 더군다나 아내는 병원에 누워 내 사역의 짐이 된 일도 없었습니다. 이 모두가 일한 것 없는 사람한테 거저 주시는 하나님의 넉넉한 품삯임에 틀림없습니다. 그래서 나는 항상 빚진 자의 심정으로 살고 있습니다.

갑자기 쓰러져서 외딴 섬에 홀로 앉아 있던 나 때문에 말 못 할 불안과 고통을 가슴에 담고 기도하던 아내와 함께 고생한 아이들은 나를 위해 그리고 사랑의교회를 위해 하나님이 허락하신 소중한 존재임에 틀림이 없습니다.

일사각오로
다시 선 강단

1년이 넘도록 투병 생활을 하며 보낸 안식년, 그 시련은 너무 가혹했습니다. 안식년이라지만 다시 사역을 시작할 만한 영육간의 재충전을 거의 할 수 없었던 한 해였습니다. 좋아진 것도 달라진 것도 없이 여전히 다리가 후들후들 떨리고 불면증과 어지럼증에 시달렸습니다. 말씀을 전하고 싶다는 소원은 좀처럼 살아나지 않고, 설교자로서의 감각마저 둔화되어 버린 상태에서 1991년이 보름 앞으로 다가와 있었습니다.

흔들리는 설교자

교회에서는 나에게 더 쉴 것을 권유했습니다. 감사하게도 담임목사가 없는 기간에도 교회는 조금씩 성장하고 있었고, 지도자가 어려움을 겪는 동안 성도들은 갑자기 어른이 된 듯 성숙해져 있었습니다. 기도는 더 뜨거웠고 순장들은 과거 어느 때보다 불타는 열정으로 교회를 섬겼습니다. 1년 더 쉬어도 큰 어려움이 없을 상황이었습니다. 어떻게 생각하면 새로운 지도자가 와도 흔들림 없이 성장할 만한 잠재력을 가진 교회라는 것이 내가 없는 동안에 입증된 셈입니다. 평신도를 열심히 깨운 보람이 이런 것이 아닐까 하는 생각이 들었습니다.

그러나 이상하게 내 마음에는 설교를 하다 쓰러지는 한이 있어도 강단에 서야 한다는 세미한 음성이 들려오고 있었습니다. 이럴 때는 순종하는 것이 최선의 길이라는 것을 오랜 경험으로 알고 있던 나는 교회로 돌아왔습니다. 그리고 강단에 섰습니다.

처음 강단에 선 이래 한 달 동안 나 혼자 끌어안고 씨름했던 일들을 나는 결코 잊을 수 없습니다. 원고를 들고 올라갔지만 입은 자꾸 굳어지고 눈길은 허공을 헤매고 마치 남의 좌석에 앉은 승객처럼 안절부절못하고 불안해하는 것이었습니다. 내가 보아도 너무나 초라했습니다. 이 같은 이상한 현상이 거의 한 달이 가도록 나를 괴롭혔습니다.

일을 해야 한다는 부담감 위에 육신의 연약함으로 인해 오는 고통과 긴장이 겹쳐 나를 쉴 새 없이 흔들고 있었던 모양입니다. 주님 앞에 매달려도 금방 무슨 응답이 없었습니다. 게다가 나를 더욱 의기소침하게 만든 사건은 13년 가까이 그렇게 사랑하며 정성을 쏟았던 사역훈련에서 손을 떼게 된 일이었습니다. 안식년을 갖기 전까지 나는 제자훈련을 부교역자들에게 맡기고 사역훈련만 담당하고 있었습니다.

한 주에 세 반을 지도하면서 그 시간에 평신도들과 함께 나누는 은혜 때문에 목사 된 행복을 느끼고 있던 나에게 그것마저 포기해야 한다는 것은 어떻게 보면 내 목회 생명을 끊어 놓는 것과 같은 슬픔을 안겨 주었습니다. '정말 재미없는 목회가 시작되는구나' 하는 생각이 들자 나는 더 의욕을 잃어버린 사람처럼 되어 갔습니다.

이렇게 해서 나의 손을 떠난 사역훈련이었지만, 지금까지 주님은 우리 부교역자들을 매우 아름답게 사용하셔서 내가 지도할 때보다 오히려 더 풍성한 열매를 거두고 계십니다. 매년 예수 그리스도를 닮아가고자 하는 뜨거운 열정을 가진 수백 명의 형제자매들이 사역 현장에 뛰어들고 있으니 말입니다. 지금은 내 목회의 노른자위를 부교역자에게 내준 것이 어떤 면에서는 더 보람된 일이라고 생각합니다. 그 대신 나는 나의 손발인 부교역자들을 더 능력 있고 신실한 훈련자로 다듬는 일에, 그리고 많은 순장들을 지도하는 일에 최선을 다하려고 합니다.

흔히들 자신의 약함을 가지고 씨름할 때 위로를 받는 말씀이 하나 있습니다. "약할 때 곧 강하다"는 그 유명한 사도 바울의 고백입니다(고후 12:10 참조). 나 역시 예외가 아니었습니다. 그러나 솔직히 말해서 나는 몸이 약한 것이 싫었습니다. 설혹 하나님의 강함이 나의 약함으로 인해 온전해진다 할지라도 그것을 위해 내가 약해지고 싶지 않았습니다. 자신의 약함을 가지고 크게 기뻐했다는 사도 바울의 말이 너무 과장된 것이 아닌가 하는 생각을 지우지 못했던 것이 사실입니다. 아마 내가 너무 오래 시달리고 있었기 때문인지 모르겠습니다. 이렇게 몇 달을 헤매고 있을 때 로마서 말씀이 갑자기 생각났습니다.

∘ ∘ ∘ ∘ ∘ ∘

로마서가 살렸다

내가 다시 소생하기 위해, 그리고 나로 인해 교회가 병이 들지 않기 위해서는 로마서로 돌아가 그 속에서 도도하게 흐르고 있는 은혜의 강물에 뛰어드는 것 외에 다른 길이 없다는 생각이 들었습니다. 그 은혜의 강물에서 다시 한번 황홀한 구원의 감격과 복음의 능력을 체험할 수 있다면 나도 살고 교회도 살 수 있다는 확신이 생겼습니다. 어쩌면 이것은 성령께서 주신 음성이었는지 모릅니다. 아니, 힘을 잃고 허우

적거리는 나를 불쌍히 여겨 성령께서 나의 귀를 열어 듣게 하신 세미한 속삭임이었음에 틀림없습니다.

그동안 로마서 내용을 여기저기 돌아가면서 설교한 일은 자주 있었어도 통째로 주일 강단에서 강해해 본 일은 한 번도 없었습니다. 로마서를 시간에 쫓기는 주일 낮 강단에서 다룬다는 것은 대단히 어려운 일로 생각해 왔기 때문이었습니다.

로이드 존스(Martyn Lloyd-Jones, 1899-1981) 목사처럼 한두 절씩 설교를 한다면 몇 년이 걸릴지 장담할 수 없었고, 그렇게 되면 듣는 사람들이 싫증을 낼 가능성이 많았습니다. 척 스미스(Chuck Smith, 1927-2013) 목사처럼 한 시간에 두세 장씩 묶어서 설교하면 로마서의 진수를 놓칠 위험이 컸습니다. 결국 나는 적절한 속도 감각과 말씀의 깊이를 잘 조화시키는 방향으로 길을 잡고 14개월 정도로 전체를 마칠 수 있게 계획을 세웠습니다.

로마서 강해를 끝낸 지 15년이 넘은 지금도 나는 그 1년 반 동안 받은 은혜를 잊지 못하고 있습니다. 육체적으로는 정말 약했지만, 복음의 감격이 끊임없이 솟아오르는 십자가의 샘 곁에서 진정 강함이 무엇인가를 자주 체험하였습니다. 나의 영적 침체를 유발하는 숨은 뿌리는 다른 것이 아니라 한때 그렇게도 황홀했던 구원의 감격을 잊어버린 데 있었다는 사실을 발견한 것은 놀라운 은혜였습니다.

로마서 강해는 절대로 쉬운 작업이 아니었습니다. 내용의 깊이를 어느 정도 유지하려 하면 할수록 더 어려웠습니다. 자연히 나는 준비에 많은 시간을 쏟아부어야 했고, 설교를 듣는 사람들은 가끔씩이나마 약간은 복잡하고 어려운 내용을 참고 듣지 않으면 안 되었습니다.

그럼에도 로마서가 나를 살렸습니다. 그것은 마치 물이 빠진 갯벌에 앙상하게 놓여 있던 고깃배를 밀려들어 오는 밀물이 가볍게 들어

올려 깊은 바다로 싣고 가듯이 나와 사랑의교회를 한 단계 깊은 은혜의 대양으로 끌어내 주었습니다.

나는 설교를 마칠 즈음이 되면 시간마다 메시지 내용과 일치하는 찬송을 선정하여 불렀습니다. 짧으면 10분, 길면 20분 넘게 우리는 열정적으로 구원의 은혜를 찬양했습니다. 아마 지금도 교인들 중에는 강단에서 마치 춤을 추듯 팔과 몸을 흔들며 열정적으로 찬송을 인도하던 내 모습을 잊지 못하는 분들이 있을 것입니다. 그 시간, 나는 여기저기서 눈물을 훔치는 남녀 성도들을 보았습니다. 구원받은 감격이 그리고 하나님의 무궁한 사랑이 가슴으로 밀려들 때 누가 울지 않겠습니까? 나는 세례 간증을 통해 로마서 설교를 들으며 거듭난 자, 영적 문제를 해결받은 자, 심령의 소생함을 체험한 자들이 한둘이 아님을 알았습니다.

하나님께서는 내가 그렇게 벌벌 떨면서 시작한 사역을 은퇴할 때까지 큰 복으로 채워 주셨습니다. 주일예배 출석은 매년 천여 명씩 늘었고, 사역은 몇 배로 확장되었습니다. 평신도 지도자들이 매년 수백 명씩 배출되고, 사랑의교회 목장으로 들어오는 잃은 양들이 매년 수천 명에 달했습니다. 죽으면 죽으리라는 각오를 하고 시작한 사역이 이처럼 놀라운 열매를 얻게 하는 것이라면, 나는 더 이상 나의 약함을 불평하지 말아야 할 것입니다. 바울처럼 약한 것을 놓고 정말 기뻐할 수 있어야 할 것입니다. 그러나 아무리 은혜가 나의 약함을 통해 넘친다 할지라도 나는 연약한 인간에 지나지 않습니다. 그래서 그런지 약한 것도 싫고 아픈 것도 싫습니다. 하나님이 내 마음을 좀 알아주셨으면 좋겠습니다.

목사님,
취미 하나
가지세요

내가 몸이 아프다는 소문을 듣고 교회 근처에 있는 어느 회사 사장이 사람을 한 명 소개해 주었습니다. 자기가 치료를 받고 효과를 본 경험이 있다며 꼭 만나 보라고 권유했습니다. 며칠 후 나를 찾아온 40대 남자는 자신을 일컬어 '도사'라고 했습니다. 경력을 들어 보니 가히 돈키호테 같은 인생을 산 사람인데, 안마 비슷한 요법으로 여러 사람을 치료하는 것 같았습니다. 그는 3개월 가까이 매일 내 집을 드나들었습니다.

예수님을 전혀 모르는 사람이지만 우리는 점점 가까운 사이가 되어 갔습니다. 그는 자기가 도 닦던 이야기, 꼴 보기 싫은 예수쟁이들 이야기, 여자를 어떻게 다루는 것이 좋은가 하는 이야기까지 별의별 이야기를 다 들려주는 딴 세상 사람이었습니다. 세상을 거의 모르다시피 살아온 나로서는 통째로 불신자인 사람을 사귀는 일은 상당한 호기심을 불러일으켰습니다. 주변에서는 목사가 도사한테 치료를 받는다고 염려도 했지만, 나는 병 고치는 문제보다 내가 전혀 경험해 보지 못한 한 인간에 대한 호기심 때문에 목사라는 체면도 접어 두고 매일 그를 만났습니다.

　물론 나중에 그를 적극적으로 전도한 것은 사실입니다. 여러 날 동안 열심히 전도를 했지만 고작 들은 대답은 "우리 집사람은 가끔 교회에 나갑니다"라는 말뿐이었습니다. 역시 도사는 도사였습니다. 그러다 보니 자기도 서먹서먹해져서 결국 발길을 끊고 말았습니다. 그 사람 만나 건강이 좀 좋아졌느냐고 묻지 마십시오. 할 말이 별로 없습니다.

　나는 어떻게 보면 기인이기도 한 그 사람을 만나면서 한 가지 좋은 점을 얻었습니다. 어느 날 치료하다 그가 나에게 물었습니다.

　"목사님, 무슨 취미 같은 거 있어요?"

　"취미요? 그런 거 없어요. 목사가 언제 시간이 있어서 취미 생활 하겠어요. 굳이 말하라면 일이 곧 내 취미예요."

　"목사님, 그러시면 안 됩니다. 건강이 회복되신 다음에 또 일에만 매달리면 그때는 정말 심각해질 수 있어요. 취미를 하나 가지세요. 그래서 일하고 쉬는 리듬을 유지하는 게 대단히 중요합니다."

　말을 듣고 보니 예사로 흘려들을 이야기가 아니라는 생각이 들었습니다. 하나님께서 나를 위해 당나귀의 입을 여시나 보다 생각했습니다. 사실 나의 지나간 생을 돌이켜 보면 여가니 취미니 하는 낱말 자체가 너무 사치스럽게 들려 그런 건 나와 상관없는 것으로 여겼습니다. 게다가 주의 일을 하는 사람이 여가를 즐긴다는 것 자체가 용납될 수 없는 게으름과 같다고 하는 금욕주의적인 교육을 나도 모르게 받아 온 처지라 더 외곬으로 흘렀는지 모릅니다. 건강을 다치고 나서야 가끔 '내 생각이 지나쳤구나'라고 깨닫던 참에 이 도사의 말을 듣게 된 것입니다.

　"무슨 취미를 가지는 게 좋겠습니까?" 하고 물었더니, 잠시 생각하던 그가 "목사님, 사진을 한번 해 보시지요" 했습니다.

사진? 나는 그때만 해도 사진이란 셔터를 누르기만 하면 자연히 찍히는 것으로 알았고 사진이 안 좋으면 카메라가 나빠서 그런 줄 아는 사람이었습니다. 아무튼 사진을 해 보라는 그의 말을 들으면서 평소 내 마음속에 숨어 있던 자연의 아름다움에 대한 동경이 솟아나기 시작했습니다.

'그래, 카메라를 가지고 자연 풍경을 찍을 수 있다면 여가를 활용하는 데도 좋고 건강에도 도움이 되겠구나.'

나중에 알고 보니 그는 광적인 카메라 수집가였습니다. 이미 수집해 놓은 골동품 카메라만 해도 억대가 넘는다고 했습니다. 나는 그가 구해 준 카메라를 들고 아내와 함께 주중에 한두 번 산이나 들로 나가서 셔터 누르는 재미를 붙이기 시작했습니다.

그렇게 카메라를 손에 잡은 지 상당한 기간이 흘렀습니다. 그동안 시간을 내어 자연 속으로 달려가는 여가 활용 때문에 건강이나 사역에 큰 도움이 되었다는 것은 부인할 수 없는 사실입니다. 그러나 지금은 내가 목사로서 너무 어울리지 않는 취미를 선택했다는 생각을 떨치지 못하고 있습니다.

풍경 사진이라는 것이 그렇게 어려운 줄을 예전엔 미처 몰랐던 것입니다. 무언가 사진에 대해 좀 배우고 싶어도 목사의 신분으로는 낄 데가 없었습니다. 사진 강좌나 동호회 같은 모임이 모두 토요일과 주일을 끼고 활동하기 때문입니다. 할 수 없이 외국 잡지나 전문 서적을 구해서 틈틈이 읽어야 했는데, 전문 용어라든지 그 내용을 제대로 이해하기까지는 한 3년이 걸렸습니다. 그리고 '이런 것이 사진이구나'라는 어떤 경지를 엿볼 수 있는 자리까지는 5년 이상이 걸리는 것 같습니다. 제대로 배우지 못한 채 지레 지쳐 버릴 가능성도 없지 않은 것이 풍경 사진인 것 같습니다. 그러나 욕심만 부리지 않는다면 목회자에게는 무슨 보약보다도 건강에 더 좋은 취미가 아닌가 합니다.

몇 년 전에 앵커리지(Anchorage)에 있는 교포 교회 연합 집회를 인도한 일이 있습니다. 이왕 그곳까지 간 김에 유명한 디날리(Denali) 국립공원을 가 보기로 했습니다. 그곳에 며칠 머물 동안 프로 사진 작가의 인솔 아래 풍경 사진 투어를 온 미국인 10여 명과 어울려 하루 종일 미니 버스를 타고 다니면서 촬영할 수 있는 기회가 있었습니다. 그들이 나 같은 애송이를 끼워 준 것은 나에게 엄청난 특혜가 아닐 수 없었습니다. 인솔자가 그리스도인이었기 때문에 가능했지 않았나 생각합니다.

만년설이 덮인 매킨리(Mckinley) 영봉 아래로 가을 햇살에 빨갛게 물들어 가고 있는 툰드라 평원은 마음에 쌓인 온갖 찌끼를 말끔히 씻어 내고도 남았습니다. 그러나 한반도 좁은 구릉지에 갇혀 제대로 깨끗한 공기 한번 들여 마시지 못하고 살고 있을 많은 얼굴들이 내 마음에 떠올라 한편으로는 썩 편치를 않았습니다.

툰드라를 누비다가 가끔 나타나는 엘크(Elk, 사슴과 동물)나 곰을 만나면 길가에 버스를 세워 놓고 정신없이 셔터를 눌러 대는 일은 짜릿한 흥분을 일으키기에 충분했습니다. 장비가 값싸고 후진 것이어서 멀리 있는 짐승을 잡아당겨 찍기에는 한계가 있었지만 잘 찍고 못 찍고를 떠나서 자연과 함께 호흡할 수 있다는 것은 매우 행복한 일이었습니다.

일행 중에 팔십에 가까운 노파 한 사람이 있었는데 젊었을 때 기자생활을 했다고 합니다. 그는 카메라에 달랑 줌 렌즈 하나만 끼워 가지고 들고 다녔습니다. 삼각대도 없이 그 떨리는 손으로 찍어대는 사진은 나중에 전부 쓰레기통으로 갈 운명임에 틀림없는 것들이었지만 그 부인은 그런 것에 아랑곳하지 않는 눈치였습니다. 젊은이들을 따라다니며 흐릿한 눈을 카메라에 비벼 대면서 셔터를 눌러 본다는 그 자체만으로 황홀해하고 있었습니다. 나는 그를 보면서 젊음이란 육신의 나이에 좌우되는 것이 아니라 정신의 나이에 달려 있다는 것을 새삼스럽게 느낄 수 있었습니다.

나를 그룹에 끼워 준 30대 후반의 젊은 사진작가는 좀 별난 친구였습니다. 내가 큰 교회 담임목사라는 사실을 알면서 한번은 나에게 으슥한 곳으로 가자고 하더니 나를 위해 기도해 주겠다고 했습니다. 그렇게 해 보라고 그랬더니 차마 머리에는 손을 얹지 못하고 내 어깨에 손을 얹고 기도했습니다. 기도하는 폼이 대학 다니면서 선교 단체 같은 데 좀 있었던 사람인 것 같았습니다. 유창한 기도도 아니고 그렇다고 능력 있는 기도도 아니었습니다. 한번 폼을 잡아 보는 기도였음에 틀림없었습니다. 목사의 기를 한번 죽여 보고 싶었던 것일까요? 기도를 받고 난 내 기분은 썩 좋지 않았습니다.

그런데 이틀 후에 또 나를 끌고 가더니 기도해 주겠다는 것이 아닙니까? 마침 잘되었다 싶어 이번엔 내가 기도해 주겠다고 했습니다. 그는 눈이 휘둥그레지더니 마지못해 그러라고 했습니다. 내 영어 솜씨로 보아 무슨 대단한 기도를 하랴 싶었던 모양입니다. 나는 그의 양어깨에 손을 얹고 힘을 주어 흔들어 가면서 유창한 한국말로 신나게 기도를 했습니다. 틀림없이 기가 죽은 모양이었습니다. 그 후로 그는 내 옆에 얼씬도 하지 않았습니다.

풍경 사진은 발로 뛰어야 하는 작업이기도 합니다. 필요하다면 2, 3일을 산이나 들에서 죽치고 앉아 기다려야 하는 고된 작업입니다. 그러나 우리나라는 풍경 사진의 소재가 참 빈약하다는 것을 염두에 두는 것이 좋을 것입니다. 철따라 높은 산을 오르내리는 중노동을 감수하지 않는다면 더욱 가 볼 만한 데가 많지 않습니다.

또 사진은 돈이 많이 듭니다. 체력이 약하면 장비를 짊어지고 다니는 것도 고역입니다. 어느 것 하나 목사에게 어울리는 구석이 별로 없는 것이 사실입니다. 요즘에는 그런 줄도 모르고 이미 덥석 물어 버린 뜨거운 감자니 이제 어떻게 할까 하고 생각을 많이 합니다.

그러나 목회에 심신이 찌들리기 쉬운 목회자에게 적절한 여가 활동은 필수적인 것이기 때문에 무슨 취미든지 하나 개발하는 것은 나쁘지 않다고 나는 생각합니다. 만일 카메라를 들고 싶으면 풍경 사진보다는 시간을 덜 들이고 쉽게 접근할 수 있는 대상을 선택하는 것이 어떨까 합니다. 사람들의 표정, 어린아이들의 천진난만한 행동, 꽃이나 곤충의 접사, 도시의 야간 풍경 등. 이야기를 마치면서 이런 말을 한마디 하고 싶습니다.

"목사님, 취미 하나 가지세요. 그러나 거기에 빠지면 목회를 망칠 수 있다는 것을 잊지 말아야 합니다. 간교한 마귀는 취미 생활 하기 원하는 목회자를 누구보다 쉽게 유혹할 수 있습니다. 한시도 방심하지 말고 어느 모퉁이에 덫이 놓여 있는가를 살피는 것을 절대로 잊지 마십시오."

6

작은자가
천을 이루고

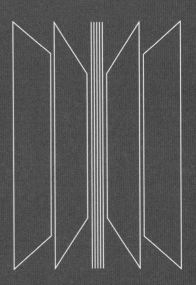

이 집회를 통해 하나님 앞으로 돌아온 2천 명이 넘는 영혼들을 놓고
천상의 아버지께서 기뻐하시는데 어찌 우리가 입을 다물고 있겠습니까?

생명으로
태어나는
환희

처음 교회 문을 열었을 때 내가 할 수 있는 전도는 경비의 눈을 피해 가면서 아파트 벨을 누르는 것이었습니다. 그 당시 나는 빌 브라이트(Bill Bright, 1921−2003) 박사가 고안한 '4영리'를 늘 가지고 다니면서 신나게 사용하고 있었습니다. 전도란 원래 교회 밖에 있는 사람들을 만나 복음을 전하는 것이지만, 가끔은 교회 안에 있는 사람을 상대해야 할 때도 있었습니다.

4영리의 축복

4영리를 생각할 때마다 교회를 시작하고 석 달이 채 안 된 어느 날 있었던 일을 아직도 잊지 못합니다. 개척 멤버 중 하나였던 남집사 한 분은 고위급 장교로서 부임해 가는 부대마다 교회를 세울 정도로 믿음이 좋아 보이는 지휘관이었습니다. 전역 후에는 제3공화국 모 기관의 고위 간부가 되어 상당한 영향력을 행사하던 사람인데, 사랑의교회를 시작하면서 나와 만났을 때는 모 중소기업의 사장으로 일하고 있던 때였습니다. 50대 중반의 매우 호감 가는 신사였습니다. 겉으로는 누가 보아도 예수 잘 믿는 사람이었습니다.

원래 목회자에게는 독특한 영적 감각이 작용할 때가 있습니다. 몇 개월 동안 그와 교제하면서 내가 받은 느낌은 무언가 석연치 않다는 것이었습니다. 다시 말하면 중생을 받은 크리스천이 아닐지 모른다는 의구심이 일어나는 것이었습니다.

남자 집사라고 해 봐야 세 사람뿐인 작은 교회에서 영적으로 통하지 않는 사람이 있다는 것은 목사로서는 고민이 아닐 수 없는 일이었습니다. 그렇다고 당장 제자훈련을 시작할 처지도 못 되었습니다. 그래서 어느 날 다소 위험 부담이 따르는 모험을 하기로 작정했습니다. 조용한 시간에 만나자고 했더니 몹시 바쁜 사람임에도 불구하고 흔쾌히 시간을 내주었습니다.

약속한 날 오후 그의 집 안방에서 단둘이 만났습니다. 방에 들어서면서 그의 부인에게 전화가 와도 절대 바꾸지 말라고 부탁한 후 문을 걸어 잠그고 자리에 앉는 나를 지켜보며 그는 사뭇 긴장하는 표정이었습니다. 가운데 예쁜 자개상을 놓고 마주앉았습니다. 나는 활짝 웃으면서 윗주머니에 넣고 간 4영리를 꺼내 보였습니다.

"집사님, 이 쪽지 보신 적 있어요?"

"그게 뭡니까? 4영리? 무슨 이단에서 나온 책자에요? 난 본 일이 없는데요."

나는 정색을 하고 4영리가 무엇인지 간단히 설명을 했습니다. 그리고 기도하는 중에 집사님과 꼭 한 번 이것을 같이 읽으면서 신앙 문제를 놓고 이야기 나누었으면 하는 생각이 들어서 찾아왔다고 했습니다.

"아, 그래요? 나는 굉장히 긴장했지요. 그 정도면 좋아요. 같이 한 번 읽어 보지요."

그에게 한 권을 주고 내가 한 권을 들고 책장을 넘겼습니다. "하나님은 당신을 사랑하시고 당신을 위한 놀라운 계획을 가지고 계십니다." 나는 되도록 그가 읽게 하면서 간간이 질문을 하고 성경 구절이 나오면 조금씩 설명을 보탰습니다.

3원리로 들어가자 그의 표정이 굳어지는 것을 볼 수 있었습니다. 그의 내면 세계에서 무언가 갈등이 일어나는 것이 느껴졌습니다. 나는 모른 체하고 계속 읽어 나갔습니다. 4원리로 넘어가서 예수님을 하나님으로 모신 마음과 자기를 하나님으로 모신 마음을 나타내는 그림을 앞에 놓았습니다. 나는 물었습니다.

"집사님, 이런 질문을 해도 될지 모르겠어요. 양해하고 대답해 주시면 고맙겠습니다. 집사님은 생각하시기에 이 두 가지 마음 중 어느 마음을 가지고 계신 것 같은가요?"

내 말을 듣자 그는 갑자기 무릎을 꿇고 앉았습니다. 얼굴은 상기되어 있었고 해서는 안 될 말을 하는 사람처럼 띄엄띄엄 이렇게 털어놓았습니다.

"목사님, 우리 둘이 앉은 자리니까 제가 솔직히 털어놓겠습니다. 오늘 4영리를 읽으면서 놀라운 사실 하나를 발견했습니다. '인간은 죄인이다. 예수님이 세상 죄를 지고 십자가에서 죽으셨다.' 제가 이런 걸 의심한 일이 없거든요. 그러나 이 시간 제가 깨달은 사실은 내가 죄인이라고는 한 번도 생각하지 않았다는 것입니다. 예수님이 나 때문에 죽으셨다는 것은 고려의 대상이 되지 않았거든요. 나는 예수님을 나의 구주로 고백하지 않은 엉터리 신자라는 사실을 알게 되었습니다. 내 마음이 어느 쪽이냐고요? 물론 예수님을 문 밖에 세워 둔 마음이지요. 목사님, 오늘 이 자리에서 제가 정말 예수님을 믿기를 원합니다. 기도해 주십시오."

내가 예상했던 대로 그는 아주 근본적인 신앙의 문제가 해결되지 않은 상태였습니다. 둘이서 손을 잡고 엎드려 기도하는 시간, 우리가 경험한 은혜와 감동은 무슨 말을 한다는 자체가 이상할 정도였습니다.

시간은 이미 한 시간이 훨씬 넘어 있었습니다. 문 밖에서 기다리던 부인은 무슨 일인가 하고 얼마나 초조했을까요? 그러나 성령충만하여 얼굴이 환해진 두 사람이 문을 열고 나오자 부인이 더 놀란 것은 말할 나위가 없었습니다.

그는 그 후 제자훈련을 받고 사랑의교회 초대 장로로 15년 가까이 봉사하다가 하나님의 부르심을 받았습니다.

말이 좀 길어지기는 했지만 4영리 하면 이렇게 아름다운 기억이 있기 때문에 나는 그 뒤로도 계속 4영리를 가지고 전도에 힘을 기울였습니다. 전도를 자주 나갔을 때는 여집사님 한두 명을 꼭 데리고 다니면서 일종의 전도 실습을 했습니다. 그래서 그런지 사랑의교회는 전도폭발 프로그램이 소개되기 전까지 이 4영리가 많은 사람들에게 애용되었고, 4영리로 인해 복음을 듣고 그리스도를 만난 사람들이 많습니다.

○ ○ ○ ○ ○ ○ ○ ○ ○
실패로 돌아간 부흥회

교회가 시작된 이래 흔히 보는 부흥회를 한 것은 처음 10여 년 동안 단 두 번뿐이었습니다. 1980년 9월과 1981년 9월에 한 이 두 집회는 여러 가지 점에서 사랑의교회가 알게 모르게 지니게 된 체질이 어떤 것인가를 진단하는 데 매우 솔직하게 기여하였습니다.

남들이 다 하는 부흥회를 한 번도 하지 않은 채 개척 후 2년을 끌어왔던 교회에 마침내 부흥회가 열린다고 하자 교인들은 기대하였습니다. 매주 예배 후에는 1인당 5매씩 의무적으로 전도 홍보물을 가지고 갔습니다. 한 사람이 적어도 한 명은 전도한다는 결의가 뜨거웠습니다. 당시 교회의 출석 교인수는 4백 명 정도였는데, 부흥회 때는 6백 명이 모여 예배드리자는 것이 목표였습니다. 나도 교인들을 격려했습니다.

"만약 당신이 전도자라면 의기양양하게 초대하십시오. 억지로라도 끌고 오십시오. 잔치에 초대하는 것이기 때문에 실례가 안 될 것입니다."

예정대로 부흥회는 시작되었습니다. 강사는 나와 가까운 사이일 뿐 아니라 영력을 갖춘 부흥사로서 교계에 잘 알려져 있는 분이었습니다. 그때만 해도 우리 교회는 작고 초라해서 그처럼 저명한 강사를 청한다는 것이 분수에 맞지 않았지만 그분이 쾌히 허락해 주어서 감사했습니다. 집회 기간 동안 강사가 강조한 메시지는 '회개'였습니다.

1970년대와 1980년대를 풍미했고, 한국 교회가 성장하는 데 적잖이 영향을 미쳤던 전형적인 부흥회였습니다. 입추의 여지가 없다는 말 그대로 첫날은 교인들이 교회 안을 꽉 채웠습니다. 그러나 집회가 이어지면서 청중이 급격하게 줄어들기 시작했습니다.

강사에게 부끄럽고 실례가 되기도 해서 나와 부교역자들은 안절부절못하면서 교인들에게 출석을 독려하기도 하고 집사들에게는 전화로 호통을 치기도 했지만 사태는 집회가 끝나는 날까지 호전되지 않았습니다. 개중에는 노골적으로 불평을 쏟아 놓기까지 하였습니다. "옥 목사님의 스타일과 너무 달라요. 우리한테는 맞지 않는 것 같아요. 목사님 제발 나오라고 강요하지 마세요."

당시에 이미 사랑의교회 분위기는 전형적인 부흥회식 메시지나 부흥 강사의 권위적인 언동이 먹히지 않는 체질로 자리를 잡고 있었습니다. 한두 시간을 인도해 보고는 강사도 이 점을 다소 감지했는지 은근히 걱정하기 시작했습니다. 교인들이 말하는 내 스타일이 어떤 것인지 꼬집어서 말하기는 어려웠지만 강사가 주는 떡이 평소에 먹어 보지 못한 것이라 잘 넘어가지 않는 것은 사실인 것 같았습니다. 당시 부교역자이던 어느 전도사는 그것을 다음과 같이 분석했습니다.

"우리 교인들은 베뢰아 사람들처럼 지적으로 충분히 납득할 때 비로소 공감하고 반응하는 스타일이다. 그런데 강사의 설교는 무조건 회개를 촉구하고 책망하는 형식이어서 교인들에게 거부감을 주었다. 마치 왜 맞는지 모르면서 실컷 두들겨 맞는 아이와 같은 격이다."

젊은이들의 경우는 거부 반응이 더 심해서 첫 시간 참석으로 끝내버린 사람이 대다수였습니다. 3일째 되는 낮 시간에는 교인들이 강사 앞에서 노골적으로 감정을 드러내기도 했습니다. 그 시간에 나타난 강사의 언동이 대부분 2, 30대 주부인 참석자들에게 상당한 모멸감을 느끼게 했던 것 같습니다. 불신 남편과 사는 부인들을 불러내서는 그리스도와 벨리알이 어떻게 함께할 수 있느냐고 호통을 치는 바람에 어떤 부인은 화를 버럭 내며 자기 자리로 들어가 버리기도 했습니다.

교인들의 이런 거부 반응은 나로 하여금 심각한 고민에 빠지게 만들었습니다. 부흥회가 실패로 돌아간 모든 책임은 담임목사인 내가 어딘가 잘못 가르친 탓으로 보였습니다. 아이가 편식을 하면 그것은 엄마가 식생활 습관을 바로잡아 주지 못해서 생긴 나쁜 버릇인 것처럼, 교인들이 똑같은 하나님 말씀인데도 스타일이 어쩌니 하면서 뱉어 버린다면 그 책임은 지도자가 져야 할 것이었습니다.

사실 내가 부흥회를 계획한 동기도 교인들의 그런 편식 현상을 염려해서였습니다. 제자훈련을 하는 교회는 성경공부를 하는 데 익숙해져서 잘못하면 지적이고 논리적인 방향으로만 기울어지기 쉽습니다. 부흥회에서 받을 수 있는 또 다른 은혜를 모르는 편협하고 고집스러운 체질이 되기 쉬운 것입니다. 이런 약점을 강사를 불러 메워 보려고 했던 것인데 보기 좋게 실패로 끝나 버렸습니다. 성령이 주시는 은혜는 다양하고, 건강한 교인이 되려면 골고루 먹어야 하는데 모두들 못 먹겠다고 야단들이었습니다.

다음 해에 또 한 번 시도를 했습니다. 첫 강사보다 더 노련하고 한국에서 손꼽히는 분을 사정사정해서 모셨는데 첫 번보다는 덜 했지만 반응은 크게 다르지 않았습니다. 결국 전통적인 형식의 부흥회는 당분간 안 하는 것이 좋겠다는 결론을 내리고 말았습니다. 약을 못 먹는 아이에게 코를 비틀어 가며 억지로 먹이는 것도 한두 번이지 늘 그럴 수는 없었습니다. 좀 더 키워서 제 입으로 먹을 때까지 기다리기로 한 것입니다.

당시 교인의 7할 이상이 초신자들이요, 나머지도 영적으로 어렸기 때문에 이 점을 소홀히 생각한 것이 나의 실수였습니다. 믿음이 어린 사람들에게 강사가 던지는 말씀은 체하기 쉬운 단단한 음식이었습니다. 더욱이 처음 나온 사람들에게는 복음이 아니라 무서운 협박으로 들렸을 것입니다.

이렇게 해서 부흥회의 대타로 대각성 전도집회가 등장했습니다.

대각성 전도집회는 이렇게 시작되었다

내가 굳이 이름을 대각성 전도집회라고 붙인 데는 그만한 이유가 있습니다. 기성 신자들이 영적으로 은혜받고 각성하는 계기는 다양하게 찾아오지만 그 가운데 가장 확실하고 감동적인 각성의 체험은 믿지 않는 이웃을 찾아가 복음을 전하거나 그들을 전도집회에 초청해서 결신하는 모습을 볼 때에 일어납니다.

구원해야 할 영혼을 가슴에 품고 간절히 기도하는 그 자체가 이미 엄청난 각성의 증거인데, 심지어 새 생명이 태어나는 기적 같은 사건을 보게 되면 아무리 그의 영적 병이 심각해도 한순간에 치유되는 놀라운 기적을 체험하게 됩니다. 20년 넘도록 대각성 전도집회를 인도하면서 전도의 열매가 풍성한 것도 엄청난 기쁨이었지만 사랑의교회 성도들이 기적과 같은 대각성을 자기 안에서 체험하게 된 것은 더 큰 감사가 아닐 수 없습니다.

이런 이유로 '대각성'이라는 이름을 붙인 것인데 거기에 '전도집회'를 이어 단 것은 각성의 수단이 전도요, 각성의 열매가 전도이기 때문입니다. 어떤 부흥회보다 은혜가 충만하고 어떤 전도 방법보다 열매가 풍성한 대각성 전도집회를 나는 무척 사랑합니다. 사랑의교회는 지금까지 매년 이 집회로 인해 정기적인 수혈을 받았고, 그리하여 가끔 나타나는 빈혈 증세를 쫓아버릴 수 있었습니다.

요즘은 여기저기서 대각성 전도집회라는 이름으로 같은 집회를 하는 교회가 많이 생기고 있고, 그들 역시 사랑의교회처럼 각성도 하고 전도도 하는 두 배의 기쁨을 맛보고 있습니다. 이왕 말이 났으니 대각성 전도집회에 대해서 조금 더 이야기하겠습니다.

이 집회는 1년에 한 번, 주일 저녁에 시작하여 수요일 저녁까지 모두 일곱 번의 집회를 가집니다. 첫 시간에 결신하지 않아도 다시 데려와 복음을 들려줄 기회가 주어지기 때문에 사흘 동안 전도 대상자들을 데리고 다니는 교인들은 영적 전투를 치르는 군사들의 활력과 긴장감으로 팽팽해져 있습니다. 이제까지의 예로 보아 첫 시간 이후로 결신자는 계속 늘어나고, 수요일 저녁쯤 되면 자리가 없어서 아우성을 칠 정도로 북적입니다.

나는 준비 기간을 6개월 정도로 잡습니다. 전 교인이 태신자를 정하고 기도로 준비하는 데서부터 시작하여 교회가 제공하는 자료들을 가지고 개인적인 교제의 폭을 조금씩 넓히면서 태신자들을 전도집회에 초청하는 데까지 최선의 준비를 하도록 돕습니다. 전도의 묘미를 맛보고 새해 벽두부터 스스로 전도 대상자를 찾는 교인들을 누가 말릴 수 있겠습니까?

이런 과정에서 미리 전도가 되어 등록을 해 버리는 사람도 더러 있지만, 대개는 전도집회까지 관계를 유지하면서 만삭이 되기를 기다립니다. 물론 그전에 죽어 버리면 큰일이지만 말입니다.

집회가 가까워지면 다락방들의 24시간 체인 기도 모임과 함께 각자의 태신자를 교회에 등록시키는 일을 시작합니다. 교회가 커지면서 태신자 등록 수가 매년 만 명을 초과하는 일이 많았습니다. 이 중 집회 참석 비율이 보통 4, 50% 선이고, 결신 비율은 참석자의 반 정도가 평균치이며, 그중 사랑의교회에 등록하는 수치는 또 그 절반 정도 됩니다. 그러니 태신자가 많을수록 결신자도 증가하게 되는 것입니다.

아무튼 놀라운 일이 아닐 수 없습니다. 흔히들 요즘은 전도가 안 된다고 푸념들을 많이 하는데 나는 생각이 조금 다릅니다. 교회가 건강하고 이미지가 신선하며, 평신도가 소명자로서 열심히 뛰기만 하면 이 세상은 우리가 전도하지 못할 만큼 악하지 않다는 것입니다. 지금의 한국 교회가 침체하는 이유는 그 책임이 세상에 있지 않고 교회에 있다는 것이 변함없는 나의 지론입니다.

반면에 사랑의교회에서는 '총동원 주일'이라는 것을 한 번도 해 본 적이 없습니다. 우리가 보기에 그 방법이 다소 인위적이고 복음의 열매가 적으며, 그 일회성 집회가 어설프다고 느껴지기 때문입니다. 그렇다고 내가 비판하는 것으로 듣지 않았으면 좋겠습니다. '총동원 주일'을 통해 구원받은 새 생명이 상당히 많다는 소식을 들었습니다. 한 명의 영혼이라도 구원할 수 있다면 그 방법은 좋은 것이고, 주님이 사용하시는 것임을 잊지 말아야 할 것입니다.

처음 10여 년은 1년에 두 차례씩 대각성 전도집회를 하면서 나흘간 계속되는 메시지를 혼자 맡아서 전했습니다. 복음만은 담임목사가 전해야 하고, 그 복음의 열매를 담임목사가 거둘 때 진정한 목회의 보람과 능력이 유지된다는 것이 나의 소신이었습니다. 그러므로 강사를 불러 그 영광스러운 자리를 나누고 싶지 않았던 것입니다. "내 자식은 내가 낳아야 한다. 왜 남을 빌려서 낳는가"라는 이상한 고집도 작용한 것이 사실입니다. 그러나 10년 이후부터는 내가 맡은 두세 시간을 빼고는 강사들을 청하여 한 시간씩 나누어 맡겼습니다. 왜 그렇게 하냐고 물으면 대답은 간단합니다.

우리 교인들이 담임목사의 메시지에 식상하기 전에 입맛을 조금 돋우어 줄 필요가 있기 때문입니다. 초청받은 불신자도 중요하지만 전도자로 수고하는 우리 교인들이 강사들로부터 좀 더 신선한 영의 양식을 받아먹게 하는 것은 참 좋은 일이라고 판단했기 때문입니다. 그래서 지금까지 이런 혼합적인 방법으로 집회를 끌어가고 있습니다.

가끔은 강사가 초신자들에게 복음을 전하는 설교를 자주 안 해 보아서 그런지 초점이 빗나가는 설교를 하는 경우도 있었습니다. 이럴 때 우리 교인들은 안절부절못하지만, 그럼에도 내가 정말 놀란 사실은 많은 사람이 그리스도를 영접하기로 작정하고 일어선다는 사실입니다. 하긴 낚시를 하다 보면 진짜 지렁이로 고기를 잡기도 하지만 인조미끼를 가지고 낚아 올릴 때도 있지 않습니까? 하나님이 부르시는 영혼은 복음 비슷한 것을 듣고도 구원받는 기적이 자주 일어납니다. 얼마나 급하면 그럴까요? 나는 이런 기현상까지도 즐기게 되었습니다.

여기에 한 교우가 교회에서 나눈 간증을 소개합니다.

○ ○ ○ ○ ○ ○ ○ ○
아버지께 쓴 편지

7월 다락방 모임에서 나는 올 대각성 전도집회에 최소한 10명을 전도하겠다고 공포하고 구체적인 기도에 들어갔습니다. 친척, 가까운 친구들, 상가 사람들 등 약 30명의 이름을 적어 놓고 매일 기도했는데, 점점 내가 생각하는 10명이 꼭 되리라는 믿음이 생겼습니다.

한 달에 두 번 정도는 전도 대상자들을 직접 찾아가서 책이나 설교 테이프를 전하며 내가 체험한 예수님을 소개했는데 같은 아파트에 사는 분과는 가끔 음식을 만들어 나누어 먹고, 상가 분들에게는 물건을 사 주면서 자연스럽게 접근했습니다.

나밖에 모르고 우리 아이들 잘 기르는 것만이 내 생의 목표요, 그러기 위해서는 남을 위한 시간 아니 친지들을 위해 내는 시간도 아까워했던 내가 이렇게 하고도 집안일을 지장 없이 알차게 해 가고 있었으니 희한한 일이었습니다.

10월에 들어서면서 하루 한 끼씩 40일 금식을 시작하고 더욱 기도에 힘쓰며 전도 대상자들에게 전도집회에 참석할 것을 권면했는데, 그 과정에서 이 일이 나 혼자의 기도만으로 되는 일이 아님을 깨달아 주위의 여러 사람들에게 기도를 요청했습니다.

드디어 2주 전! 하나님께서는 전도 대상자의 개성과 사정에 따라 어떤 사람에게는 전화로, 어떤 사람에게는 찾아가서, 특히 친정 아버지께는 편지를 쓰게 하셨습니다. 그 편지는 정말 하나님의 작품이었습니다. 처음에는 글머리가 잡히지 않아 몇 날을 끙끙대고 나니 머리가 지끈지끈할 정도였습니다. 그런데 어느 날, 책상에 앉아 열두 장을 술술 쓰면서 글을 이끄시는 성령님의 역사에 나도 놀라고 말았습니다.

편지엔 하나님의 구원사에 대한 개요와 구원받은 사람들이 누리는 기쁨과 평안, 또 불신자들에 대한 하나님의 징계와 믿는 자들이 누릴 천국에 대해 거침없이 쓰여져 있었습니다. 그 글은 도무지 나의 지혜로 된 것이 아니었습니다.

떨리는 가슴으로 아버지의 답을 기다리는데 며칠 후 전화를 주셨습니다. "네 진정 어린 편지 잘 받았다. 나도 언젠가는 믿게 되리라 생각하지만 아직은 준비가 되지 않았어"라며 무척 감동 어린 목소리셨습니다. "아버지, 승낙해 주세요." 다급히 간청했는데도 대답이 미온적이시라 저녁 8시가 넘은 시각에 친정으로 달려갔습니다.

반 년 전부터 우리 교회에 나오시는 어머니께도 꼭 모시고 오라는 부탁을 드리고 아버지께는 "제 큰딸 입시가 모레인데도 왔어요" 하며 은근히 압력을 드렸습니다. 빙그레 웃으시기만 할 뿐 확답을 안 주셨지만 결국 집회 첫날 어머니, 올케, 막내 동생을 대동하고 교회에 오셨습니다.

집회 3일 전부터 금식에 들어갔습니다. 집회 첫날이 딸아이 입시라 신경이 안 쓰이는 건 아니었지만 "먼저 그의 나라와 그의 의를 구하라 그리하면 이 모든 것을 너희에게 더하시리라"(마 6:33)는 하나님의 약속을 굳게 믿고, 하나님을 기쁘시게 하는 일에 매달렸습니다(하나님은 이 약속을 지키셨습니다).

한 사람씩 오겠다고 약속하는 사람들이 생기고, 시부모님이 오셔서 두 분 다 결신하시고, "불신자에게 부담 주는 건 좋지 않아요!"라면서 나를 비난하던 일어팀 친구 셋도 다 나왔습니다. 7월에 공포한 대로 '10명 전도' 목표를 채울 수 있었습니다.

시부모님이 오신 날은 두 분의 손을 꼭 쥐고 참석하면서 흐르는 눈물을 막을 수 없었습니다. "하나님, 감사합니다. 우리들을 하나 되게 하시니 감사합니다"라고 찬송하면서 '아, 이것이 천국이야! 내가 희생

하더라도 상대가 원하는 방법으로 사랑하고 기뻐하며 찬양드리는 거야!' 했습니다.

기도한 사람 중에 아직 오지 않은 사람들이 많습니다. 모든 날을 대각성 전도집회로 생각하고 그들을 위해 기도하려 합니다. 또 참석했으나 아직 믿음이 바로 서지 못한 이들을 위해서도 계속 기도하리라 다짐합니다.

오늘따라 창 밖으로 보이는 하늘이 유난히 푸릅니다.

○ ○ ○ ○ ○ ○ ○
어찌 찬양 안 할까

어느 해 11월 대각성 전도집회 마지막 날 저녁이었습니다. 비디오실까지 만원을 이루었던 사람들이 서서히 빠져나가고, 교회 안 여기저기에 교인들 수백 명 정도만 남아 있을 시간이었습니다. 갑자기 밖에서 "할렐루야! 할렐루야!" 합창 소리가 들렸습니다.

창가로 가서 내다보니 네온사인 불빛이 은은하게 비춰 드는 교회 마당에 수십 명의 교역자들이 둘러서서 손을 꼭 잡고 감격스럽게 찬양하는 소리였습니다. 교회를 빠져나가던 교인들까지 걸음을 멈추고 그들과 함께 하늘 아버지께 찬송하며 영광 돌리는 모습을 보는 순간, 천국이 이 땅에 임한 것 같은 착각이 들었습니다. 나도 곧장 마당으로 달려 나갔습니다. 그리고 함께 손을 들고 찬양했습니다.

이 집회를 통해 하나님 앞으로 돌아온 2천 명이 넘는 영혼들을 놓고 천상의 아버지께서 기뻐하시는데 어찌 우리가 입을 다물고 있겠습니까! 어찌 이 벅찬 감격을 숨겨 놓고 있겠습니까!

몰려오는
젊은이들

대학생들과 수년을 보낸 나의 경력 때문인지 처음부터 사랑의교회에는 젊은이들이 많이 찾아오는 편이었습니다. 교회를 시작하고 3, 4개월이 되자 6, 70명 모이는 교인 중 80%가 미혼의 젊은이들이었습니다.

균형을 깨지 않기 위해

이렇게 되자 몇 안 되는 기성세대 교인들이 처신하기가 퍽 어색한 분위기로 바뀌어 갔습니다. 교회 문을 열고 들어서면 혹시 잘못 찾아오지 않았나 착각할 정도로 청년들이 많았고, 담임목사까지 40대 초반인 나이에 비해 젊어 보이는 데다 장발이었으니 오죽했겠습니까?

이렇게 되자 "목사님, 젊은이들이 너무 많아서 나 같은 늙은이는 낄 자리가 없어요. 50도 안 된 내가 너무 늙어 보여서 싫어요"라고 불평하는 사람들도 생겼습니다. 주변에서는 우리 교회를 가리켜 '어른들이 가서는 안 되는 교회'라고 은근히 깎아내리는 사람들도 있었습니다.

결국 나는 어떤 결단을 하지 않으면 안 되었습니다. '젊은이가 중요하다. 그들은 내일의 소망이며, 젊은이가 없는 교회는 미래가 없다. 어떤 투자를 해서라도 교회가 그들을 안아야 한다'는 데에 나도 전적으로 동의합니다. 나만큼 젊은이들을 사랑하는 사람도 없을 것입니다. 그러나 교회는, 더욱이 개척교회는 균형을 잡아야 합니다. 실제로 교회를 이끌어 가야 할 기성세대가 자리를 잡지 못하면 그 교회는 젊은이들이 10여 년 후 안정된 생활을 하기까지 많은 시련을 겪어야 합니다. 특히 나의 경우에는 잠자는 어른 평신도를 깨워 예수의 제자로 만들어 보려는 목회적 소명감을 가지고 있었기 때문에 젊은이들이 기성세대를 몰아내는 듯이 보이는 교회 분위기를 그대로 방치할 수 없었습니다.

어느 날 나는 젊은이들을 위한 모든 프로그램을 중단한다고 선언했습니다. 개인적인 심방도 자제하겠다고 했습니다. 처음에는 상당히 충격을 받는 눈치였지만 나의 설명을 듣고는 수긍을 해 주었습니다. 그 후 나는 장년층을 타깃으로 하는 사역에 힘을 쏟았습니다. 1년이 지나자 드디어 내가 생각하기에 이상적인 구성 비율, 즉 장년과 젊은이의 비율이 7대 3의 균형을 이루기 시작했습니다.

교회의 구성원이 다시 균형을 이루게 되자 창립 비전의 하나인 젊은이 선교를 본격적으로 가시화하기 위해 여러 가지 노력을 기울이기 시작했습니다. 그래서 그런지 우리 교회는 여느 교회 못지않게 그 평균 연령이 젊은 편에 속합니다. 최근에는 더 많은 젊은이들이 대거 몰려오는 기현상까지 일어나고 있습니다. 교통편이 좋아서일까요? 무슨 좋은 소문이 나서일까요? 나는 그 이유를 아직 잘 모릅니다. 듣기로는 사랑의교회에서 훈련을 받고 싶어서 온다는 것이 주된 이유라고 합니다.

그러나 내가 보기에는 그것은 겉으로 내세우는 하나의 구실이고 이면에는 다른 무엇이 있는 것 같습니다. 한마디로 불만과 권태로 허기진 젊은 영혼들의 방황이 아닌가 합니다. 뭘 보고 그런 말을 하느냐고 할지 모르나, 그들 중에 반 이상이 우리 교회에 등록하고 반 년도 안 되어 빠져나가는 것을 보면 내 판단이 틀렸다고는 할 수 없을 것입니다. 나는 그들의 종착지가 어디일지 잘 모릅니다. 그러나 그들이 잘못하고 있다고 말하고 싶지 않습니다. 방황의 원인이 그들에게만 있는 것이 아니기 때문입니다.

말하기가 좀 거북하지만 이 자리를 빌려 한마디 하지 않을 수 없습니다. 많은 교회들이 대학생이나 청년들을 보면 당장 주일학교다 성가대다 해서 그들을 봉사 영역에 집어넣고 봅니다. 복음으로 하나님과의 관계가 회복된 사람인지 확인하기도 전에 '일꾼'으로 삼아 버리고 마는 것입니다. 그러다 보니 그들은 일하면서 상처받고, 그 상처를 스스로 어떻게 다루어야 할지 몰라 좌충우돌하다가 교회 안에서 문제아로 백안시당하는 일까지 발생하게 됩니다.

그래서 어떻게 보면 소그룹 속에서 강도 높은 장기간의 훈련을 받아 좋은 그리스도인이 되기를 원하는 젊은이들을 교회가 나서서 소모품으로 만들고 있지 않나 하는 우려를 금할 수가 없습니다. 교회가 이런 식으로 그들을 다루면 결국에는 집시처럼 마음을 붙이지 못하고 이 교회 저 교회 떠도는 신세가 될 수 있는 것입니다. 물론 교회가 정열적이고 다소 비판적인 젊은이들을 적극적으로 껴안는 것은 쉬운 일이 아닙니다. 골치 아픈 일이 일어날 수 있다는 것을 염두에 두어야 합니다. 예를 들어, 문민 정부가 들어서기 전까지 우리 교회 역시 독특한 의식을 가진 젊은이들이 더러 있었습니다. 그들은 좌경화되지는 않았지만 비판적이고 도전적이었으며, 더 나아가서는 혁명적인 기질을 가지고 있었습니다. 가끔은 교회 정책에 대해 과격한 말을 해서 기성세대의 우려를 자아내는 일도 있었습니다.

한번은 내가 노태우 전 대통령이 참석하는 조찬 기도회 설교를 맡은 일이 있었습니다. 매스컴을 통해 이 소식을 들은 한 그룹의 젊은이들이 나에게 장문의 편지를 보냈습니다. 그 글의 서두는 "까마귀 노는 곳에 백로야 가지 마라"로 시작되었습니다. 나는 깊은 감동을 받았습니다. 그러나 내가 왜 설교하기를 원하는지 설명하는 말을 듣고 그들은 전적으로 공감한 것은 아니지만 양보해 주었습니다. 나는 그들을 사랑합니다. 지금 와서 나라꼴을 보면 그때 그들이 울분을 터뜨리며 소리지르며 했던 말이 하늘에서 들리는 예언이었음을 아무도 부인할 수 없기 때문입니다.

○ ○ ○ ○ ○ ○ ○ ○ ○ ○ ○
책임 있는 사회인으로 세우기

사랑의교회는 대학생이나 청년을 봉사의 주체로 보지 않습니다. 교회 각 분야에 많은 젊은이들이 봉사하고 있기는 하지만, 그들은 우선 교회가 교육하고 훈련해서 더 큰 일을 할 수 있도록 준비시켜야 할 훈련의 대상으로 분류됩니다. 그들 자신도 어느 자리에서 봉사하고 있건 자기의 본분은 대학부나 청년부에서 훈련받고 준비하는 데 있음을 잊지 않고 있습니다.

이런 이유 때문에 나는 우리 교회 젊은이들의 훈련 목표와 내용을 정하는 데 까다로울 정도로 간섭해 왔습니다. 교회마다 보면 비실제적이거나 한쪽으로 치우친 교육을 그들에게 강요하는 일이 너무 많은 것을 봅니다. 대학부나 청년부 가운데 신학교를 가거나 선교사를 지망하는 자들은 1%도 안 됩니다. 그런데 그 1%에 해당하는 젊은이들이 자기의 열정과 비전에 따라 나머지 99%의 분위기와 교육을 좌우하기가 참 쉬운 것입니다. 그들 대부분이 임원이나 리더로 활동하고 있기 때문에 교역자 역시 그들 중심의 운영을 하지 않을 수 없는 것입니다. 이렇게 되면 대학부나 청년부를 다닐 동안 믿음은 좀 키울 수 있겠지만 절대 다수의 젊은이들이 곧 몸담아야 할 사회에서 책임 있는 그리스도인으로 제 몫을 다할 수 있는 적절한 준비를 할 수 없게 되는 것입니다. 얼마나 비현실적인 교육입니까?

나는 교회에서 젊은이들을 이런 식으로 지도하면 절대로 안 된다고 생각하는 사람 중 하나입니다. 지난 수십 년 동안 우리나라 선교 단체들이 본의 아니게 범한 실수를 교회가 반복하면 안 됩니다. 젊은이들에게 복음의 열정과 선교의 비전은 과도할 정도로 심어 주면서 사회적인 책임에 대해서 가르치지 않는 것은 절름발이 교육이나 다름없다고 생각합니다. 나의 이런 생각 때문에 사랑의교회 젊은이 사역은 몇 가지 독특한 특성을 가지고 있습니다.

첫째는 전문 사역자를 세워서 그들에게 사역의 전반을 상당한 부분까지 위임하고 있습니다. 그렇기 때문에 젊은이 사역을, 장년 사역을 준비하는 징검다리가 아닌 독자적인 전문 사역으로 여기는 목회자들이 많이 일하고 있습니다.

이들의 장기적인 사역을 지원하기 위해 교회 안에 '젊은이선교위원회 정보연구센터'라는 연구 기관을 두고 있기도 합니다. 이 기관은 사역에 필요한 지식, 정보, 경험들을 발굴하고 비축하여 젊은이 사역에 대한 전문적인 감식안을 더욱 민감하게 가지도록 돕는 곳입니다. 한국 교회 사역자 누구에게나 그 모든 자료를 제공하는 일까지 맡아서 하고 있습니다.

둘째는 다양성과 통일성을 들 수 있습니다. 대학생들은 성격이 조금씩 다른 10여 개의 대학부 중에서 자기가 원하는 곳을 선택할 수 있으며, 청년들 역시 토요 네트워킹 등의 프로그램을 통해 15개 이상의 사역에 다양하게 참여할 수 있는 문이 열려 있습니다. 그들은 자신의 은사와 취향에 맞는 사역을 찾아 스스로 성장해 갑니다.

그러나 이들은 복음적인 기독 청년의 정체성과 삶 속에서 그 정체성을 구현한다는 사랑의교회 정신에 관한 한 분명하게 하나가 되어 있습니다. 각 대학부와 청년부 상호간의 연합 정신이 탁월하다는 사실이 이와 같은 하나 됨을 증명해 준다고 볼 수 있습니다.

셋째는 학원 복음화와 직장 복음화 측면에서 그 목표와 전략이 분명합니다. 공동체 안에 안주하지 않고 삶의 현장에서 선교를 강조하며 그것을 돕는 프로그램이 많습니다. 사랑의교회 젊은이 사역자들은 무엇보다도 신앙의 균형과 능력을 중요하게 여깁니다. 신앙과 삶이 분리된 이원론적인 태도를 경계한다는 말입니다. 복음을 통해 하나님과의 관계를 회복하고 복음으로 치유받은 그리스도인으로서의 정체성을 확고히 가지게 된 젊은이라면 마땅히 자기가 속한 사회 속에서도 그 능력을 발휘할 수 있어야 한다는 생활 신학을 강조하고 있습니다.

이와 같은 생활 신학에 근거하여 젊은이 부서에서는 책임 있는 사회인으로 소명을 받은 절대 다수의 젊은이들을 위해 훈련 내용을 점진적으로 보완해 왔습니다. 한 가지 예를 들면, 연중 행사의 하나로 현장 체험 세미나를 열어서 각자가 흥미를 느끼고 있는 직업에 대해 많은 것을 듣고 배울 수 있는 기회를 제공하는 일입니다. 강의는 직업에 따라 유능한 사람으로 인정받고 있는 교회 내 여러 선배들이 맡아 해 줍니다. 이 세미나에 참석한 젊은이들은 선배들의 강의를 들으며 앞으로 자기가 진출해야 될 사회 각 분야에 대해 좀 더 책임감 있는 준비를 해야겠다는 강한 도전을 받게 됩니다.

넷째는 말씀과 기도 중심의 영성을 강조합니다. 훈련받고자 하는 젊은이들의 열망이 뜨겁기 때문에 말씀을 연구하는 태도가 진지하고, 중보기도단을 중심으로 기도가 활성화되어 있습니다.

나는 현재 우리 교회에서 실시되고 있는 젊은이 사역에 대해 큰 불만이 없습니다. 그러나 한자리에 안주하지 말고 계속 자기 갱신을 거듭하는 노력이 선행되기를 기도하고 있습니다. 현재 대학부와 청년부에 몸담고 있는 젊은이들이 대략 만 명 가까이 됩니다. 여기에다 예배만 나왔다 돌아가는 젊은이들까지 합하면 그 수가 배로 늘어날지도 모릅니다. 만일 현 단계에서 젊은이 사역에 비중을 많이 두면 몇 년이 안 돼서 개척 당시에 경험했던 불균형의 위기를 또 한 번 맞을지 모를 일입니다.

그래서 제동 장치를 한 가지 마련했습니다. 대학부나 청년부에 해당되는 젊은이들은 5주 동안 새가족반 훈련을 수료해야 정식으로 등록할 수 있게 한 것입니다. 그럼에도 밀려오는 파고(波高)는 좀처럼 낮아질 기미를 보이지 않는 것 같습니다. 내가 은퇴하고 젊은 후임 목사가 온 후 이런 밀물현상은 더 심해지는 것 같습니다. 이런 현상은 하나님 나라의 미래를 위해 바람직한 일이 아니라고 봅니다.

나는 지금도 사랑의교회뿐 아니라 이 땅의 모든 교회들이 방황하고 있는 이 젊은이들을 포근히 품을 수 있는 안식처가 되기를 바라며, 그들을 소명 받은 사회인으로 잘 훈련해서 전 세계를 향해 내보낼 수 있는 비전의 장으로 확장되기를 소원하고 있습니다.

치료하는
주님의
손길이 되어

누군가 지나가는 말로 "치료하는 교회? 병도 못 고치면서"라고 하는 소리를 들은 일이 있습니다. 사랑의 교회 주보 전면에 늘 나오는 "가르치는 교회, 전파하는 교회, 치료하는 교회"라는 표어를 보고 빈정대는 말이었습니다. 듣기 거북한 말이었지만 많은 것을 생각하게 하는 기회가 되었습니다.

내가 오랫동안 병약한 몸을 가지고 씨름하고 있어서 그런지 모르지만, 내 마음에는 믿는 가정에서 오랜 기간 고생하고 있는 환자들이 늘 부담으로 남아 있습니다. 그들 중에는 기도해서 나았다고 기뻐하는 사람들도 더러 있지만 대개가 장기간 병원 신세를 지고 고생하며, 그 많은 기도에도 불구하고 큰 차도를 보지 못하고 있습니다. 그러다가 세상을 떠나는 사람이 한둘이 아닙니다. 따라서 사랑의교회가 표방하는 치료가 무엇을 의미하는 것인가를 자주 생각하게 됩니다.

전인적인 치료

복음서를 보면 예수님의 사역은 가르치고 전파하고 치료하는 것으로 그 내용과 기능을 요약할 수 있습니다. 교회가 무엇입니까? 예수님이 하시던 이 세 가지 사역을 계승해서 순종하고 있는 그의 몸입니다. 나는 창립 예배 설교에서 이 점을 분명히 천명했습니다. "예수님이 치료하셨다면 사랑의교회도 치료할 수 있어야 합니다. 환자를 일으키는 특별한 신유의 은사가 잘 보이지 않아도 치료하는 사역은 절대로 포기할 수 없는 이 교회의 본질적인 사명입니다."

예수님의 사역을 주의해서 살펴보면 그분이 가르치시고 전파하시는 자리에 반드시 치료의 역사가 일어나는 것을 알 수 있습니다. 나는 이 사실이 큰 의미를 가지는 것으로 봅니다. 왜냐하면 교회가 복음을 능력 있게 전하고 하나님의 말씀을 영감 있게 가르치면 그 자리에는 눈에 보이든 보이지 않든 간에 반드시 치료받는 사건이 일어난다는 믿음을 갖고 있기 때문입니다. 성경에서 말하는 치료는 엄격히 말해 전인격적인 치료입니다. 다시 말해서, 영과 육을 망라하는 전인적(全人的)인 치료라는 말입니다.

이런 의미에서 볼 때 사랑의교회는 말 그대로 예수님이 치유하시는 사역의 현장이었다고 할 수 있습니다. 그동안 우리 교회를 통해 복음을 듣고 새 생명을 찾은 영혼이 수만을 넘습니다. 설교와 많은 가르침을 통해 헤아리기 어려울 정도로 많은 사람들이 만성 질환처럼 앓고 있던 영적인 병을 치유 받고 변화된 신앙생활을 하고 있습니다.

잘못된 인간 관계로 빚어진 정신적인 갈등을 이기지 못하여 깊은 고통과 절망 속으로 떨어져 있던 사람들이 다락방을 통해, 전문 상담을 통해, 중보기도를 통해 오랫동안 가슴에 담고 있던 불덩이 같은 분

노를 삭이고 심신이 함께 치유 받는 일도 많이 일어나고 있습니다. 그 가운데서 제자훈련은 가장 강도 높은 치료 과정이라 할 수 있습니다. 주님을 따르는 적극적인 삶을 고취시키는 이 훈련은 그동안 숱한 치유의 기적을 체험하는 가장 확실한 길이 되어 왔습니다.

나는 사랑의교회에 치료하는 교회로서의 기능을 강화하기 위해 이 외에도 몇 가지 전문화된 영역을 개발하는 데 많은 노력을 쏟았습니다.

장애아를 위한 '사랑부'

사랑의교회를 시작하고 10여 년이 지난 후에야 비록 조그마한 것이었지만 장애인을 위한 복지관을 마련할 수 있었습니다. 지적 장애와 자폐를 겸하고 있는 16명의 아이들을 대상으로 시작한 사랑부는 지금 3백 명 이상으로 수가 늘었습니다. 이 아이들은 누구와도 시선을 마주치지 않고 마음을 닫아 버리기 때문에 관계를 형성하기가 대단히 어렵습니다. 그러나 부모들의 눈에도 평생 변하지 않을 것 같았던 아이들이 사랑부에서 몇 년을 교육받자 조금씩 변화되어 갔습니다.

한 가지 말도 반복하기 어려웠던 아이들이 시청각 설교에 흥미를 느끼며 의젓하게 찬양을 따라 부르고 기도도 합니다. 아이들이 교사를 따라 조금씩 말을 하며 손동작을 하노라면 교사들은 기뻐서 어쩔 줄을 모릅니다. 평생 "아빠, 엄마" 하고 부르는 소리를 못 들을 줄 알았던 부모들이 말문을 조금씩 여는 아이들을 보고 "우리 아이가 말을 했어요"라며 흥분을 감추지 못합니다.

사랑부에서는 아이들만 아니라 자폐아로 인해 만성적인 슬픔과 피곤을 안고 살아가는 엄마들을 대상으로 다락방을 운영합니다. 그곳에서 엄마들이 회개하며 예수님을 믿게 됩니다. 현재 수십 개의 다락방에 엄마들이 참석하고 있습니다. 이 안에서 자폐아인 아이들 못지않게 마음에 중병을 앓고 있는 엄마들이 하나씩 치유되고 있는 것입니다.

사랑의교회 사랑부가 주변에 알려지면서 많은 교회들이 도움을 요청하고 있습니다. 그들의 요구를 조금이나마 들어주기 위해 그동안 개발한 다양한 시청각 교육 자료들을 함께 나누어 가질 뿐 아니라, 지금까지 동정의 대상으로만 여기던 자폐아나 장애아들을 치료의 대상으로 보고 좀 더 적극적인 연구와 사역을 해 보려고 '한국 장애인 선교연구소'를 설립했습니다. 앞으로 주님께서 사랑부를 통해, 또 연구소를 통해 얼마나 대단한 일을 하실지 지켜보아야 할 것 같습니다.

○ ○ ○ ○ ○ ○   ○ ○ ○ ○ ○
유흥가에 마련한 '우물가 선교회'

우물가 선교회는 유흥가에서 방황하는 젊은이들을 선도하고 치료하기 위해 1990년에 시작하여 13년간 실험적으로 운영하던 특수사역이었습니다. 이 선교회는 개인 전도와 그룹 모임뿐 아니라 드라마와 찬양 같은 문화적 매체를 이용하여 복음을 전하는 일에 주력하고 있었는데 예상 외의 호응을 얻었고 그 열매도 만만치 않았습니다. 독자적인 커피숍을 운영하여 복음의 접촉점을 넓혀 나가기도 하고 〈목마르거든〉이라는 월간 잡지를 발간하여 사회의 어두운 그늘 속에 사는 수많은 사람들에게 그리스도의 치료의 손길을 뻗치곤 했습니다. 이 사역을 통해 일어난 치유의 역사를 하나 소개합니다. 선교회를 담당하고 있는 목사가 직접 하는 이야기를 들어 보십시오.

어느 여인에게 일어난 기적

우물가 선교회 초창기에 박 모 여인은 서초 1번가에서 '퀸'이라는 이름의 카페를 운영하고 있었습니다. 당시만 해도 카페는 일종의 술집이었습니다. 낮에는 커피를 팔고 밤에는 술을 팔았습니다. 나는 점심을 먹고 한 형제와 함께 "점심에는 커피를 팝니다"라는 작은 팻말이 붙어 있는 퀸으로 들어갔습니다. 물론 전도를 하기 위해서였습니다. 마담인 박 씨가 우리를 맞았습니다. 그녀의 얼굴은 매우 공허하고 불안해 보였습니다. 우리는 커피를 시켰고 박 여인의 것도 주문했습니다. 그러자 그녀는 커피를 얻어먹고 가만히 있을 수가 없다며 기타를 들고 노래를 불러주었습니다. 우리가 감동해서 박수를 치자 그녀는 기분이 매우 좋아진 듯 자신에 대해서 털어놓기 시작했습니다.

그녀는 대학을 졸업하고 고등학교 수학 선생인 남편과 결혼했다고 합니다. 아들이 태어나고 조금 지났을 때 그들 부부의 성격과 단점들이 드러나기 시작했습니다. 설상가상으로 남편은 사표를 내던졌습니다. 직장을 그만둔 그는 이불을 뒤집어쓰고 들어앉아 버렸습니다. 이런 와중에서 정말 견딜 수 없는 일이 터지고 말았습니다. 남편으로부터 폭행을 당하는 사건이었습니다. 한 번 손찌검을 하기 시작한 남편은 툭하면 주먹을 휘둘렀습니다. 더 이상 견딜 수 없게 된 그녀는 짐승처럼 취급당한 끝에 비가 몹시 쏟아지던 어느 날 집을 뛰쳐나왔습니다. 그녀는 사랑의교회 코앞에 있는 서초 1번가에 카페를 차렸습니다. 아들이 보고 싶었지만 이를 악물고 참았습니다. 애인도 생겼습니다. 그러나 잃어버린 삶의 의미를 회복하는 데는 어떤 약도 듣질 않았습니다. 그녀는 밤이면 밤마다 취하고 또 취했습니다. 어느새 그녀는 알콜 중독자가 되어 있었습니다.

이야기를 대충 듣고 나서 나는 그녀에게 술을 끊을 수 있는 그룹을 소개하겠다고 말했습니다. 나의 제의에 그녀는 쾌히 승낙했고 나는 그녀를 우물가 성경공부 모임으로 초대했습니다. 우물가 성경공부 모임 중에서 유흥가에 종사하는 여성들로 이루어진 그룹이 있었습니다. 누구에게나 그렇듯, 그녀도 신앙의 첫걸음은 그렇게 순탄하지만은 않았습니다. 처음에는 사탄의 방해도 심했고 장벽도 많았습니다.

무엇보다도 성경공부가 있는 전날 밤에는 술에 만취하는 상황이 자주 일어나곤 했습니다. 이상하리만큼 그 저녁은 유독 손님들이 많이 밀려들어서 장사가 잘되었다고 합니다. 손님들을 접대하다 보니 술을 많이 받아 마시지 않으면 안 되었습니다. 그러다 보니 성경공부 시간인 다음 날 오전 11시가 되도록 일어날 수가 없는 상황이 되곤 했습니다. 어떤 날은 취한 상태로 성경공부 모임에 참석하기도 했습니다.

한 석 달 정도 지났을까요? 신앙을 가지게 되면서 그녀는 자기 삶의 방식에 대해서 고민하기 시작했습니다. 무엇보다도 가장 큰 고민은 '키다리'라는 별명을 가진 그녀의 애인과 헤어지는 문제였습니다. 그녀가 그 문제를 상담했을 때 나는 단호하게 정리하라고 말했습니다. 그녀는 그대로 순종했습니다. 얼마가 더 지났을 때 그녀는 자랑스럽게 말했습니다.

"목사님, 어제는 담배를 쓰레기통에 던져 버렸습니다. 아직까지 피우고 싶은 생각이 전혀 안 들어요. 기도해 주세요. 계속 피우고 싶은 생각이 들지 않도록요."

하나님께서 그녀에게 은혜를 베푸셨고 그녀는 담배를 끊을 수 있었습니다. 또 얼마 후 그녀는 다음과 같은 간증을 했습니다.

"며칠 전 저녁 만취해서 집에 돌아오는 동안 온갖 추태를 다 부렸어요. 거의 알몸이 되다시피 한 채 아파트 계단에서 방뇨까지 했죠. 아침에 정신을 차리고 보니 전날 저녁 짐승처럼 행동한 것 때문에 도무지 얼굴을 들 수 없을 만큼 비참해서 견딜 수가 없었어요. 그래서 술을 끊기로 결심했어요"

나는 그녀를 격려해 주었습니다. 그 후 얼마 안 되어 그녀는 퀸을 다른 사람에게 넘겨 버렸습니다. 이제 그녀에게 마지막으로 한 가지 결심할 일이 남아 있었습니다. 그것은 남편과 아들이 있는 가정으로 돌아가는 것이었습니다. 그녀는 성경을 보거나 기도를 하면 집으로 돌아가지 않는 것이 자꾸만 부담이 되어 견딜 수가 없노라고 말했습니다. 그러나 두렵다고 말했습니다. 상황이나 남편은 전혀 변한 게 없는데 무턱대고 들어갔다가 집을 나오기 전과 같은 지옥이 재현될까 봐 두려운 것이었습니다. 그래서 나는 그녀에게 말해 주었습니다.

"남편도 바뀌지 않았고, 상황도 바뀐 것은 없습니다. 어쩌면 전보다 훨씬 상황은 악화되었을지도 모릅니다. 그러나 당신이 바뀌지 않았습니까? 자신이 바뀌면 세계가 바뀝니다. 힘을 내십시오. 이길 수 있는 힘을 하나님께서 주실 것입니다. 당신의 가정을 구원하시기 위해 하나님은 실패와 시련을 허락하셨다고 믿습니다."

그녀는 용기를 내서 남편에게 전화를 걸었습니다. 몇 번 더 만난 후에 그들은 다시 합쳤습니다. 그러나 모든 것이 평탄하지만은 않았습니다. 생활 능력이 약한 남편은 계속해서 이것저것 사업에 손을 댔지만 실패했습니다. 그러나 그럴수록 그녀는 하나님께 더욱 매달렸습니다. 주일 설교와 다락방을 통해 신앙의 터를 굳건히 했고, 우물가 선교회에서 〈목마르거든〉 편집 위원으로 봉사하면서 실천적인 신앙을 세워 나갔습니다. 또한 돈이 될 만한 일을 찾아 열심히 일했습니다.

그녀가 바뀌어 완전히 새로운 사람이 되자 그녀의 시댁과 친정의 가족들이 하나둘씩 주님께로 돌아오기 시작했습니다. 어느 정도 시련의 기간이 지나자 가정도 차츰 기틀을 잡아가기 시작했습니다. 그들은 아르바이트에서 식당으로, 식당에서 양품점으로, 그다음에는 헬스클럽으로 사업을 키워 나갔습니다. 지금은 원주에 살면서 그곳에 있는 큰 교회에 소속되어 열심히 신앙생활 하고 있습니다.

○ ○ ○ ○ ○ ○ ○ ○ ○ ○ ○ ○ ○
지금도 주님은 치료하고 계신다

이런 사역 외에도 가난과 소외당함으로 신음하고 있는 많은 이웃들을 찾아 그리스도의 사랑을 전하고 그들에게 새 삶을 열어 주고자 하는 '이웃 사랑 선교회'가 있습니다. 이 사역은 워낙 다양해서 여기에 다 일일이 열거할 수 없을 정도입니다. 이 사역으로 인해 어느 달동네에서는 생을 완전히 포기한 사람들이 다시 소망을 갖고 일어서기도 하고, 맞벌이 부모 밑에서 거의 방치된 채 던져진 아이들이 건강한 모습으로 성장하고 있기도 합니다.

막대한 예산이 뒤따르는 일이지만 나는 이 사역을 축소하거나 포기할 생각이 전혀 없습니다. 헌신적으로 봉사하는 수천 명의 손길을 통해 오늘도 예수님은 상한 자를 어루만지시고 고독한 자를 위로하시며, 갇힌 자를 놓아 주고 계시기 때문입니다.

나는 사랑의교회가 치료하시는 주님의 손이라는 사실을 한 번도 의심해 본 일이 없습니다. 주님은 지금도 치료하고 계십니다. 그러기에 눈먼 자가 보고 나병 환자가 깨끗함을 받는 것 못지않은 전인적인 치유가 끊임없이 일어나고 있는 것입니다. 나는 엎드릴 때마다 너무도 소중한 치료의 사역을 더 잘하기 위해 더 큰 능력 주시기를 매일 기도하고 있습니다.

타오르는
기도의 열기

나에게도 듣고 싶지 않은 말이 여럿 있지만 그중에 하나가 제자훈련 하는 교회는 기도가 약하다는 소리입니다. 언젠가 설교 강사를 한 분 모셨더니 단에 올라서자마자 대뜸 한다는 소리가 "이 교회는 제자훈련 하는 교회로 소문나 있는 줄 아는데 틀림없이 기도가 약할 것입니다"라고 하는 겁니다.

설교자가 다른 교회에 가서 범할 수 있는 무례함이 있다면 바로 이런 것일 것입니다. 제대로 알지도 못하면서 감으로 적당히 때리는 식의 설교는 안 들어도 된다는 생각에서 나는 그 시간 귀를 막은 채 등을 돌리고 말았습니다. 물론 나 역시 그런 행동이 잘한 것이라고는 생각하지 않습니다.

성경공부는 기도다

나는 지금까지 목회를 하면서 말씀 공부는 바로 기도라는 확신을 가지고 있습니다. 말씀을 통해 하나님의 음성을 듣는 자가 어찌 끝까지 듣기만 할 수 있겠습니까? 말씀은 우리의 입을 열어 줍니다. 듣는 만큼 기도하게 하십니다. 듣기만 하고 끝나는 성경공부는 건전한 것이라고 할 수 없습니다.

그래서 그런지 나는 서구 교회 지도자들이 말하는 소위 한국 교회 스타일의 기도에 대해 얼마간 우려하고 있는 사람 가운데 하나입니다. "주여, 믿습니다. 주시옵소서." 윽박지르듯 외쳐 대는 일방적인 기도가 과연 성경이 가르치는 기도일까요? 부르짖는 기도, 문을 두드리는 기도, 물러나지 않고 간청하는 기도가 꼭 그런 것일까요? 자주 나 혼자 되씹으며 생각해 보는 질문입니다. 말씀을 배우면서 깨닫고 발견하고 다시 한번 확실히 믿게 되는 진리를 붙드는 노력 없이 자신의 요구나 생각을 억지 부리듯이 일방적으로 쏟아놓는 기도가 바른 기도라고 확신하고 있지 않기 때문입니다.

어떻게 보면 한국 교회가 기도하고 있는 분량에 비해 그 응답이 너무 미미하지 않나 하는 생각을 가끔 합니다. 날이 새면 이어지는 새벽기도, 주중에 한 번 이상 모이는 철야기도, 여기저기 기도원에서 부르짖는 수많은 함성들, 그 정도면 뭔가 세계를 바꾸어 놓는 사건들이 일어날 만도 한데 믿는다는 사람들의 수가 늘어날수록 교회는 거꾸로 세상으로부터 더 외면당하는 어려움에 빠져 있습니다. 텔레비전을 켜면 연일 쏟아져 나오는 끔찍한 스캔들에는 그 유명하다는 장로나 집사들이 줄줄이 끼여 있습니다. 가난하던 목사가 자가용을 굴리고 얼굴에 기름이 흐르면서 세상맛을 알았는지 여기저기에서 목사들의 비리가 터지고 있습니다.

이런 현실을 보면서 '이것이 어떻게 주여 삼창을 천장이 떠나가라고 외쳐대며 열광적으로 기도하는 교회의 모습이라 할 수 있는가? 불로 응답하시는 하나님은 지금 어디에 계시는가? 우리의 세미한 신음

소리까지 들으신다는 하나님은 무얼 하고 계시는가? 틀림없이 우리의 기도가 어디 고장난 것이 아닌가?' 하는 두려움을 떨칠 수가 없습니다.

이러한 나의 비판적인 기도관 때문인지 25여 년 동안 사랑의교회를 목회하면서 금식기도나 철야, 또는 요즘 성행하고 있는 40일 특별새벽기도 같은 강도 높은 영성 훈련을 많이 하지 못했습니다. 이것 때문에 다소 불만스러워하는 교인들이 없지 않았지만 별로 신경 쓰지 않았습니다. 조용한 소리지만 한나의 기도처럼 마음을 온통 담아 드리는 기도, 좀 느린 것 같지만 꾸준히 이어가는 기도, 밤새 부르짖고 나가서는 세상 돌아가는 대로 사는 것보다 10분 기도하고 한 가지 말씀에 순종하는 신앙생활이 더 건강한 것이라고 믿고 있기 때문입니다.

그럼에도 사랑의교회 평신도들은 내가 가르친 이상으로 강하고 열정적인 기도를 하고 있습니다. 성령 운동을 하는 교회에서나 볼 수 있는 열광적인 기도도 가끔 있습니다. 방언하는 사람도 많고 병 고치는 이적도 심심찮게 일어납니다. 다음은 얼마 전 나에게 날아온 우리 교회 어느 자매의 편지입니다.

"목사님, 저의 약한 부분을 타고 들어오는 사탄의 공략에 이길 수 있는 방법은 하나님의 전신갑주를 입고 성령의 검, 곧 하나님의 말씀을 가지는 것밖에는 도리가 없었습니다. 예수 믿고 처음으로 지난달에 금식기도와 철야기도로 밤을 지새우며 하나님께 부르짖었습니다. 금식기도 사흘 째가 되던 날, 예배 도중 너무도 강한 성령의 임재로 모든 것이 치료되었습니다. 성령님은 예수 십자가 보혈의 공로가 얼마나 위대한 것인가를, 그리고 측량할 수 없는 하나님의 사랑이 얼마나 풍성한가를 그분만의 독특한 방법으로 제게 보여 주셨고, 저는 단지 그분의 위대하심에 감탄만 하다가 결국 그분께 완전히 압도되어 버렸습니다. 그렇게 오랫동안 괴롭히던 무서운 두통은 간데없이 사라지고 형언할 수 없는 기쁨과 평안을 안겨 주셨습니다. 뿐만 아니라 저의 피를 마르게 했던 그 끔찍한 불면증마저 깨끗이 고쳐 주셨어요. 할렐루야!"

나는 내가 아직 오르지 못하고 있는 이와 같은 기도의 정상에 먼저 올라가 환호성을 지르며 날 보고 올라오라고 손짓하고 있는 평신도들이 우리 교회 안에 많이 있는 것을 하나님께 감사하고 있습니다. 그들 손에 이끌려 나도 반드시 그 정상에 서는 날이 올 것이기 때문입니다.

○ ○ ○ ○ ○ ○ ○
중보기도의 열기

수년 전부터 우리 교회에는 중보기도의 뜨거운 열기가 타오르고 있습니다. 대학부, 청년부는 물론이고 장년부까지 중보기도 하는 소리가 여기저기서 우렁차게 들립니다. 그 소리를 들을 때마다 내 가슴은 하늘에서 당장 무엇이 내려올 것 같은 기대감으로 흥분을 감추지 못합니다. 내가 강요하지도 않았고 모범을 보이지도 않았는데 기도에 몸을 던지는 헌신자들이 수백 명 수천 명으로 늘어나고 있으니 얼마나 기막힌 일입니까? 내가 병약하기 때문에 그들이 기도를 더 열심히한 것은 사실입니다. 여름의 두 달 휴가 기간에도 다락방별로 연쇄기도를 쉬지 않고 있었습니다. 이런 분위기에 휩쓸려 나 역시 이전에 비해 더 자주 하나님의 보좌 앞에 엎드려 있는 시간이 늘어가는 것 같습니다.

처음 교회를 시작하고 몇 주 안 되어서 어느 집사님의 아파트에서 얼마 동안 새벽기도를 했던 일이 기억납니다. 교회당까지는 교통편이 없어서 갈 수 없었고 기도는 해야겠고, 생각다 못해 가까이 있는 어느 집사님 댁을 빌려 우리 부부와 그 집주인, 그리고 한두 명이 더 모여 기도회를 했습니다. 이웃에 들릴까 불안해서 소리를 죽여 찬송을 해야 했고 기도 소리마저 조심조심 해야 했습니다. 하나님이 그때 우리의 간구를 들으셨는지 그동안 크게 응답해 주셨고 은혜의 보좌를 향해 달려가는 성도들의 수는 자꾸만 더 늘어나고 있습니다.

우리 주님은 참 좋으신 분입니다. 제자훈련으로 다져진 사랑의교회가 기도의 능력을 더 얻어야 한다고 보신 것 같습니다. 그래서 교포 교회에서 새벽기도를 영감 있게 인도하는 목회자로 소문이 나 있던 오정현 목사님을 나의 후임으로 보내 주셨습니다. 아니나 다를까 그가 부임하자마자 사랑의교회는 40일 특별새벽기도로 전국을 흔들어 놓기 시작했습니다. 40일 동안 매일 새벽마다 8천 명 가까운 성도들이 달려오는가 하면 본당에 자리를 잡기 위해 새벽 2시부터 줄을 서서 기다리는 진풍경이 벌어지곤 했습니다.

세 시간 동안 찬양하고 말씀을 들으며 성령에 감동된 성도들은 은혜의 양 날개를 달고 하늘을 비상하는 거룩한 천사들이 되었습니다. 이 같은 기도의 열정은 그 후 수년 동안 계속 타오르고 있습니다. "제자훈련 하는 교회는 기도가 뜨겁다." 이제는 이렇게 자랑 아닌 자랑을 해도 주님이 나무라지 않으실 것 같습니다. 그래서 나는 감사하고 있습니다.

7

세계를 향한
비전

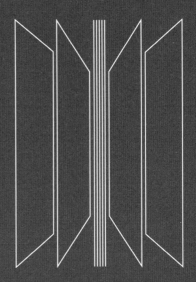

언젠가는 우리의 비전이 성취되어 하나님의 뜻이 이 땅에 이루어지는 날이
올 것을 의심하지 않습니다. 그날이 오면 교회마다 그리스도의 제자들이
벌 떼같이 일어나서 세상을 바꾸는 놀라운 기적이 일어날 것입니다.

교포 교회를 향한
나의 꿈

오래전 시카고 휘턴 대학에서 열린 한인 세계 선교 대회에서 "제자훈련과 목회"라는 주제로 선택 강의를 맡은 적이 있었습니다. 그때 나는 강의실에 들어가자마자 당황하지 않을 수 없었습니다. 다른 선택 강의가 많이 있었음에도 엄청난 사람들이 내 강의를 들으려고 몰려들었기 때문입니다. 강의를 마치고 나오는데 개인적으로 질문하는 사람들이 앞을 가로막아 빠져나오느라 애를 먹어야 했습니다. 제자훈련에 대한 교포 교회 지도자들의 관심이 얼마나 뜨거운가를 나는 그곳에서 처음 읽을 수 있었습니다.

그다음 해 워싱턴 주 터코마(Tacoma)에서 북미 지역 교역자 수련회가 열렸는데 나는 주강사로 초청받아 3일 동안 집회를 인도하였습니다. 놀라운 것은 휘턴에서 느꼈던 그 열기를 그곳에서도 똑같이 체감할 수 있었다는 사실입니다. 그로부터 2, 3년 동안 미주 지역의 목회자 백여 명이 서울까지 멀다 않고 달려와 제자훈련 세미나를 받고 갔습니다. 그들은 거의가 돌아가는 즉시 제자훈련을 시작하였습니다.

그 무렵의 일입니다. 뉴욕에서 큰 교회를 담임하고 있는 어느 목사와 몇 번 통화를 시도했으나 안 되더니, 그곳 시간으로 밤 1시 반이 지나서야 연결이 되었습니다. 전화를 받은 그는 제자훈련을 하고 방금 들어왔다고 했습니다. 뉴욕에 사는 교인들은 거의가 자기 사업을 하기 때문에 저녁 10시경이 되어야 모일 수 있고 자연히 마치는 시간도 그렇게 늦다는 말이었습니다. 평신도를 예수의 제자로 깨우고야 말겠다는 그의 뜨거운 가슴이 전화선을 타고 나에게까지 전달되는 것 같았습니다. 그와 대화를 나누면서 나는 속으로 5년만 기다리면 놀라운 일들이 교포 교회에서 일어날 수 있을 것이라고 생각하였습니다.

그러나 이민 생활에 쫓기는 교인들을 훈련시킨다는 것은 말처럼 쉬운 일이 아니라는 사실이 곧 드러나기 시작했습니다. 많은 목회자들이 중도에 하차해 버렸고 조금씩 자라던 제자훈련 묘목은 죽어 가고 있었습니다. 이에 따라 미대륙에 흩어져 사는 한국 교포들이 예수의 제자로 만들어지는 날, 세계를 바꾸어 놓는 기적이 일어날지 모른다는 나의 소박한 꿈은 얼마간 그 나래를 접어 두어야 될 것처럼 보였습니다.

◦ ◦ ◦ ◦ ◦ ◦ ◦ ◦ ◦ ◦
짧았으나 유익했던 경험

내가 교포 교회 제자훈련에 대해 깊은 관심과 꿈을 가지게 된 데는 그만한 배경이 있었습니다. 미시간 주에 있는 칼빈 신학교에 유학을 갔을 때 그곳 교포들과 교회를 시작하게 되었는데 당시 나는 네 쌍의 부부를 모이기가 가장 힘들다는 금요일 저녁마다 불러내어 제자훈련을 하였습니다. 그들 중에는 십일조를 왜 해야 하느냐고 묻는 목사 아들도 있었고, 시편이 어디 붙었는지 제대로 찾지 못하는 초신자도 끼여 있었습니다. 그런데 훈련 후 몇 개월이 지나면서 그들의 표정이 달라지고 말씀에 대한 반응이 예민해지기 시작했습니다. 그들의 입에서는 한 주간 동안 체험했던 은혜들을 나누는 간증이 자주 흘러나왔습니다. 한국인들은 부부가 함께하는 자리에서는 마음을 잘 열지 않는다는 일반적인 통념도 그 자리에서는 통하지 않았습니다. 배우자가 지켜보는 자리에서는 말 한마디도 과장하기가 어려웠는지 그들은 오히려 더 진지하고 솔직했습니다.

대전에서 조그만 식당을 경영하다 이민 왔다는 40대 후반의 부부는 초신자나 다를 바 없는 어린 믿음을 가진 사람들이었습니다. 그러나 말씀을 통해 은혜받는 데는 남다른 면이 있었습니다. 그들 부부는 새벽 5시 반이면 일어나서 한 시간 이상 차를 몰고 가야 하는 큰 가구 공장에서 일하는 노동자였는데, 목재를 다듬고 사포로 문지르고 무거운 가구를 옮기는 등 하루 종일 중노동을 하다 보면 두 다리가 퉁퉁 붓는 일도 자주 있었습니다. 영어를 전혀 알아듣지 못해 반장이 손쉬운 일은 미국인에게 돌리고 까다롭고 시간이 오래 걸리는 일은 그들에게 맡기는 경우가 더러 있었습니다. 그럴 때면 그들 부부는 설움과 분을 삭이지 못해서 부인은 화장실로 달려가 울다 나오고 남편은 한국말로 한바탕 욕지거리를 퍼붓기도 했습니다.

정서적으로 상당히 황폐해질 위험이 있는 상황에서, 그들이 말씀으로 은혜를 받으며 믿음이 자라자 놀라운 변화가 나타나기 시작했습니다. 출퇴근하는 차 안에서 성경 구절을 암송하고 일을 하다 화가 치밀어 오를 때면 숙제로 내준 성구 카드를 꺼내어 외우면서 서로 위로하며 격려하는 자들이 되었습니다. 언제부터인지 몰라도 욕설 대신에 감사하고, 불평 대신에 찬송하는 사람들로 바뀌었습니다. 나는 그들이 간증하는 모습을 지켜보면서 우리 하나님이 참으로 좋으시다는 생각을 얼마나 많이 했는지 모릅니다.

공부를 마치고 반 년 정도의 여유가 있었을 때는 의사 가족들이 거의 대부분을 차지하고 있는 어느 한인 교회를 섬길 기회가 있었습니다. 이민 사회의 다양한 사람들에게 영향력을 미칠 수 있다는 면에서 그들은 제자훈련만 시킨다면 대단한 일을 할 수 있는 인재로 보였습니다. 그러나 내가 그곳에 머물 수 있는 기간이 너무 짧아 시작도 하지 못한 채 떠나야 했던 것이 아직까지 아쉬움으로 남아 있습니다.

그렇게 교포 교회를 금방 떠나야 했기 때문인지는 몰라도 나는 아직도 교포 교회를 향한 제자훈련의 미련을 버리지 못하고 있습니다. 또한 교포 교회는 한국 교회보다 제자훈련을 하기에 더 좋은 조건들을 많이 가지고 있다는 나의 소신을 굽히지 않고 있습니다.

○ ○ ○ ○ ○ ○ ○
내가 주목한 교회

중도에 포기해 버리는 많은 동역자들을 보면서도 나는 그들이 주저앉은 이유가 어디에 있건 간에 제자훈련의 비전을 다시 회복하고 칠전 팔기하기를 기도하고 있었습니다. 교포 교회를 향한 나의 꿈을 쉽게 포기할 수 없었기 때문입니다. 그러는 가운데 수년 동안 내가 눈을 떼지 않고 주목하고 있는 교회가 하나 있었습니다. 남가주 사랑의교회였습니다.

그 교회를 담임하고 있는 오정현 목사는 오래전부터 내가 알고 있던 젊은이였습니다. 그는 대학생 때부터 제자훈련의 생명과 능력이 얼마나 대단한가를 직접 체험한 사람이었고, 목사가 된 다음에도 제자훈련만이 성경적인 목회 방법이라는 확고한 철학을 가지고 있었습니다.

교회 개척을 준비하면서 약 반 년 동안 그는 나의 지도 아래 인턴쉽 과정을 거쳤습니다. 그때 내가 요구한 페이퍼를 준비하면서 그는 나의 목회 패턴이 너무 여성화된 것 같다는 비판을 했습니다. 물론 그의 말은 일리가 있었습니다. 그때만 해도 우리 교회 성인 중 열에 일곱은 여자들이라 해도 과언이 아니었습니다.

그러나 낚시꾼이 고기를 낚으면서 미끼를 먼저 무는 놈을 낚아 올리는 것이 순리가 아닙니까? 서울 강남 지역은 분주한 남자보다 시간적으로 여유 있는 여자가 먼저 복음의 과녁이 되는 곳이라 여성 중심의 목회를 하는 것 같은 인상을 주지 않을 수 없었을 것입니다.

오 목사 자신이 여자가 많이 모이는 교회의 이미지를 좋지 않게 본 탓인지는 몰라도 지금 그의 목회 현장에는 샘이 날 정도로 씩씩하고 우람찬 많은 남자들이 제자훈련을 받고 작은 목사가 되어 열심히 뛰고 있는 것을 볼 수 있습니다. 내가 보기에 이런 남성 중심의 목회가 가능한 것에는 부부가 함께 다락방에 참여하는 교포 교회의 독특한 상황이 한몫 하지 않았나 생각합니다. 한국인의 정서상 남녀가 앉은 모임에서 여자가 리드하기는 어렵지 않겠습니까?

어쨌든 이 자리에서 내가 말하고 싶은 것은 남성 목회냐 여성 목회냐를 따지는 것이 아니라 교포 교회야말로 제자훈련의 황금 어장이라는 점을 남가주 사랑의교회 현장을 통해 확인시켜 주고 싶은 것입니다. 그리고 교포 교회가 제자훈련을 잘하면 정말로 멋진 남자들을 사역의 동역자로 엄청나게 많이 확보할 수 있다는 점을 자신 있게 강조하고 싶은 것입니다.

그러나 솔직히 말하면 오늘의 남가주 사랑의교회가 있기까지는 어렵게 넘긴 숱한 위기가 있었습니다. 오 목사가 제자훈련 목회를 궤도에 올려놓게 된 것은 모든 여건이 순풍에 돛을 단 듯 순조로웠기 때문이 아닙니다. 나는 그를 잔인하게 공격한 여러 번의 위기가 있었지만 그는 무너지지 않았습니다. 제자훈련에 목회 생명을 걸고 있었기 때문입니다. 그렇지만 그가 역시 혼자 힘으로 감당하기 어려운 사역의 짐을 지고 허덕일 때마다 제자훈련이 형식에 흐르는 것 같은 난관에 자주 부딪혔습니다. 해 본 사람은 다 아는 일이지만 바쁘다고 적당히 하고 피곤하다고 성의 없이 한다면 그것은 성도를 온전케 하는 제자훈련이라 할 수 없습니다.

그래서 여러 해 전, 한번은 비틀거리는 그를 정신차리게 하려고 서울에서 국제전화로 밤중에 그를 깨워 한 시간이 넘도록 호되게 질책한 일이 있었습니다. 괴로운 심정을 억누르면서 내 말을 받아들이는 그의 모습이 오히려 나를 더 아프게 했습니다. 충고나 질책을 즐기면서 하는 사람이 어디 있겠습니까?

오 목사는 충고를 받을 때마다 다시 자기 자리를 찾는 지혜와 성실함을 가진 사람입니다. 그 후로 그는 자기 관리에 뼈를 깎는 노력을 아끼지 않았습니다. 남가주 사랑의교회가 누리는 오늘의 복은 남몰래 흘린 지도자의 많은 눈물이 밑거름이 되지 않았다면 아무도 기대하지 못할 일이었습니다.

제자훈련으로 체질이 다져진 교회가 얼마나 강하고 얼마나 멋진가를, 오 목사가 안식년을 보내는 동안 나는 뿌듯한 즐거움을 가지고 지켜보았습니다. 내가 건강을 다쳐 어려움을 겪는 것을 보고 그는 안식년을 꼭 지키겠다고 작심하고 있었습니다. 흔히 알고 있듯이 교포 교회는 담임목사가 오래 자리를 비울 수 없는 불안한 요소들이 많이 있습니다. 그럼에도 40대 초반의 젊은 목사가 자기와 비슷한 또래의 부목사들에게 교회를 맡기고 1년 동안 돌아다닐 수 있었다니 어딘가 믿는 구석이 없이 어찌 이런 일이 가능하겠습니까? 그의 손에서 훈련받으며 목회철학을 함께 나눈 2백여 명의 평신도 지도자들이 교회를 지키고 있었기 때문에 가능한 일이었습니다. 그가 없는 동안 흔히 우려하는 시험은 고사하고 오히려 교회가 성장하는 복을 누릴 수 있었으니 정말 놀라운 일이 아닐 수 없습니다.

다시 고조되는 제자훈련 관심

지금 남가주 사랑의교회는 교포 교회의 많은 지도자들이 주목하고 있는 제자훈련의 좋은 현장이 되고 있습니다. 벌써부터 그곳을 다녀간 목회자들이 사방에서 제자훈련을 시작하고 있습니다. 겨우 불씨만 남은 것 같았던 미주 교포 교회의 제자훈련이 다시 불붙기 시작한 것입니다. 이제는 여러 곳에서 좋은 소식들이 많이 들려오고 있습니다.

평신도를 깨우는 목회, 이것만큼 교포 교회를 위해 확실하고 탄탄한 길이 없다는 의식의 공감대가 조용히 그리고 빠르게 확산되고 있는 것을 봅니다. 이것만큼 가슴 부풀게 하는 일이 어디에 또 있겠습니까! 얼마 있지 않아 교포 교회가 지닌 평신도의 저력이 얼마나 막강한지를 전 세계가 보게 될 날이 반드시 찾아올 것이라고 나는 확신합니다.

그 포도밭에 향기롭게 열릴 열매들을 생각하면 가슴이 두근거립니다. 해마다 남가주 사랑의교회 현장을 찾아 세미나에 참석하는 목회자들이 늘어날수록 교포 교회에서는 수많은 평신도가 깨어나는 환희를 맛보게 될 것입니다. 한번 해 보다가 실패한 경험이 있는 목사들이라도 다시 도전할 수 있다면 기적은 반드시 일어날 것입니다.

조선족을 위한
기술 대학을

나는 교회를 개척하면서 창립 비전 세 가지 가운데 하나를 공산권 선교로 정하고 있었습니다. 공산주의로 인해 말과 글로 옮기기 어려운 고통과 피해를 당하고 있는 우리나라의 처지에서 북한을 위시한 공산권에 사는 사람들만큼 절실한 구령(救靈)의 대상으로 와 닿는 사람들은 없다고 생각했기 때문입니다.

뜻밖의 만남

그래서 초창기부터 이 비전을 위해 기도했습니다. 그렇지만 구체적으로 무엇을 어떻게 할 것이라는 계획은 오리무중이나 다름이 없었습니다. 그 시절에 공산권은 철벽처럼 막혀 있어서 준비된 선교비마저도 어떻게 써야 될지 모르는 채 때가 되기를 기다린 기간이 거의 10년이었습니다.

1989년 봄에 손님 한 분이 나를 찾아왔습니다. 첫인상이 매우 호탕한 분으로 보였습니다. 신앙인이라기보다는 세상에서 흔히 보는 중소

기업 사장 같은 인상이었습니다. 그는 자기를 교수라고 소개했는데, 자초지종을 들으면서 나도 모르게 그의 이야기에 빨려 들어갔습니다.

그는 미국 시민권자였고, 영국에서 박사 학위를 받은 후 대학에서 가르치다가 미국에 정착한 지 상당히 오래된 사람이었습니다. 그는 주한 미군과 국제결혼을 해서 미국에 온 한국 여성들을 위해 특별한 사역을 하던 평신도였습니다. 그가 하버드 대학에 입학하여 여러 나라에서 온 정치 지도자들과 함께 국제 경제를 공부할 기회가 있었는데, 그때 중국 정부의 고위 관리를 만났습니다. 곧 가까운 사이가 되었고 그에 의해서 정식으로 중국 사회 문화 연구소 교수로 초청을 받아 4년 넘게 중국에 살고 있었습니다.

그는 틈이 나는 대로 1년에 몇 차례씩 만주 지역 조선족을 찾아다녔습니다. 특히 그중에 그리스도인들과 교제를 나누었는데 영적 지도자가 모자라 안타까워하는 그들의 딱한 처지를 외면할 수 없어서 예배 인도를 열심히 맡아 주는 등 나름대로 그들을 돕고 있다고 했습니다. 그 일이 얼마나 대단한 값을 요구하는 일이었는지는 그의 이야기를 들으면서도 도무지 실감이 나지 않았습니다.

북경에서 연길까지 기차로 36시간을 가야 하는데, 그동안 컵라면 몇 개로 끼니를 때워야 하는 일이 비일비재했습니다. 그런 식으로 연길을 드나든 게 여러 번이었습니다. 하나님의 백성을 향한 열정과 거부할 수 없는 부담감이 아니라면 한두 번은 몰라도 그렇게 계속할 수는 없었을 것입니다.

그는 중국 정부로부터 절대적인 신임을 얻었기 때문에 그곳에서 행동의 폭이 넓고 자유로웠습니다. 한동안 조선족들과 교제하면서 그는 무엇을 하는 것이 근본적으로 그들을 돕는 것인가에 대해 생각해 보았다고 했습니다. 그는 그리스도인들을 도와줄 수 있는 지도자를 양성하는 성경학교 같은 교육 기관을 생각해 보았지만 정부로부터 허가 받는 것이 불가능하다는 것을 누구보다 잘 알고 있었습니다.

그래서 고심 끝에 기술학교를 세워서 운영하면 그리스도인들을 측면에서 도울 수 있는 일이 가능하지 않을까 하는 생각이 들었습니다. 기술 학교에 대해서는 주정부에서도 깊은 관심을 표명해 왔고, 자금이 마련되어 그런 학교를 세우겠다면 허가하겠다는 약간의 언질을 받은 바 있기 때문입니다. 그러나 막상 시작하려니 손에 쥔 것이 아무것도 없었습니다. 많지 않은 것이나마 미국에 있는 재산을 당장 처분한다 해도 그것을 금방 들고 올 수 있는 처지 또한 못 되었습니다.

그는 마침내 한국 교회가 이 일을 하지 않으면 누가 그 일을 하겠냐고 생각하였고, 서울로 와 이야기 나눌 사람을 찾다가 나를 소개받았다고 했습니다. 서재에서 이야기를 나누는 중에 주님께서 내 마음을 움직여 주셨습니다. 앞에 있는 사람을 믿어야 할지 말아야 할지도 잘 모르면서, 그리고 그만한 일을 벌일 만큼 준비된 자금을 갖고 있지도 않으면서 한번 해 보자고 약속해 버렸습니다. 공산권 선교라는 비전을 가지고 지금까지 해 온 기도에 대한 하나님의 응답이라고 믿었기 때문입니다.

○ ○ ○ ○ ○ ○ ○ ○ ○
확실한 하나님의 허락

그러나 그것은 사랑의교회만으로는 감당하기가 벅찬 일이었습니다. 나는 소망교회 곽선희 목사님을 찾아가자고 했습니다. 우리 두 사람이 찾아가서 이 일에 협력할 수 있는지 제안해 보고 만일 그가 승낙을 하면 하나님이 허락하시는 일로 받고, 그렇지 않으면 못하게 하시는 걸로 생각하자고 말했습니다. 그때만 해도 나와 곽 목사님 사이는 겨우 공식 석상에서 인사나 나눌 정도였습니다.

그런데 놀라운 것은 곽 목사님이 한 30분 이야기를 들은 후에 "우리 같이 해 봅시다" 하는 것이었습니다. 하나님의 특별한 섭리가 있었음에 틀림없었습니다. 그 후로 헤아릴 수 없이 많은 우여곡절을 겪었습니다. 그러나 지난 10여 년 동안 하나님께서 광활한 만주 벌판에 자리 잡은 백만 평이 넘는 학교 대지 위에 기적을 행하셨다는 사실은 부인할 수 없습니다.

내가 확신하기로는 곽 목사님과 김 박사님이 일심동체가 되어 헌신적으로 이 일을 추진하지 아니하였다면 오늘의 연변과학기술대학은 존재할 수 없었을 것입니다. 그들이야말로 그곳 동포의 땅에 꽃피게 될 하나님의 기적을 믿음의 눈으로 미리 내다보고 기쁘게 달려간 선각자들임에 틀림없습니다.

우리 몇 사람이 연변과학기술대의 꿈을 꾸던 당시만 해도 이 일이 가능하리라고 예측할 수 있는 근거는 아무것도 없었습니다. 그때까지 공산 정권이 외국인에게 사립학교를 세우도록 허락한 사례가 없었을 뿐 아니라, 이런 일이 가능하리라고 상상조차 한 일도 없었기 때문입니다. 중국 정부로부터 인가를 받기 전에 숱한 난관이 있었으나 하나님께서는 극복하게 하셨고, 중상모략도 끊임없이 난무했지만 주님의 일을 꺾어 놓지 못했습니다.

그동안 대학 본관과 기숙사 등을 짓느라 거의 백억 원에 가까운 자금이 들어갔습니다. 그리고 매년 이 학교를 운영하는 데 수십억 원이 필요합니다. 소망교회와 사랑의교회가 해마다 3억 원씩 후원하는 것 외에는 고정된 수입이 없어서 믿음의 기도를 하지 않을 수 없는 처지입니다. 그러나 하나님께서 오병이어의 기적을 통하여 날마다 필요한 것들을 채워 주시는 것을 봅니다. 이 놀라운 사역을 위해 더 많은 후원

교회와 개인들이 나타나기를 기도하고 있습니다. 기도하는 자들이 많을수록 더 큰 일을 할 수 있기 때문입니다.

1993년 9월, 이 학교가 개교하자마자 중국 국가고시에서 중상위권의 성적을 받은 학생들이 몰려들었습니다. 이제 이 학교는 조선족 학생들에게 선망의 대상이 되었을 뿐 아니라, 중국 안에 있는 수십 개의 소수 민족 가운데서 자기 대학을 가진 몇 개 안 되는 민족으로서 자부심까지 갖도록 하였습니다.

졸업 시즌이 되면 그들을 스카우트하려는 국내외 기업들의 경쟁에 학생들이 즐거운 비명을 지르는 판국입니다. 처음 졸업한 학생들이 타 대학 출신들에 비해 그 실력이 탁월하다는 좋은 소문이 사방에 퍼졌기 때문에 일어난 현상이었습니다.

○ ○ ○ ○ ○ ○ ○
감동의 주인공들

연변과기대를 이야기할 때 우리를 가장 감동시키는 일은 조선족 학생들을 가르치기 위해 각지에서 그곳으로 달려간 교수들의 모습이라 할 수 있습니다.

그들 대부분은 우리나라와 미국 등 서구에 있는 유수한 대학에서 박사 학위를 받은 학자들입니다. 자기 전공대로 진출하면 어디를 가든 여유 있고 안락한 생활을 할 수 있는데 그것을 포기하고 더 보람된 일, 주님이 가라고 명령하시는 일을 위해 달려간 사람들입니다. 그들이 하나님 나라를 위해 의미 있게 살고 싶어서 만사를 포기하고 가족을 이끌고 달려간 연길은 선진국에 비해 생활환경이 너무나 열악한 곳입니다. 시가지가 불결하고 물이 너무 나빠서 노란 황토물에 빨래를 해야 하며, 식수로 쓰는 수돗물도 따로 받아서 반드시 하루 이상 침

전물을 가라앉힌 후 끓여 먹어야만 합니다.

겨울이면 연탄 연기와 가스가 온 도시를 마치 장마 구름처럼 뒤덮어서 호흡기 질환이 여간 심하지 않습니다. 숨쉬기가 어려울 지경이라 해도 과언이 아닙니다. 지금은 조금 나아졌지만 불과 몇 년 전까지만 해도 호되게 고생할 생각 없이는 처자를 끌고 오기 어려운 곳이었습니다.

얼마 전 나는 그곳에 들렀을 때 미국에서 온 젊은 교수 집을 방문한 일이 있었습니다. 어두컴컴하고 퀴퀴한 냄새가 나는 20여 평의 아파트는 앉아 있고 싶은 생각마저 앗아갈 정도였습니다. 작은 욕실에 받아 놓은 물은 석회를 탄 것처럼 뿌옇게 보였습니다. 내가 격려를 하자 부인은 눈물을 닦고 있었습니다. 이와 같은 어려움을 마다하지 않고 현재 이 학교에서 혼신의 힘을 다하여 가르치고 있는 교수가 49명에 달합니다. 일반 행정직을 담당하는 사람까지 합하면 85명입니다.

한번은 내가 학교 시설을 둘러보는 중이었는데 초로의 나이에 접어든 교수 한 분이 활짝 웃으면서 반기는 것이었습니다. 알고 보니 그는 미국에서 공부한 후 수십 년 동안 대학에서 교수 겸 도서관장을 한 분이었습니다. 풀장을 갖춘 대저택에서 남부러운 줄 모르고 살았는데, 나이가 들어 가면서 더 늙기 전에 뭔가 정말 몸을 던져 할 수 있는 보람된 일이 없을까 하고 찾게 되었다는 것입니다. 마침 그때 연변 과기대 총장을 만났고, 즉시 모든 것을 내던지고 연길로 달려왔다고 합니다. "그래, 정말 보람을 느끼세요?"라고 물었더니 "예, 사는 맛이 바로 이런 것이구나 하고 느끼고 있어요. 우리 집사람은 지금 신이 나 있어요" 하며 책을 툭툭 털어 도서관 선반에 얹기 시작했습니다.

교수들이 공산 치하에서 지지리도 고생한 학생들을 사랑하는 마음은 보통을 넘어섭니다. 인격적으로 사람 대접을 별로 받아 보지 못한 학생들이라 처음에는 교수들의 태도에 의혹의 눈초리를 보내기도 했지만 나중에 교수들의 진심을 알게 되자 그들 쪽에서 오히려 더 적극적으로 달려들고 있는 형편입니다.

현재 중국법이 대놓고 예수 믿으라고 말할 수 없게 하기 때문에 공개적으로는 아무도 전도할 수 없습니다. 그리고 학사 운영도 정부의 철저한 지시와 감독을 받아야 하기 때문에 교수들이 종종 신앙과 학문의 자유를 마음대로 표현하지 못하는 한계를 갖고 있습니다. 그럼에도 입학한 지 1, 2년만 지나면 학생들 가운데 적지 않은 수가 교수들로부터 깊은 인격적인 감화를 받아 스스로 변화되는 기적이 일어나고 있습니다.

하나님이 이들을 키우셔서 사용하실 다음 세대를 생각하면 흥분과 기쁨을 감출 수 없습니다. 이 학교를 위해 지금 세계 도처에서 수많은 후원자들이 기도하고 있고 작은 정성을 끊임없이 모으고 있습니다. 앞으로 하나님이 어떤 일을 하실지 설레는 가슴으로 기다려 봅니다.

비전
5430

CAL 세미나를 처음 시작하면서 나는 이런 생각을 했습니다. '몇 번 해 보다가 반응이 별로 좋지 않고 지원자가 줄면 그만 두어야지.' 그런데 예상 외로 제자훈련에 대해서 알고자 하는 열망이 점점 뜨거워지는 분위기로 바뀌었습니다. 그래서 CAL 세미나 사역을 제대로 섬길 수 있는 전문적인 팀을 만들기로 했습니다. 이것이 국제제자훈련원의 효시였고, 벌써 20년이 넘는 역사를 가진 전문사역기관이 되었습니다. 그렇다고 사랑의교회로부터 독립된 기관은 아닙니다. 사랑의교회가 한국 교회와 이민 교회와 세계 교회를 섬기기 위해서 마련한 사역의 채널이라고 할 수 있습니다.

나는 은퇴하면서 국제제자훈련원에서 일하는 것이 남은 여생에 내가 집중해야 될 사역이라고 생각했습니다. 그래서 은퇴하면 국제제자훈련원으로 사용하던 작은 사무실 모퉁이에 내 책상 하나만 가져다 놓으면 될 것이라고 생각했습니다. 그러나 당회에서는 내가 마음껏 일할 수 있도록 훈련원 건물을 신축하기로 결정했습니다. 지하 1층, 지상 5층의 아담한 건물입니다. 나는 장로님들의 배려에 깊이 감사하고 있습니다. 왜냐하면 내가 은퇴하면서, 그리고 새 건물을 가지면서 훈련원의 사역이 엄청나게 발전하고 확장되었기 때문입니다.

내가 무엇보다 감사하는 것은 잘 준비된, 그리고 아주 우수한 동역자들을 많이 주셨다는 것입니다. 오정현 목사, 김명호 목사, 강명옥 전도사는 나와 함께 20년이 넘도록 제자훈련 목회를 위해서 달려온 지도자들입니다. 이들 외에 10여 명의 신실한 목사들이 전문 영역에서 책임을 지고 있습니다. 그리고 50명이 넘는 스태프들이 혼신의 힘을 다해 함께 뛰고 있습니다. 이들 모두는 한국 교회뿐 아니라 세계 교회를 섬기고 있다는 투철한 소명감과 자부심으로 무장하고 있는 자들입니다.

몇 년 전부터 주님께서는 우리에게 5430의 비전을 보여 주셨습니다. 이것은 5만여 한국 교회 가운데 십분의 일인 5천여 교회와 4천여 이민 교회 가운데 십분의 일인 4백여 교회를 건강한 제자훈련 모델 교회로 세우고, 일본과 중국을 포함한 30여 개국의 선교지에 제자훈련의 모델 교회를 세우라는 주님의 분명한 명령입니다.

벌써부터 우리 앞에는 세계를 향해 문이 활짝 열리고 있습니다. 내가 쓴 《평신도를 깨운다》가 11개 국어로 번역되었고(2021년 현재), 매년 세미나 때 영어권, 중국어권, 일본어권, 포르투갈어권 등 외국 목사 팀들이 매기 50명씩 찾아오고 있으며, 이들을 위해 우리는 동시통역을 준비하여 강의를 들을 수 있도록 합니다. 그리고 세계적인 선교단체인 OM과 SIM 등에서는 제자훈련을 선교전략으로 삼고 지도자들을 세미나에 보내고 있습니다. 동시에 미국에 있는 남가주 사랑의교회 현장을 빌려서 세계 130개국이 넘는 나라에 퍼져 있는 이민 교회가 제자훈련을 잘할 수 있도록 뒷바라지를 하고 있는데, 이것은 세계 복음화를 위해서 무척 중요한 전략입니다. 이 모든 일에 사랑의교회와 국제제자훈련원이 쓰임 받고 있다는 것은 바로 한국 교회가 세계를 위해 하나님의 손에 들려 있다는 것과 같다고 나는 생각합니다. 언젠가는 우리의 비전이 성취되어 하나님의 뜻이 이 땅에 이루어지는 날이 올 것을 의심하지 않습니다. 그날이 오면 교회마다 그리스도의 제자들이 벌 떼같이 일어나서 세상을 바꾸는 놀라운 기적이 일어날 것입니다.

한편으로 내가 일하면서 늘 마음에 걸리는 것이 하나 있습니다. 목회자들의 요구는 이런저런 것으로 너무 많은데 우리는 거기에 만족스러운 대답을 주지 못하는 때가 많다는 것입니다. 목회라는 것은 종합예술과도 같아서 어느 한 가지만 잘해서는 모든 것을 충족할 수 없습니다. 제자훈련이 성공하면 성공할수록 평신도의 영적 요구는 더 많아지고, 그들과 동역하기 위해서 끊임없이 준비시켜야 할 일들은 더불어 함께 늘어나기 마련입니다. 동시에 예상하지 못한 여러 가지 문제도 발생하고 본의 아니게 시험에 빠질 때도 가끔 있습니다. 또한 교회가 성장하면 뒤따라가면서 손을 써야 할 일들도 한두 가지가 아니게 자꾸 늘어납니다. 목회가 이처럼 복합적인 조건을 충족시켜야 하는 것이기 때문에 국제제자훈련원에 도움을 요청하는 일들이 자주 발생합니다. 할 수 있으면 언제든지 달려가서 얼마든지 시간을 할애하여 섬기고 싶지만 뜻대로 잘 되지 않는다는 것이 우리의 고민입니다.

그럼에도 나는 제자훈련이 제대로 뿌리내리면 교회는 반드시 건강해지고, 목회자가 평신도 지도자들과 함께 동역하는 데 성공하면 교회는 반드시 성장하고, 동시에 지역사회에 좋은 영향을 미치는 공동체가 된다는 사실을 수많은 사례를 보면서 확신하고 있습니다. 제자 만드는 사역은 주님이 주신 지상 명령입니다. 순종하면 반드시 목회에 축복이 따라옵니다. 그런데도 왜 못하는 것일까요?

이 자리를 빌어서 솔직하게 20년이 넘는 경험을 가지고 말하고 싶은 것이 하나 있습니다. 목회자들에게 제자훈련을 할 수 있도록 목회철학을 심어 주는 일이 결코 쉽지 않다는 것입니다. 다시 말해서, 제자훈련을 못하고 있는 목회자들의 생각이 어디서 잘못되었는가를 깨닫게 하는 것이 한두 시간의 강의로는 잘 해결되지 않는다는 것입니다. 이것은 보통 심각한 문제가 아닙니다. 제자훈련에 왜 관심이 없습니까? 목회철학이 뒷받침하지 못하고 있기 때문입니다. 제자훈련에 왜 실패합니까? 목회철학이 빈약하기 때문입니다. 제자훈련을 왜 비판합니까? 목회철학이 잘못되었기 때문입니다. 이런 의미에서 목회철학을 정립하는 것이 제자훈련의 주제요, 방법론은 부제라고 할 수 있습니다. 생각이 바뀌면 행동이 바뀝니다. 평신도를 그리스도의 온전한 제자로 만드는 것이 목회의 본질이라는 확고한 신념이 생기면 제자훈련은 자연스럽게 하게 됩니다. 따라서 목회자들의 목회철학을 바로잡아 주는 일은 '5430 비전'을 성취하기 위해 가장 먼저 극복해야 될 과제입니다. 그러나 목회의 패러다임을 바꾸는 일은 성령의 역사에 의해서만 가능합니다. 그래서 우리는 날마다 성령의 도우심을 간구하고 있는 것입니다.

8

나는
행복한 목회자

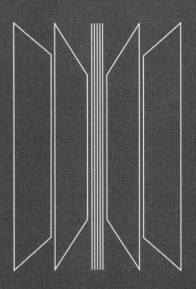

사랑의교회 장로들은 오늘도 변함없이 자기와 씨름하고 있습니다.
우리에게는 주님이 보여 주신 아름다운 정상이 있기 때문입니다.

이런 장로도
있다

내가 어린 나이로 예수님의 첫사랑에 취해 있을 때 나를 가장 슬프게 한 사람은 고향에 있던 교회의 한 장로였습니다. 그는 나와 같은 어린 주일 학생을 비롯하여 많은 교인들에게 엄청난 슬픔과 고통을 안겨 주었습니다. 공적으로는 선한 목자처럼 행동하고 사적으로는 매정한 삯꾼처럼 행동하는 두 얼굴을 가진 사람이었습니다. 그의 손에서 교역자가 3년을 버텨 내지 못했습니다. 교역자가 손발을 비비며 그의 비위를 맞추지 않는 한 길면 3년이요, 짧으면 반 년 만에 눈물을 흘리며 쫓겨 가는 일이 비일비재했습니다.

골이 깊은 당회들

내가 예수님을 만나 한참 은혜의 단맛에 빠져 있을 때, 그때가 아마 열한 살쯤 되었다고 생각합니다. 정말 멋진 목사님이 새로 부임해 왔습니다. 어린 내가 보기에도 그분은 소신이 분명했고 전도의 열정이 뜨거워 동네마다 북을 치고 다니며 복음을 전했습니다. 나도 주일 오후면 신이 나서 쫓아다니며 거들었습니다. 언젠가는 근처에서 가장 높은 산꼭대기에 올라가 40일 금식기도를 하고 내려오는 것을 보기도 했습니다. 교인들은 은혜를 받고 딴 세상을 사는 사람들처럼 행복해했습니다. 교회도 부흥이 되어 갔습니다. 예외가 있다면 그 장로와 그의 가족들뿐이었습니다.

2년이 안 돼 그 장로는 목사님을 추방할 공작을 시작하였습니다. 한 번은 목사님을 자기 집으로 불러 장로 부부가 함께 폭행을 가하여 목사님 얼굴에 상처를 입히기도 했습니다. 그래도 버티니까 새벽 기도 시간에 설교하는 목사님을 끌어내리고 헌금 주머니에 달린 막대기로 몇 개 안 되는 호롱불을 함께 박살 내 버렸습니다. 나는 그 목사님을 송별하는 부둣가에 나가서 먼 바다를 바라보며 한없이 통곡하고 슬퍼했던 일을 기억합니다.

여러 해가 지나서 그 장로의 가정이 얼마나 비참해졌는가는 여기서 이야기하지 않겠습니다. 내가 말하고 싶은 것은 은혜의 세계로 발을 들여놓았을 때 제일 먼저 나를 실족시킨 사람이 장로라는 거룩한 직분을 가진 사람이었다는 사실입니다. 그때 입은 상처는 수십 년의 세월이 흐른 지금도 다 아물지 않고 있는 것 같습니다.

서울로 올라온 이래 몇 교회를 다녀 보았습니다. 나의 상처를 아물게 할 이상적인 장로상을 찾고 싶었습니다. 그러나 가는 곳마다 나는 더 실망하지 않으면 안 되었습니다. 전도사로 있던 교회는 말할 것도 없고, 부목사로 일하던 교회에서는 차라리 내가 예수를 믿지 않았더라면 저런 장로들은 만나지 않았을 것이라는 일종의 막가는 생각을 할 정도였습니다. 이 교회의 담임목사님은 부임한 지 5년도 안 되어서 세상을 떠나셨습니다. 그는 나의 우상이나 다름없었습니다. 내가 3년간 곁에서 모시면서 지켜본 것이 있었기 때문에 그분의 죽음이 절대로 우연한 것이 아니라는 것을 짐작으로 알고 있었습니다. 장례식에 참석했던 저명한 목사님 한 분은 훗날 나에게 이런 말을 들려주었습니다. 임종 소식을 듣고 달려갔는데 그때 만난 장로 한 분이 자기를 보고 이런 말을 하더라는 것입니다. "목사님, 우리가 죽였디요. 목사님을 우리가 죽였어요." 그래도 어딘가 일말의 양심이 있었던 모양입니다.

오늘날 교회마다 한두 사람의 '디오드레베'(요삼 1:9 참조)와 같은 장로들로 인해 고통당하지 않는 곳이 거의 없는 것 같습니다. 나의 말을 들으면서 오해하지 말기를 바랍니다. 훌륭한 장로들이 더 많은 것이 사실입니다. 그중에는 성자라고 불리울 정도로 많은 사람들에게 감화를 주며 존경받는 장로들이 한국 교회에 한두 명 있는 것이 아닙니다.

그러나 한 가지 안타까운 것은 이러한 장로들 대부분이 감독자로서 직분에 어울리지 않게 너무 소극적으로 처신하는 일이 의외로 많다는 것입니다. 교회를 보호해야 할 처지에 있으면서 자기 보신에 급급하고 상처 입기를 싫어하고 영적 싸움을 해야 할 자리에서 피하기만 합니다. 그러니 악화가 양화를 구축하는 경제 원리처럼 한두 명의 질 나쁜 장로들이 교회를 좌지우지하는 것입니다. 이런 의미에서 문제를 일으키는 자들이나 그것을 방관하는 자들이나 둘 다 장로 될 자격이 없는 사람들이라는 게 나의 생각입니다.

∘ ∘ ∘ ∘ ∘ ∘ ∘ ∘ ∘
마음에 담고 있던 꿈

내가 이처럼 장로로 인해 많은 상처를 입었고 또 본의 아니게 부정적인 시각을 가지고 있었기 때문인지 사랑의교회를 시작하면서는 결심이 단호했습니다. 나와 더불어 말씀 앞에서 그리스도의 제자가 되기 위하여 영점에서부터 함께 진통하는 은혜받은 장로가 아니면 누구하고도 교회 일을 손잡고 하지 않겠다는 각오였습니다. 다시 말하면, 타교회에서 장로직을 받은 사람들을 나의 사역의 파트너로 수용하지 않겠다는 결심이었습니다. 교인들이 백여 명 가까이 모이고 있을 즈음에 여러 명의 장로들이 사랑의교회를 찾아왔습니다. 그들은 다 훌륭한 사람들이었습니다. 가족도 많고 개중에는 재력이 상당한 사람들도 있었습니다. 모든 것이 아쉽고 어떤 면에서는 외롭기만 한 개척교회 목사의 처지에서는 이런 사람들이야말로 구세주나 다름없다고 해도 과언이 아닐 것입니다. 그러나 나는 그들을 받아들이지 않았습니다. 그들은 얼마 동안 예배에 참석하다 내가 개인 심방을 전혀 하지 않으니까 조용히 물러갔습니다.

지금도 나는 그때 일을 잘했다고 생각합니다. 무명의 젊은 목사가 이미 장로가 된 사람들을 제자훈련에 끌어들이기는 굉장히 어려웠을 것입니다. 설혹 제자훈련에 들어온다 해도 이미 장로로서 굳어 있는 의식이 깨어진다고 아무도 보장할 수 없는 일이었습니다.

나에게 참으로 중요한 것은 성급한 교회 성장이 아니라 진정한 평신도 동역자를 얻는 것이었습니다. 그러기에 나는 마음속에 항상 이상적인 장로상을 그리고 있었습니다. '사랑의교회에서 이 꿈을 실현시킬 수 없을까?' 아마 초창기 우리 교인들은 내 속에 비밀리에 감추어져 있던 이런 꿈을 눈치채지 못했을 것입니다.

그러나 나는 꾸준히 나의 꿈을 실현시킬 수 있는 터전을 닦아 나갔습니다. 남자 제자반이 성공적으로 진행되고 있었지만 나는 한 번도 그들을 향해 "앞으로 장로가 되셔야지요"라는 말을 입 밖에 내지 않았습니다. 제자훈련이 장로시키기 위한 일종의 상거래라고 한다면 나는 애저녁에 제자훈련을 쓰레기통에 집어 던지고 말았을 것입니다. 첫 제자훈련이 끝난 다음에도 나는 2년이 넘도록 장로에 대한 말을 입 밖에 내지 않았습니다. 장로가 되고 싶어 안달하는 사람은 절대로 시키지 말아야 한다는 것이 내가 지도자로서 철이 들면서 발견하게 된 또하나의 지혜였기 때문입니다. 나는 그런 낌새를 조금이라도 보이는 사람은 어떤 희생을 무릅쓰고라도 제재하고 싶었습니다.

일각에서는 이미 타 교회에서 안수집사가 되었던 몇 사람들을 가리키면서 "왜 옥 목사님이 저들을 장로로 세우지 않지? 아마 혼자서 독재하고 싶은 거겠지"라는 말들이 들려왔습니다. 그러나 나는 전혀 개의치 않았습니다. 훈련을 마친 집사들에게 다락방을 개척하도록 했는데, 그들이 목사와 사역을 함께할 동역자로서 어느 정도로 진실성을 가진 사람인가를 나는 은근히 평가하고 싶었습니다.

감사하게도 그들은 2년 가까이 정말 순수한 어린아이와 같은 마음으로 한 영혼을 위해 눈물 흘리며 충성했습니다. 그런 그들을 보며 나는 속으로 생각했습니다. '그래, 이 사람들이면 나와 평생을 손잡고 뛸 수 있을 거야. 이들 정도면 앞으로 사랑의교회를 통해 이상적인 장로상이 어떤 것인가를 보여 줄 수 있는 가능성이 있어.' 드디어 그들 가운데 아홉 명이 장로로 세움을 받게 되었는데 교회가 개척된 지 만 4년 반이 지난 1982년 12월 5일이었습니다. 그들 중에는 한사코 장로를 하지 않겠다고 버티는 사람도 있었지만 나의 설득에 결국 순종했습니다.

이상을 향한 작은 첫걸음

처음부터 우리는 장로의 권위가 섬기는 데 있고 모본이 되는 데 있음을 분명히 했습니다. 그래서 예배실에 장로석을 따로 두지 않기로 했습니다. 청중 위에 군림하는 장로가 아니라 청중 속에서 섬기는 장로의 이미지를 보이고 싶었기 때문입니다.

그들은 처음부터 목회에 관한 한 담임목사님을 전적으로 따른다는 원칙을 세웠습니다. 목회는 목사가 전문이고 자기들은 비전문인이라는 것을 현실로 받아들인 것입니다. 이 점에서 우리 교회 장로들은 지금까지 한 번도 어떤 우를 범한 일이 없습니다. 교회를 신축해도 당회실을 따로 두지 않으려 했습니다. 교인들을 위해 한 평의 공간이라도 더 쓸 수 있도록 하자는 취지였습니다. 그리고 장로는 한 사람도 예외 없이 다락방 순장으로서 영적 사역을 책임지도록 했습니다. 노회나 총회 같은 데 다니면서 정치하지 않겠다고 다짐했습니다. 그 대신 나도 노회나 총회에서 흔히 목사 세계에서 말하는 감투를 쓰지 않겠다고 약속했습니다.

지금까지 우리는 이 약속을 성실하게 지키고 있습니다. 그동안 변한 것이 있다면 당회실을 하나 마련했다는 것입니다. 교회 공간을 좀 확장하면서 약간의 여유를 가지게 되었고, 그동안 장로들이 모일 수 있는 장소가 꼭 필요했기 때문입니다. 그러나 이 당회실은 다목적용으로 사용되고 있습니다. 비어 있을 때는 어느 부서든지 사용할 수 있도록 열려 있습니다.

나는 교회에서 '다스린다'는 개념이 잘못 이해되고 있다고 생각합니다. '다스린다' '치리한다'는 말들이 성경적인 의미보다 세상적인 의미로 곡해되고 있다는 생각을 떨쳐 버리지 못하고 있습니다. 세상 나라에서는 명령하거나 누르는 데, 다시 말해서 일종의 힘을 행사할 때 다스린다는 말을 많이 사용합니다. 그러나 주님이 제자들에게 누누이 말씀하신 바와 같이 하나님 나라의 권위는 세상 것과 반대됩니다.

다스림이 무엇입니까? 섬김을 말합니다. 무엇이 다스림입니까? 성도를 말씀으로 세워 주고 기도로 밀어 주고 사랑으로 품어 주면서 그리스도의 분량에 이르도록 이끌어 주는 것, 이것이 다스림의 본래 의

미인 것입니다. 이 다스림에는 눈물과 땀이 그리고 어떤 경우에는 생명을 희생하는 대가가 지불되지 않으면 안 됩니다. 그럼에도 치리하는 장로라는 이름 아래 청구서에 도장을 찍어 주면서 권위를 세우고, 해라 마라 명령하고, 목사가 하는 일을 견제하여 자기의 능력을 과시하는 것으로 다스리는 장로의 일을 다하고 있다고 착각하는 사람들을 요즘에도 흔히 보게 됩니다.

사랑의교회에서 처음 세움을 받은 아홉 명의 장로들과 그 뒤를 따라 장로가 된 형제들은 내가 꿈꾸고 있는 이상적인 장로상을 만들어 보기 위해 그동안 최선을 다해 왔습니다. 사실 그들은 제자훈련을 받으면서 내가 가지고 있는 목회철학과 리더십의 스타일이 어떤 것인가를 배웠지만 개인적으로는 자신의 고정관념을 깨뜨리기 위해 숱한 진통을 경험해야 했습니다.

그들은 전통적인 교회에서 자란 사람들이고 거기에서 고착된 어떤 생각을 가지고 있었습니다. 제자훈련을 한다고 해서 그것이 하루아침에 다 깨어지는 것은 아니었습니다. 그럼에도 나의 철학에 동의하고 주님의 교회를 함께 섬기기로 약속한 것입니다. 비록 완전하지는 못하다 할지라도 제자훈련을 통해 목사와 한 배를 탄 그들을 통해 주님께서 이상적인 장로상이 어떤 것인가를 보여 주실 날이 반드시 올 것이라고 믿습니다.

사랑의교회 당회가 하나 되어 시종일관 충성하는 것을 보고 우리 교회에 오기 전에 말 많고 싸움 잘하는 교회에서 신앙생활 했던 자들이 가끔 비위 상하는 소리를 하는 경우도 없지 않았습니다. 장로들이 뭘 하고 있느냐는 것입니다. 그렇게 예스맨으로만 처신해서 어떻게 장로라 할 수 있느냐는 것입니다. 이 말을 듣는 장로들이 기분 좋을 리가 없습니다. 이렇게 비난하는 사람들은 체질이 잘못된 교회에서 오래 있다 자기도 모르게 잘못되어 버린 것입니다. 그들은 교회가 너무 평안하면 근질근질해서 못 견디는 것 같습니다. 진정한 영적 전투가 무엇인가를 잘 모르기 때문에 항상 마귀의 농간에 놀아나는 것입니다.

나는 사랑의교회 장로들이 모두 완벽하다는 소리를 하는 것이 아닙니다. 목사가 허물이 많은 인간인 것처럼 그들 역시 허물이 많습니다. 지금까지 사랑의교회를 섬겨 오면서 우리는 여러 번 어려운 고비를 넘겨야 했습니다. 어떤 때는 목사의 생각을 잘 읽지 못해 오해가 생기기도 했고, 어떤 때는 자기들끼리 충돌을 일으키기도 했습니다.

한번은 연변과기대를 지원하는 문제를 놓고 우리는 3개월 동안 토의에 토의를 거듭하며 서로의 입장을 조율해야 했습니다. 매년 3억 원이상을 지원하는 엄청난 사역이었기 때문에 견해차가 있을 수 있었던 것입니다. 그런 와중에 지금 생각해도 안타깝고 불행한 일은 장로 한사람이 교회를 떠난 일입니다. 이유가 어디 있든 나에게는 지울 수 없는 오점을 남긴 사건이 아닐 수 없습니다.

내가 재삼 말하고자 하는 것은 목사든 장로든 어떤 이상적인 표준을 향해 끊임없이 몸부림치기 위해서는 여러 가지 고비를 넘어야 하고 많은 희생을 치러야 한다는 것입니다. 이상이 높으면 높을수록 더 무거운 값을 치러야 합니다. 대청봉을 오르는 자와 에베레스트 정상에 도전하는 자를 비교할 때 어찌 그 치르는 대가가 같을 수 있겠습니까? 나처럼 장로로 인해 상처받고 실족한 경험을 가진 목회자는 이상적인 장로상을 이루기 위해 어떤 값이라도 치를 각오가 되어 있습니다.

사랑의교회 장로들은 오늘도 변함없이 자기와 씨름하고 있습니다. 우리에게는 주님이 보여 주신 아름다운 정상이 있기 때문입니다. 우리는 그곳을 향해 쉼 없이 달려가기를 소원하고 있습니다. 그러므로 나는 믿습니다. 사랑의교회에서는 목사도 계속 발전할 것입니다. 장로도 끊임없이 전진할 것입니다. 이 세상을 떠날 때까지 우리는 이 경주를 멈추지 않을 것입니다.

○ ○ ○ ○ ○ ○ ○

장로들의 팔로업

교회가 대형화되면서 나와 장로들이 겪어야 하는 어려움은 한두 가지가 아니었습니다. 무엇보다 답답한 것은 내가 병약한 데다가 사역이 너무 과중해서 장로들과 인간적인 접촉을 거의 못한 것이었습니다. 그동안 장로들이 여러 번 이사 다녔지만 목사인 내가 10년이 넘도록 한 번도 찾아간 적이 없는 경우가 거의 대부분입니다. 우리는 공식적인 모임에서 1년에 몇 차례 만나는 것이 고작이기 때문에 어떤 때는 정서적으로 잘 통하지 않아 중요한 안건을 다루는 데 쓸데없는 긴장을 해야 할 때도 가끔 있습니다. 밤낮없이 목회만 생각하는 목사가 불쑥 내놓는 어떤 안건을 장로들이 그 짧은 시간에 이해하고 소화하는 데는 무리가 따를 수밖에 없는 것입니다.

또 한 가지 어려움이 있습니다. 아무리 제자훈련을 철저히 받았다 할지라도 장로가 되어 4, 5년이 지나면 영적으로 문제를 일으킬 수 있습니다. 그래서 목사는 장로의 영적 건강과 발전을 위해 끊임없이 뒷바라지를 해 주어야 합니다. 안타깝게도 나의 경우에는 이 중차대한 일을 제대로 하지 못했습니다. 여력이 없었기 때문입니다. 장로는 목사와 함께 모든 면에서 발전해야 합니다. 그들의 발전을 위해 목사는 팔을 걷어붙이고 나서야 하는데, 오랫동안 나는 그 일을 할 엄두를 내지 못하고 있었습니다.

물론 사랑의교회 장로들은 매우 큰 이점을 가지고 있는 것이 사실입니다. 다락방 순장 사역을 하면서 영적으로 침체되지 않도록 끊임없이 은혜를 공급받고 있을 뿐 아니라 순원들로부터 많은 도전을 받고 있기 때문입니다. 당회에서 회의만 하고 있는 타 교회 장로들에 비해서 값으로 따질 수 없는 보너스를 누리고 있는 셈입니다.

그리고 각자 전문적인 영역을 맡아 지도 교역자와 함께 밤낮없이 뛰어야 하는 분위기이기 때문에 자신이 영적으로 퇴보할 수 있는 틈을 허용하기 어렵습니다. 그럼에도 목사는 장로를 지속적으로 끌어주어야 합니다. 자기 혼자만 발전하고 장로들은 뒤처진다면 결국 그 목회는 절름발이가 될 수밖에 없기 때문입니다.

이런 일로 고심하다 1997년에는 특별한 프로그램을 하나 마련했습니다. 매주 수요일마다 집회를 마치고 장로들이 목사와 함께 따로 모여 밤늦게까지 책 한 권을 읽으면서 자유롭게 토론할 수 있게 한 것입니다. 목사가 매시간 몇 페이지를 읽고 요점을 정리해 준 다음에는 그 내용을 가지고 각자가 자기 생각을 마음껏 털어놓을 수 있는 장을 열어 주었습니다. 《새들백교회 이야기》(*The Purpose Driven Church*)를 가지고 우리는 1년 가까이 모였습니다. 과중한 공무로 인해서 종종 빠지는 장로들이 있어 그것이 좀 안타까운 일이었습니다.

우리는 정말 즐거웠습니다. 그 시간을 통해 내가 발견한 것은 우리 장로들의 영적 상태가 생각보다 건강하다는 것이었습니다. 제자훈련 받을 당시에 볼 수 있었던 그 순수함과 열정과 꿈이 여전히 남아 있었습니다. 나는 얼마나 속으로 기뻐하고 감사했는지 모릅니다. 내 몸은 너무 힘들어 쩔쩔매고 있었지만 내 영혼은 위를 향해 힘차게 날고 있었습니다.

그해 11월이라고 생각됩니다. 역시 《새들백교회 이야기》를 가지고 토론하고 있었는데 누군지 모르지만 대뜸 이런 말을 하는 것이었습니다. "목사님, 장로를 너무 오래 하는 것이 자신에게나 교회에게나 덕이 안 되는 것 같아요. 더욱이 이렇게 큰 교회에서 한 사람이 70세까지 당회에 눌러앉아 있다는 건 뭔가 잘못된 것 같아요. 이 문제를 오늘 좀 이야기해 보면 어떨까요?"

나는 속으로 굉장히 놀랐습니다. 장로들 입에서 이런 말이 나올 수 있으리라고는 예상하지 못했기 때문입니다. 나는 이 문제를 가지고 장로들이 자유롭게 자기 생각을 개진하도록 시간을 주었습니다. 결국 우리가 얻은 결론은 시무 연한을 제한하고 연령도 제한해서 좀 더 우수하고 젊은 세대들이 교회 리더십을 발휘할 수 있는 기회를 자주 주자는 것이었습니다. 다시 말해, 열린 당회를 만들어 보자는 것이었습니다.

그날 내가 속으로 얼마나 흥분했는지는 상상에 맡깁니다. 그렇지만 나는 한 달 더 생각해 보자고 했습니다. 연말에 가서 가부간 결정을 내리자고 했습니다. 한 달이 지나 정기 당회에서 우리는 이 문제를 당회록에 결정 사항으로 남겼습니다. 시무직은 7년으로 제한하고 시무 연령은 63세로 정했습니다. 우리 교회 현 장로들 중에 임직을 받은 지가 가장 오래된 사람은 16년 되었고 제일 늦게 된 장로도 3년이 넘었습니다. 그래서 이 결정에 따르면 장로 된 순번에 따라 1999년 말부터 대여섯 명씩 퇴진하게 되는 것입니다.

따라서 해마다 물러나는 수만큼 새로운 장로가 피선될 수 있는 길이 열리게 되었고, 당회는 자연스럽게 물갈이가 가능하게 되었습니다. 결과적으로 당회는 항상 25명 선을 유지할 수 있어 치리회로써 그 효율성을 극대화할 수 있고, 동시에 다양한 세대와 계층을 대표하는 갖추어진 평신도 지도자들이 주기적으로 들어와 장로의 면류관을 쓰고 교회에 봉사할 수 있는 기회가 더 많이 열리게 되는 것입니다.

이렇게 되면 자연히 교회는 훨씬 더 젊고 건강한 체질로 바뀔 것은 말할 필요가 없습니다. 그렇다고 해서 물러나는 장로들은 장로직을 잃는 것이 아닙니다. 그들은 70세가 되어 은퇴할 때까지 장로로 남아 교회를 섬겨야 할 자들입니다. 사역장로가 되었다고 해서 손을 떼고 뒤로 물러서 있는 자들이 아닙니다. 어떤 면에서는 교회를 위해 더 생산적이고 더 효율적인 역할을 감당할 수 있는 위치에 있다고 할 수 있습니다. 그들은 7년 동안 시무장로로 봉사하면서 사랑의교회를 샅샅이 들여다 볼 수 있는 안목을 가지고 있을 뿐 아니라 담임목사의 목회 철학과 교회의 비전이 무엇인지를 정확히 알고 있습니다. 어떻게 보면 사역장로가 된 지금부터가 교회를 위해 가장 효율적인 순기능을 감당할 수 있는 자리에 서 있다고 할 수 있습니다. 왜냐하면 당회와 상호 보완하는 위치에서 매우 중요한 역할을 할 수 있는 자격을 갖춘 지도자들이기 때문입니다.

중요한 것은 당회와 사역장로들이 얼마나 협력해서 교회를 섬길 수 있느냐 하는 것입니다. 사역장로라는 양질의 리더십을 최대한 활용하고자 하는 교회의 열린 자세가 성패를 좌우한다고 봅니다. 나는 1년의 유예기간을 가진 다음 교회에 당회의 결정을 공식적으로 알렸습니다. 성도들이 얼마나 감격해 하는지 그때 본 그들의 표정을 아직 잊지 못하고 있습니다. 매년 물러난 수만큼 새로운 장로들이 세워지고 있습니다. 당회가 새 옷을 입게 된 것입니다. 이것은 그만큼 교회가 이 시대에 더 잘 쓰임 받을 수 있도록 갱신되고 있다는 의미가 아닐까요?

우리 교회는 평균 연령이 40대 초반입니다. 이렇게 젊은 교회가 21세기에 주님의 마음을 기쁘게 하려면 장로교 제도가 안고 있는 취약점을 과감히 개선해 가면서 새 시대에 대응하지 않으면 안 될 것입니다. 이런 점에서 우리 장로들의 결단이야말로 내가 바라던 이상적인 장로상의 일면을 가시적으로 실현하는 일임에 틀림없습니다.

보람찬 팀 사역,
부교역자 만들기

나에게는 가슴 아픈 추억이 하나 있습니다. 부교역자로 사역할 당시 동료 목사와 2년 가까이 심한 갈등을 겪으며 지내야 했던 일입니다. 그는 나보다 2년 먼저 부임했고 목사 안수를 받은 사람이었는데 반해 나는 신학교를 이제 갓 졸업한 형편이었습니다. 그런데 담임목사님이 무슨 이유였는지 잘 모르나 그를 제쳐놓고 나에게 중요한 일을 다 시키는 것이었습니다. 자연히 동역자 간의 위계 질서가 무너져 버리고 말았습니다. 이로 인해 우리 둘 사이는 인간적으로 어떻게 해 볼 수 없는 심한 갈등에 빠져들었습니다.

이때 내가 배운 것은 팀 사역을 잘하려면 지도자가 교통 정리를 바르게 해야 한다는 것이었습니다. 교통 경찰이 죽을 쑤면 자동차가 엉키듯이 최고 책임자가 적절한 질서를 세워 주지 못하면 동역자끼리 평생 치유하기 어려운 상처를 입게 된다는 것입니다.

부목사 시절을 회상할 때 한 가지 더 생각나는 것이 있습니다. 어느 날 꽤 알려진 목사님 한 분이 나를 찾아오더니 이렇게 말했습니다. "옥 목사, 언제까지 부목사 할 거야? 부목사는 머슴이야. 젊은 나이에 자기 갈 길을 찾아야지. 몇십 명 모이는 교회라도 좋으니 하루빨리 담임목사가 되어야 해. 자네가 아무리 밤낮없이 뛰어도 부목사가 하는 일을 알아주는 사람이 없네."

나를 염려해서 하는 말인 줄은 알았지만 그 말은 나를 너무 슬프게 했습니다. 나는 항상 주님이 시켜서 하는 일은 계산을 하지 말아야 한다는 소신을 갖고 있었습니다. 그래서 부목사 일이 당회장이 되기 위한 예비 과정이라고는 생각해 보지 못했습니다. 내가 목사가 된 목적은 당회장이 되려는 것이 아니라 주님이 나에게 맡기신 일에 충성하는 것이었습니다.

지금도 그런 나의 생각에는 변함이 없습니다. 담임목사로 일하든 팀 사역의 일원으로 일하든 우리의 입장은 똑같습니다. 각자가 주님이 맡기신 일을 하고 있는 것입니다. "맡은 자들에게 구할 것은 충성이니라"(고전 4:2)는 말씀에 따라 각자의 양심은 판단을 받아야 합니다. 나는 지금까지 누구든지 부교역자 시절에 그 사람의 면면이 다 드러남을 보아 왔습니다. 또한 작은 일에 충성하면 큰 일을 맡기시는 하나님의 법칙이 진리임을 많이 보아 왔습니다.

○ ○ ○ ○ ○ ○ ○ ○ ○
팀 사역을 위한 전제 조건

이와 같이 내가 겪은 몇 가지 경험 때문인지 나는 나와 동역하는 부교역자에 대해 항상 각별한 관심을 가지고 있습니다. 7년 가까이 부교역자로 일했던 나의 경험이 그들을 이해하는 데 큰 도움이 되었고, 지도자의 불찰로 내가 당했던 어려움을 거울삼아 똑같은 우를 절대로 범하지 않겠다고 내 나름대로 굉장히 신경을 쓰는 편입니다.

앞으로 한국 도시 교회는 점점 대형화될 경향이 크다고 생각하니다. 왜 이렇게 단정할 수 있는지는 여기서 구태여 설명할 필요가 없을 것 같습니다. 교회의 크기가 커진다는 말은 팀 사역의 중요성이 그만큼 높아진다는 의미와 같습니다. 그리고 사역이 점점 전문적으로 세분화되어 간다는 것을 전제하는 말입니다. 그렇기 때문에 양질의 부교역자를 얼마나 많이 발굴하여 적재적소에서 뛰게 하느냐가 앞으로 한국 교회의 사활이 걸린 문제라고 나는 확신하고 있습니다.

과거처럼 부교역자를 담임목사의 심부름이나 하는 머슴같이 대하는 전근대적인 사고를 버리지 못하면 오래지 않아 우리 모두가 초라해질 것입니다. '당회장이면 다'라는 생각은 이제 던져 버려야 합니다. 지금은 5백명만 모여도 대형교회로 여기던 농경 사회가 아닙니다. 당회장이니 나 혼자 뛰면 된다거나 '내가 교회 주인이야'라는 의식을 가지고는 이 시대를 감당할 수 없습니다. 요즘 세대처럼 복잡하고 다루기 어려운 청중을 상대하여 목회하면서 어떻게 감히 '나 혼자 일한다'는 식의 무모한 생각을 고집할 수 있겠습니까?

사랑의교회는 능력 있는 부교역자를 만들기 위해 나름대로 투자를 아끼지 않으려고 애쓰는 편입니다. 지금까지 여러 명의 부교역자들을 1~3년 정도 미국의 유수한 신학교로 보내어 유학을 시켰습니다. 국외뿐 아니라 국내에서 사역을 하면서 목회학 박사 과정을 이수하도록 허락받은 부교역자들도 여럿 있습니다. 사역의 전문성을 위해서 대학원으로 진학하게 하는 경우도 있습니다. 앞으로도 할 수 있는 한 부교역자들의 질을 높이기 위한 방안을 다각도로 마련하려고 합니다.

팀 사역을 잘하기 위해서는 돈을 투자하는 것만으로 다 되는 것이 아닙니다. 부교역자들 각자가 가진 잠재력을 잘 파악해서 그것을 최대한 꽃피울 수 있도록 충분한 여건을 마련해 주어야 합니다. 무엇보다도 신뢰해 주어야 합니다. 지금은 미흡하나 조금 지나면 유능한 사역자가 될 수 있다는 소망을 가지고 믿음으로 그들을 대하는 것입니다. 또 기다려 주어야 합니다. 하루아침에 완성되는 것은 세상에 아무 것도 없습니다.

지금 사랑의교회에서 아주 유능한 사역자로 뛰고 있는 사람들 가운데는 5년 이상 기다려 주지 않으면 안 되었던 경우가 여러 번 있었습니다. 답답해서 당장 사람을 갈았으면 하는 마음이 들 때마다 나는 그 형제나 자매의 마음밭에서 이제 겨우 입을 벌리기 시작하는 장미를 들여다보곤 했습니다. 그 장미가 활짝 필 날을 소망하며 기다렸습니다. 지금 와서 나는 그때의 기다림을 조금도 후회하지 않고 있습니다.

그리고 또 하나 중요한 것은 부교역자들이 마음 놓고 뛸 수 있는 분위기를 만들어 주어야 한다는 점입니다. 미덥지 못해 감독하고, 마음에 차지 않아 강요하고, 능률을 높이기 위해 서로 경쟁시키는 이런 숨막히는 분위기라면 겉으로 보기에는 모두가 매끄럽게 잘 넘어갈지 모르지만 더 중요한 것을 잃어버리기 쉽습니다. 다시 말해, 사역자들의 개성이 죽어 버리고 자율성과 창의력을 잃어버리며 사역의 기쁨이 식어 버립니다.

내가 목회할 동안에는 교역자의 출퇴근이 따로 없었다고 해도 과언이 아니었습니다. 정기적인 모임이라는 것은 주중에 한 번 정도 있었을 뿐입니다. 모두가 자기가 맡은 사역의 특성에 맞추어 독자적이고 창의적인 아이디어를 가지고 뛸 수 있는 여건이 조성되어 있었기 때문입니다. 겉으로 보기에는 풀어놓는 것 같았지만 실제로는 훨씬 더 생산적으로 일할 수 있는 분위기였다고 할 수 있습니다.

마지막으로, 내가 팀 사역을 위해 중시하는 것이 또 하나 있습니다. 전문성을 키워 주는 것입니다. 성도들의 요구가 워낙 다양해서 사역을 전문화시키는 것은 오늘날의 목회에서 피할 수 없는 과제가 되고 있습니다. 그런데 성도들의 다양한 요구에 비해 교회는 전혀 준비되어 있지 않습니다. 하루빨리 해결해야 할 시급한 일이라고 생각합니다. 당회장 우상 시대는 이제 흘러간 옛 노래가 되었습니다. 전문성을 가진 사역자를 양성해야 합니다.

사랑의교회 전임 사역자 가운데 자기 전문 영역을 찾아 일하고 있는 사역자 수는 열 명 가운데 네 명 꼴입니다. 앞으로 더 늘어날 추세입니다. 찬양, 드라마, 영성, 상담, 장애아, 노인, 아동 교육, 성인 교육, 제자훈련 등 많은 분야에서 준비된 사역자들이 열심히 일하고 있습니다.

그들이 주는 조용한 그러나 진한 감동

감사하게도 하나님이 나에게 부교역자의 복을 많이 주셨습니다. 지금까지 나와 함께 정말 헌신적으로 손잡고 뛰었던 많은 동역자들을 잊을 수가 없습니다. 그들 가운데는 자기를 만년 부목사로 자칭하면서 환하게 웃는 얼굴로 밤낮없이 뛴 사람도 있습니다. 담임목사의 그늘에 가려 아무리 잘해도 빛이 안 나는 일들이 많았지만 그는 전혀 개의치 않았습니다. 아니나 다를까 7년이 안 되어 주님이 필요하다고 그를 빼 가시는 것을 보았습니다. 주님 보시기에 더 급하고 중요한 일이 있어서 신실한 일꾼이 필요했던 것입니다. 그를 보내고 며칠 밤을 아쉬워하며 뒤척이던 일이 기억납니다. 정말 머리가 숙여지는 멋진 형제였습니다.

이왕 부교역자에 대한 말이 나왔으니 한 사람만 더 이야기하고 싶습니다. 우리 교회에는 내가 한동안 신학교에서 가르칠 때 학생으로 있던 여전도사 하나가 일하고 있습니다. 처음에는 나의 비서로 일하다 곧 장년 사역에 발을 들여놓았습니다. 20대 중반의 앳된 나이였지만 개의치 않고 일을 맡겼습니다. 그에게 몇 가지 특별한 은사가 있다는 것을 알고 있었기 때문에 일단 바다에 던져 자유자재로 헤엄칠 수 있을 때까지 믿어 주고 기다려 주고 가르쳐 주기로 한 것이었습니다. 그래서 내가 인도하는 제자훈련, 순장반, 심지어 전도하는 자리까지 따라다니며 배우도록 했습니다.

그는 지금 사랑의교회에서 가장 오래 사역하고 있는 교역자입니다. 그로부터 나는 종종 영적인 도전과 진한 감동을 받습니다. 지난 25년 동안 결혼 문제로 흔들리는 것을 한 번도 본 일이 없습니다. "전 예수님과 결혼했잖아요." 내가 결혼 문제를 끄집어내면 시종일관 그가 하는 말입니다. 여자로서 빠진 것 없이 골고루 갖춘 그가 저렇게 일편단심 예수님만을 사랑하게 된 건 도대체 무슨 은혜일까요? 분명히 그는 영적으로 나보다 한 수 위인 사람임에 틀림없다고 나는 생각합니다. 그동안 내 주위에 결혼으로 인해 문제를 일으키고 교회를 떠나는 여전도사가 여러 명 있었기에 그가 더 크게 보였는지 모릅니다.

또 한 가지 지금도 내가 감탄하고 있는 사실이 하나 있습니다. 내가 새로 등록한 새신자들을 위해 새가족반을 만든 것이 1980년대 초반이었습니다. 그리고 2년 정도 내가 인도했습니다. 5주를 한 주기로 하여 반복되는 이 프로그램의 핵심은 복음을 전하는 데 있었습니다. 이전에 믿던 자나 새로 믿고 나온 자를 가리지 않고 사랑의교회를 찾은 자들의 첫발을 복음의 감격으로 장식해 주고 싶었던 것입니다. 나중에 내 일이 너무 벅차 이 사역을 이 젊은 여전도사에게 넘겼습니다.

그가 이 반을 맡은 지 벌써 20년이 넘었습니다. 5주에 한 번씩 똑같은 복음을 가르치는 일이라 몇 년 안 가서 싫증을 내거나 처음의 열정이 식어 버릴 수 있는 일이었습니다. 나는 말없이 그를 지켜보았습니다. 그런데 시간이 흐를수록 그는 점점 더 행복에 겨워했습니다. 처음에 비해 지금은 몇 배로 더 행복해합니다. 얼마 전에 일부러 "그 일은 이제 그만 할 때도 되지 않았나?"라고 떠보았더니 "목사님, 다른 일을 다 놓아도 좋으니까 이것만은 제발!"이라고 하는 것이었습니다. 그가 있는 자리에서 무슨 내색을 하지는 않았지만 나는 나에게도 저 자매처럼 끊임없이, 아니 갈수록 더 세게 솟아오르는 복음의 감격이 살아 있는가 하는 엄청난 도전을 받았습니다.

하나님은 사역자의 중심을 꿰뚫어 보고 계십니다. 시키니까 하는 것인지, 경쟁에 지기 싫어서 열심을 내는 것인지, 인정받으려고 밤낮 가리지 않고 뛰는 것인지 다 아십니다. 하나님이 가장 기뻐하시는 사람은 오후 5시가 다 되어 늦게 포도원으로 들어가 겨우 한두 시간 일하고 한 데나리온을 받은 품꾼의 감격을 가지고 있는 자일 것입니다. 하나님은 이런 사람을 사용하십니다. 그래서 그런지 이 여전도사의 사역은 사랑의교회 안에서 엄청난 영향과 풍성한 열매를 가져다 주고 있습니다. 새가족반은 장소가 터질 정도로 많이 모이고, 그에게서 영적 감화를 받은 사람들의 간증이 여기저기서 끊임없이 들려옵니다.

그는 이미 "평신도를 깨운다" 지도자 세미나에서 명강사로 국제적인 지명도를 갖고 있습니다. 한동안은 교포 교회는 물론이고 제자훈련 하는 일본 교회까지 그를 초청해서 집회를 한 번 하는 것이 소원이라는 말을 들은 일이 있습니다. 그래서 한동안은 여름이면 한두 주간 초죽음이 될 정도로 집회를 인도하고 돌아오기도 했습니다.

나는 행복한 목회자입니다. 내가 머리 숙이고 중심으로 존경해 마지않는 부교역자들이 내 주변에는 아주 많습니다. 이런 동역자들과 함께 사역하는 한 나는 결코 잘못될 수 없을 것입니다. 나는 그들을 사역의 모범으로 생각하고 있기 때문입니다.

마음 비우고
내려놓기

정말 쉬운 일이 아니었습니다. 개척해서 25년 가까이 내 생명처럼 사랑하며 섬기던 교회, 등록교인이 5만 명을 넘어 한 번도 성장세가 멈춘 일이 없는 건강한 교회, 나를 밀어내려는 사람들이 있는 것도 아닌 교회에서 5년이나 앞당겨 은퇴하기로 용단을 내리는 일은 '나를 쳐서 복종시키는' 자기절제 없이는 어려운 일이었습니다.

내가 나 자신을 믿을 수 없어 은퇴하기 3년 전부터 65세가 되면 교회의 미래를 위해 물러나겠다는 말을 고의로 흘리고 다녔습니다. 나중에 마음이 바뀌어 딴 소리를 하지 못하도록 내 입으로 나를 얽어매기 위해서였습니다. 그러나 한동안은 나 자신을 진정시키고 설득시키느라 애를 쓰지 않으면 안 되었습니다. '내가 왜 이러지? 뭐가 잘났다고 남이 안 하는 짓을 하지?' 하는 자책의 소리를 뿌리치지 못했기 때문입니다. 마음을 비우고 내려놓는다는 것이 이처럼 어려운 것인지 몰랐습니다. 하나님이 주시는 특별한 은혜가 아니면 누구나 할 수 있는 일이 아니라는 사실을 새삼 절감했습니다.

내가 조기 은퇴를 작심하게 된 이유는 간단했습니다. 교회가 목사와 함께 늙으면 안 된다는 소박한 확신 때문이었습니다. 누구나 60대에 접어들면 지도자로서 강점도 있지만 약점이 더 많아집니다. 의식이 굳어지고 폐쇄적인 사람이 되기 쉽습니다. 본인은 아니라고 아무리 소리쳐도 모든 면에서 노화현상이 일어나는 것을 숨길 수 없는 것이 현실입니다. 젊은 지도자에게서 볼 수 있는 박력, 신선함, 도전 의식, 비전 등을 유지하기가 어려워집니다.

교회의 영성과 문화는 지도자의 나이가 얼마냐에 따라 상대적으로 좌우됩니다. 사람들은 나를 보고 나이에 비해 너무 젊다는 말을 자주 합니다. 그러나 나의 내면에서 어떤 변화가 일어나고 있는지 그들이 알 턱이 없습니다. 사랑의교회는 전반적으로 젊습니다. 흰머리를 이고 있는 사람들을 보기가 어렵습니다. 60대 문턱을 넘어서면서 나는 교회의 주류인 3, 40대 청중의 눈에 드는 목사가 되려고 무의식적으로 신경을 많이 쓰고 있는 자신을 발견하곤 했습니다. 나도 모르게 세대 차이에서 오는 스트레스를 심하게 받고 있었던 것입니다. 동시에 교회의 꿈과 영광을 이야기하는 재미보다 손자손녀 자랑을 늘어놓는 것을 더 재미있어 하는 할아버지로 변하고 있다는 사실을 숨길 수가 없었습니다.

'더 늙기 전에 떠나자. 그래야 교회가 산다.' 이렇게 미리 마음 비우는 연습을 수없이 하였습니다. 내려놓고 떠남을 진심으로 감사하는 마음이 생길 때까지 나는 비우고 또 비우기를 수없이 반복했습니다.

내가 은퇴를 결심하고 나서 제일 먼저 해야 할 시급한 일은 교회의 충격을 최소화하고 모두가 은혜롭게 나의 결정을 따르게 하는 일이었습니다. 교인들의 눈에는 내가 그만두어야 할 무슨 명분이 없었습니다. 잘못하면 그만두겠다는 말이 엉뚱한 오해를 불러일으키기가 더 쉬웠습니다. '옥 목사가 양심상 목회를 할 수 없는 무슨 숨은 비밀을 가지고 있는 것이 아닌가' 하는 엉뚱한 생각을 할 수도 있을 것이기 때문입니다. 자칫 평지풍파를 일으키는 시험이 될 수도 있었습니다. 지도자가 떠나고 들어오는 과정에서 교회가 심각한 갈등구도로 변질되는 사례를 우리는 한두 번 본 것이 아닙니다.

나는 '가랑비 작전'을 쓰기로 했습니다. 어릴 적부터 자주 들었던 속담이 생각났습니다. "가랑비에 옷 젖는 줄 모른다." 수만 명이 모이는 사랑의교회와 같은 대형교회에서 담임목사가 갑자기 "그만두겠다"고 폭탄선언을 한다면 교회는 그 충격을 감당하지 못하고 큰 혼란에 빠질 수 있습니다. 그러나 아무리 충격적인 말이라도 조금씩 반복해서 오래 듣다 보면 그 충격의 강도가 자신도 모르는 사이에 줄어들고 나중에는 당연지사로 받아들이게 되는 것입니다. 자기도 모르게 자주 듣는 소문에 옷이 젖는 것입니다.

나의 이런 전략은 나중에 적중하였습니다. 은퇴 3년 전에 당회에서 나의 생각을 처음으로 밝혔을 때는 모두들 너무 충격을 받아 아무도 가타부타 입을 열지 않았습니다. 십자가의 길을 떠나는 예수님을 가로막던 베드로처럼 반대하고 나서는 장로가 하나도 없었습니다. 모두가 말을 못하는 사람이 된 것 같았습니다. 1년쯤 지나 사태가 좀 진정된 다음 장로들에게 이런 뼈 있는 농담을 한 일이 있었습니다.

"내가 그만둔다고 할 때 아무도 나의 바짓가랑이를 붙들고 만류하는 사람이 없던데 좀 서운했습니다." 이 말에 장로들은 무슨 소리를 하느냐고 펄쩍 뛰었습니다. "목사님이 어디 우리가 '안 됩니다'라고 만류할 여유라도 주었나요? 너무나 논리정연하게 우리를 설득시켜 놓고 하신 말씀이었기 때문에 우리는 무슨 말로 대답해야 할지 엄두가 나지 않았습니다. 그저 멍한 충격과 막막한 생각뿐이었지요. 정말 섭

섭한 쪽은 목사님이 아니라 우리들이었어요."

당회에서 이 이야기가 있은 후 나의 조기 은퇴 이야기는 이 사람 저 사람의 입을 통해 순장들은 물론이고 젊은이들한테까지 순식간에 퍼져 나갔습니다. 그러나 공식적으로 교회 앞에서 밝힌 사실이 아니기 때문에 다들 드러내어 여론몰이를 하진 못하고 있었습니다. 처음에는 다들 무슨 소리냐는 식의 반응이었지만 3년 가까이 같은 소문을 듣다 보니 정말 가랑비에 옷이 젖고 말았습니다.

드디어 물러나기로 한 해가 되자 나는 장문의 편지를 써서 사랑하는 순장 개개인에게 나의 생각을 정식으로 알렸습니다. 그리고 전교인 앞에 내가 물러나고 젊은 지도자를 모시는 것이 내가 사랑의교회를 위해 마지막으로 해 줄 수 있는 최선의 헌신이라는 사실을 자상하게 설명했습니다. 사랑의교회가 젊은 리더십으로 수혈을 받아야 다가오는 세대에도 이 교회의 전성기가 이어질 수 있다는 나의 소신 있는 이야기를 듣고 조용한 감동에 젖은 청중은 큰 동요 없이 나의 결단을 하나님의 뜻으로 받아들이는 분위기였습니다.

그 후에는 종종 나만 보면 눈물을 글썽거리며 다가와 말없이 나의 손을 꼭 쥐어 주는 성도들이 많아서 나도 나의 감정을 절제하느라 한동안은 힘들었습니다. 그래서 할 수 있으면 일부러라도 교우들을 만날 때마다 껄껄 웃곤 했습니다. 나는 3년 가까이 이어진 모든 과정이 하나님의 선하신 인도하심에 따른 것임을 조금도 의심하지 않았습니다. 물론 골방에서는 혼자 눈물을 흘리며 아픈 심정을 달랠 때도 있었지만 그것은 그 나름대로 하나님이 나에게 주시는 또 하나의 위로요 은혜였습니다.

오정현 목사는 30년 넘게 인간적으로, 영적으로 깊은 교제를 나누며 지내 온 사이였습니다. 그와 내가 닮은 점이 있다면 두 가지를 들

수 있습니다. 대대로 예수를 잘 믿는 집안에서 태어나 어려서부터 가난하게 살았다는 것과 평신도를 예수의 제자로 만들어 함께 동역하는 건강한 교회를 만들려고 하는 목회철학을 공유한다는 점입니다. 그 외에는 닮은 점이라고는 보이지 않는 매우 대조적인 개성의 소유자들이라고 할 수 있습니다. 뭐가 그렇게 다르냐고 굳이 묻는다면 이렇게 말할 수 있을 것 같습니다. 내가 잘하는 것을 그가 잘 못하고, 내가 못하는 것을 그는 아주 잘한다는 사실입니다.

이런 이유로 나의 강점이 그의 약점으로 작용하고 나의 약점이 그의 강점으로 작용하는 것을 보게 됩니다. 이런 점을 현대말로 표현한다면 나는 아날로그 형이고 그는 디지털 형이라고 할 수 있을지 모르겠습니다. 서로가 많은 점에서 이렇게 대조적이라는 사실이 그를 나의 후임으로 선정하는 데 크게 작용했다고 볼 수 있습니다. 나는 사랑의교회가 또 한 번 제2의 옥한흠 목사님을 모실 필요가 없다고 보았습니다. 새 포도주는 새 부대에 넣어야 한다고 하지 않았습니까? 그래야 나의 후임자는 내가 부족해서 20년 넘게 메우지 못한 영역들을 채울 수 있고 내가 잘 몰라서 맛보지 못했던 은혜의 세계를 활짝 열어 보일 수 있지 않겠습니까?

나의 이런 예측이 오 목사가 부임하자마자 사실로 입증되기 시작하였습니다. 이미 유명해진 '40일 특별새벽 기도회'가 그것입니다. 오 목사는 아직 공식적으로 담임목사직을 인수 받은 처지도 아닌데, 사랑의교회는 그가 인도하는 '특새'와 함께 거룩한 열병을 앓기 시작하였습니다. 원래 내가 새벽기도 체질이 못되어 늘 열등감을 버리지 못하고 있었는데 새벽에 강한 오 목사가 오자마자 오랫동안 압축되어 있던 공기가 폭발한 것처럼 수많은 영혼들을 흔들어 놓기 시작하였습니다.

어떤 날은 만여 명에 가까운 교인들이 새벽 3시부터 모여들기 시작

제자훈련 열정 40년

●

하여 서초동 일대를 딴 세상으로 바꾸어 놓았습니다. 오 목사는 초인적인 힘을 가지고 40일 동안 이 집회를 인도하고 있었습니다. 그것도 후집회까지 하면 장장 네 시간 가까이 걸리는 강행군이었습니다. 나는 본당 뒤에 있는 돌계단에 앉아 은혜를 받을 때도 있었고, 뉴욕으로 집회 인도 차 갔을 때에는 시간대를 맞추어 인터넷으로 특새 생중계를 보면서 호텔에서 두 손 들고 함께 찬양하고 소리 높여 기도하면서 나의 메마른 영혼 위에 촉촉한 은혜의 단비가 내리는 것을 체험하기도 하였습니다.

이렇게 하여 그가 사역을 시작한 지난 몇 년 사이에 사랑의교회 문화는 많이 바뀌었습니다. 한마디로 더 젊어지고 더 밝아지고 더 역동적인 문화가 자리 잡았다고 할 수 있습니다.

내가 조기 은퇴를 실행하자 예상 밖의 일이 교회 밖에서 일어나고 있었습니다. 주요 일간지들이 나의 기사를 무게 있게 다룬 것입니다. 당시 몇 개의 큰 교회에서 담임목사 자리를 세습하는 사건이 터지면서 의식 있는 젊은이들과 시민단체들로부터 한국 교회 전체가 호된 질타를 당하고 있었습니다. 그래서 그런지 내가 마음을 비우고 내려놓는 것을 보고 무슨 대단한 선행이나 한 것처럼 과대 포장하여 보도한 것입니다. 나의 감정은 묘했습니다. 내가 내린 작은 결단이 이 사회 지성인들과 젊은이들에게 적지 않은 감동을 줄 수 있었다는 것은 한국 교회의 실추된 이미지를 위해서는 반가운 일이지만, 한편으로는 교회가 조금만 잘해도 이 사회가 감동 받을 여지가 아직도 많이 남아 있는데 교회가 좀 더 잘하지 못하는 현실이 슬프게만 느껴졌기 때문입니다.

나는 원래 정이 많아 실수할 때가 더러 있습니다. 그러나 내 감정을 함부로 노출시키지는 않습니다. 사실 25년간 나의 젊음과 힘, 시간을 다 쏟아 사랑하고 훈련시켜 브리스길라 부부와 같은 사역의 동역자로 만든 순장들을 갑자기 매정하게 떼놓고 등을 돌린다는 것은 두 번 다시 하고 싶지 않은 일입니다. 그래서 한번은 순장반을 인도하다 감정을 억제하지 못하고 함께 눈물을 흘린 때가 있었습니다.

집에 있는 나의 서재 책상에는 큰 앨범 하나와 많은 편지가 든 상자들이 놓여 있습니다. 앨범에는 천 명이 훨씬 넘는 여자 순장들이 떠나는 나를 위로하고 감사하기 위해 자필로 쓴 송별카드들이 들어 있습니다. 이것들을 지금까지 수년 동안 책상에 얹어 두고 있는 이유는 아직도 다 읽어 보지 못하였기 때문입니다. 솔직히 말해 지금 당장은 읽고 싶지 않습니다. 아무리 은퇴하였다 할지라도 벌써부터 지나간 날들의 사랑과 행복을 되새기며 카드나 넘기면서 세월을 보내는 늙은이가 되고 싶지 않기 때문입니다. 좀 더 이따가 읽을 것입니다. 사랑하는 순장들의 얼굴을 하나하나 떠올리면서 그리고 마음껏 기도해 주며 그들을 그리워할 여유가 생길 때 읽고 싶습니다.

이 글을 끝맺으면서 한마디 더 하고 싶은 것이 있습니다. 인생에서 은퇴라는 것은 누구에게나 반드시 찾아오는 마지막 매듭이라 할 수 있습니다. 그러나 막상 당해 보니 그렇게 좋은 일이 아닌 것 같습니다. 아무리 교회의 내일과 영광을 위해 내린 결단이라고 하지만 나 역시 범인(凡人)에 지나지 않는 사람이기 때문에 나도 모르는 사이에 남의 눈에 띄지 아니하는 깊은 속내는 시꺼멓게 타고 있었던 모양입니다.

목회에서 손을 떼고 나자마자 제일 먼저 찾아오는 불청객은 영육간에 긴장을 풀어 놓는 해이(解弛)감이었습니다. 여기저기 몸이 편치 않았고 집중력이 떨어져서 일을 오래 하기가 힘들었습니다. 의욕도 많이 감퇴하는 것은 말할 필요가 없습니다. 1년 가까이 이런 반갑지 않은 증세가 계속되었습니다. 그렇다고 내가 할 일이 없어 그런 것은 아니었습니다. 국제제자훈련원의 책임자로 그야말로 한국 교회와 세계 교회를 섬길 수 있는 좋은 기회가 활짝 열려 있습니다. 나를 필요로 하는 후배들과 목회 현장들이 얼마든지 있습니다. 그래서 나는 내가 할 수만 있다면 하루도 쉴 틈이 없는 사람입니다.

그럼에도 나에게 목회라는 것은 다른 모든 사역에 비할 수 없이 소중한 생명과 같았나 봅니다. 그것을 놓고 나니 모든 것이 떠난 것 같은 허전함을 오랫동안 지우지 못하고 있는 것을 보면 말입니다. 그래서 많은 사람들이 은퇴를 하고 나서 건강을 다치거나 갑자기 죽거나 빨리 늙나 보다 하는 안타까운 깨달음이 얼마 남지 아니한 인생 끝자락에서 비로소 조금씩 얻어지는 것 같습니다. "인생이란 자기가 당해 보지 않고는 잘 모르는 법"이라는 말이 터무니없는 소리는 아닌 것 같습니다.

그러나 어쩌겠습니까? 큰 실수 없이 하나님의 풍성하신 은혜로 행복한 은퇴를 할 수 있었다는 것도 분수에 넘치는 복이요, 지금까지 살면서 나의 달려갈 길을 갈 수 있었다는 것도 은혜 중에 은혜가 아닙니까? 모든 영광을 나의 주 나의 하나님께 돌립니다. "내가 한 것이 아니요 오직 나와 함께하신 하나님의 은혜로라"(고전 15:10). 그리고 은퇴할 당시에 자주 묵상하던 서정시인 이형기의 시 한 수를 중얼거리면서 허전해 하는 나의 마음을 다독거려 주고 싶습니다.

"가야 할 때가 언제인가를 분명히 알고 가는 이의 뒷모습은 얼마나 아름다운가!"

국제제자훈련원은 건강한 교회를 꿈꾸는 목회의 동반자로서 제자 삼는 사역을 중심으로
성경적 목회 모델을 제시함으로 세계 교회를 섬기는 전문 사역 기관입니다.

옥한흠 전집 주제 **01**

제자훈련 열정 40년

초 판 1쇄 인쇄 2021년 9월 10일
초 판 1쇄 발행 2021년 9월 20일

지은이 옥한흠
디자인 참디자인 (02.3216.1085)

펴낸이 오정현
펴낸곳 국제제자훈련원
등 록 제2013-000170호 (2013년 9월 25일)
주 소 서울시 서초구 효령로68길 98 (서초동)
전 화 02.3489.4300
팩 스 02.3489.4329
이메일 dmipress@sarang.org

ISBN 978-89-5731-836-2 04230
         978-89-5731-835-5 04230(세트)

* 책값은 뒷 표지에 있습니다. 잘못된 책은 구입하신 곳에서 교환해드립니다.